历史–人类学译丛

# 美 好 生 活

## 中产阶级的生活史

Orvar Löfgren　　　Jonas Frykman

〔瑞典〕奥威·洛夫格伦　　乔纳森·弗雷克曼　著

赵丙祥　罗 杨　黄一川　王文亭　译

北京大学出版社
PEKING UNIVERSITY PRESS

著作权合同登记号 图字：01-2021-5575

图书在版编目（CIP）数据

美好生活：中产阶级的生活史 / （瑞典）奥威·洛夫格伦，（瑞典）乔纳森·弗雷克曼著；赵丙祥等译. —2版. —北京：北京大学出版社，2022.12

（历史－人类学译丛）

ISBN 978-7-301-33485-0

Ⅰ. ①美… Ⅱ. ①奥… ②乔… ③赵… Ⅲ. ①中等资产阶级－生活史－瑞典 Ⅳ. ① D753.261

中国版本图书馆 CIP 数据核字 (2022) 第 192373 号

*Den kultiverade människan*

© 1979 Jonas Frykman, Orvar Löfgren och Gleerups Utbildning AB

| | |
|---|---|
| 书　　名 | 美好生活：中产阶级的生活史<br>MEIHAO SHENGHUO: ZHONGCHAN JIEJI DE SHENGHUOSHI |
| 著作责任者 | 〔瑞典〕奥威·洛夫格伦　乔纳森·弗雷克曼 著<br>赵丙祥　罗 杨　黄一川　王文亭 译 |
| 责任编辑 | 赵 维　陈 甜 |
| 标准书号 | ISBN 978-7-301-33485-0 |
| 出版发行 | 北京大学出版社 |
| 地　　址 | 北京市海淀区成府路 205 号　100871 |
| 网　　址 | http://www.pup.cn　新浪微博：@ 北京大学出版社 |
| 电子信箱 | pkuwsz@126.com |
| 电　　话 | 邮购部 010-62752015　发行部 010-62750672<br>编辑部 010-62707742 |
| 印 刷 者 | 涿州市星河印刷有限公司 |
| 经 销 者 | 新华书店 |
| | 650 毫米 ×980 毫米　A5　10.125 印张　235 千字<br>2011 年 1 月第 1 版<br>2022 年 12 月第 2 版　2022 年 12 月第 1 次印刷 |
| 定　　价 | 69.00 元 |

未经许可，不得以任何方式复制或抄袭本书之部分或全部内容。

**版权所有，侵权必究**

举报电话：010-62752024　电子信箱：fd@pup.pku.edu.cn

图书如有印装质量问题，请与出版部联系，电话：010-62756370

# "历史－人类学译丛"弁言

一、"历史－人类学译丛"的刊行,旨在译介近三十年来历史学与人类学相互交流、相互激荡所催生的重要学术成果。本丛书主题中的"－"外形似减,实则蕴涵相加之意,可引申为历史学与人类学的联姻。这场跨学科的联姻对两个学科都带来不小的冲击:在历史学界,出现了人类学化的史学研究;在人类学界,产生了具有历史深度的人类学分析。这些研究为这两门学科引入了新的研究方法,开拓了新的研究领域,形成了新的问题意识,在一定程度上改变了各自的整体面貌和发展轨迹。

二、本丛书将收录以下三种类型的著作:人类学化的史学研究、具有历史深度的人类学分析和中国研究领域具有历史人类学取向的研究论著。历史学与人类学的联姻,只是跨越了彼此设定的边界,而没有取消这条边界。恰恰是这种因学科本位形成的边界,为双方富有成果的交流提供了原动力。本丛书希望显示两门学科向对方学习的不同出发点和联姻给各自学科带来的不同冲击。同时,我们还希望译介中国研究领域的相关成果,展示这种跨学科交流对中国人文社会科学研究的重要意义。

三、由于两门学科的学术传统各不相同,历史学与人类学对彼此的概念和方法的借鉴，是有选择的借用，而不是全盘的"拿来"，而借用又有程度的差别。我们在编辑这套丛书时，并不拘泥于入选的著作必得以"历史人类学"（historical anthropology）相标榜。近三十年的不少重要社会文化史论著，虽然没有使用"历史人类学"的概念，但在推动历史学与人类学对话中扮演了重要角色，理应被收入本丛书。同样，人类学中的一些相关著作，由于对历史过程、历史意识等问题十分关注，也被收入本丛书。

四、自20世纪90年代初以来，中国的社会文化史学者与人类学家已进行了一定程度的交流和合作，并在此过程中获得了一系列研究成果，形成了具有一定本土特色的方法论。我们希望本丛书的出版，能为推动相关研究和讨论略尽绵薄之力。

"历史－人类学译丛"编委会

2008年11月

# 目 录

序     I
绪 论     1

### 理性与感性：对时间、自然和家庭的认识转变
（奥威·洛夫格伦）

第一章 拥有时间的人     13
第二章 崇尚自然的人     42
第三章 构建家庭的人     87

### 洁净与得体：农民与中产阶级眼中的身体和灵魂
（乔纳森·弗雷克曼）

第四章 身体嫌恶的文化基础     157
第五章 农民眼中的洁净和肮脏     175
第六章 中产阶级的纪律     220

结论 变动中的文化     264
参考书目     272
索 引     297
译后记     308

# 序

除开民俗学家的圈子,英美学界并不熟悉斯堪的纳维亚半岛民族学家的工作。这是桩憾事,因为他们民俗学界的革命亦如英语世界"新史学"的进展一样令人兴奋。在这里,我怀着极大热情介绍瑞典民族学界的这两位后起之秀:奥威·洛夫格伦和乔纳森·弗雷克曼。在本书中,他们不仅对瑞典中产阶级文化成形期做出了引人入胜的探索,更将民俗学与历史学融会贯通,给那些致力开拓新的、令人激动的文化领域的社会历史学家树立了典范。

在英美两国,民俗学和历史学长久不相往来,恰如人类学和历史学的关系一样疏远。在19世纪晚期,人类学家醉心于非西方的"原始"文化,民俗学家则专注于农民文化,将其当成纯粹的民族文化遗产。无论人类学家还是民俗学家,都对现代工业城市社会熟视无睹,他们预设所接触的文化无时间性,故此对破坏他们研究对象的历史进程视而不见。人类学家和民俗学家近来才开始逐步反思一系列二元对立:传统—现代,乡村—城市,民间传统—当代文化;他们现在开始大量转向当代城市、工厂、办公室文化、多媒体和大众娱乐等等。在这种转向中,人类学家和民俗学家重新发现了历史。

人类学家和民俗学家转向历史，打开了一个极富成效的新领域，这正是本书的读者将要领受的愉悦。令人遗憾的是，大多数文化历史学家将自己置身于所研究对象的整个领域之外，诸如魔法、仪式、食品、有关动物的知识、入会、谚语、礼物交换等等，究其原因，不仅由于他们只关注文字文化，更是由于他们认定所有非文字的东西只不过是老古董，不值得重视。最好的历史人类学已经把历史上溯到中世纪和现代早期。近现代史学家们全心投入仪式或象征研究时，总是着眼于农民社会或边缘群体，如吉卜赛人，而没有把精英阶层纳入思考范畴。

洛夫格伦和弗雷克曼在这方面做出了开创性贡献。他们将民族学的眼光转向瑞典中产阶级形成和全面得胜的时刻——1880年到1910年，完成了一部足以令欧美史学界关注和尊崇的力作。洛夫格伦和弗雷克曼重新采纳民俗学的方法，仔细研究首先创造出中产阶级规范的那个群体。由此，他们具有全新的研究视角。19世纪晚期中产阶级将自身置于科学观察者的地位，强化其作为一种进步、普遍的文化产物的意识。它使农民阶级和无产阶级彼此势不两立。农民阶级被定义为纯朴的，但是老古董；无产阶级很堕落，却可以改良。而中产阶级文化毋庸置疑，甚至置身于历史之外。为使自己成为人类进化史上的顶点，中产阶级创造出了自身不朽的神话。

这本书解构瑞典中产阶级以及它在西方世界的同伙，他们在19世纪建构起了甚至渗透到20世纪的种种神话。在某种程度上，它使我们重新认识之前以为是永恒或客观的事物：时间、性、卫生，甚至大自然本身，这些事实上都是被主观地被营造出来的，服务于特定阶层的需要和利益,乃至于不惜牺牲其他的群体(尤其是在性别方面)。中产阶级首先打倒了封建贵族,然后是无产阶级。此前也有人提出过这种观点,但常常是历史学家。洛夫格伦和弗雷克曼的原创性在于,他们令人信服地揭示出中产阶级通过日常仪式和规范,建构起自身文化霸权的方式。作为民族学家(非人类学训练的视角),他们看到社会事实的建构方式,不仅有文字,还有仪式、禁忌、姿势、远游等潜移默化的隐形途径,从而强化中产阶级价值观。中产阶级的幽灵依然活在我们的餐桌上、假日中,甚至幼儿园、卧室、厕所,都在展示这种文化如何将自身制度化。它通过繁缛的日常仪式和象征展演,创造出普遍的、高人一等的幻象。

对于那些对斯堪的纳维亚文化的了解仅限于伯格曼的电影或偶尔翻翻小说的英文读者,本书因其"他者性"会非常有趣。但这本富于创新的著作更重要的意义在于,它的瑞典经验也使我们反观自身文化的神话和仪式。在这个意义上,洛夫格伦和弗雷克曼打开了双重大门:既解放他们自身的文化认知,也启迪其他人。

约翰·吉利斯(John Gillis)

罗格斯大学荣休教授

# 绪　论

何为文化？1911 年版瑞典《百科全书》是这样定义文化的真正内核的：

> 它是道德和智识的发展，表现在以下这些方面：更为儒雅的举止，更纯粹的神圣观念，更理性的法律，更进步的社会和国家组织形式，制定公认的国际法律，民族间能和平共处，对科学、文学和艺术的培养，拥有良好的教育体制、慈善事业，个人具有全面发展的权利、敏感而善意的人际关系，不迷信、不盲从，善待动物和其他生灵，……（Nordisk familjebok 15.226）

本书试图回答以下一些问题，这些问题由人们认定的美好生活定义引出。例如，为什么要善待动物，要有儒雅的举止，要尊重个体？在某种程度上，本书研究的是文化定义背后的文化，是 19 世纪至 20 世纪初瑞典中产阶级世界观和生活方式的形成过程。我们关注这种过程：中产阶级文化如何转变成一种主流生活方式，一种现代社会的主导文化。

19世纪70年代，学者热衷于研究我们当代世界观的文化之根。但在何种程度上可以说，被重新塑造的现代人在历经和感知这个世界时具有完全不同于以往的方式？我们的思想、感情和反应与前工业时代、前资本主义时代的人有根本不同吗？在何种意义上，我们描述人类思想、行为、欲望、需要的概念和分类系统其实是文化变迁的产物？我们自身的文化观念多大程度上受到诸如自然、私密、爱、品位、权力、个性等的影响？

布尔迪厄、埃利亚斯、福柯、森尼特、汤普森、威廉斯等学者也问过类似的问题。多亏他们和其他学者跨学科的努力，文化研究在今天成为一个飞速扩展的领域，也成为介于人文科学与社会科学，历史学、人类学与社会学之间的一个交叉地带。这些跨学科的方法有不同名称和不同传统，但不管它们叫心态史、文明进程研究、文化社会学，还是历史人类学，这些研究方法都旨在关注日常生活中的文化、思想，用历史的方法挑战今天习以为常的观念。

我们的研究从这个跨学科领域中汲取了诸多灵感，研究角度却源于欧洲民族志的传统，这个传统为我们提供了研究路径、概念框架，以及作为证据使用的材料。

宽泛地说，19世纪拥有殖民地的欧洲帝国试图发展对原始社会的人类学研究，民族志却将那些很少或几乎没有殖民地的国家，以及迅速解体的农民文化当作"原始"的部分。后一种方法在斯堪的纳维亚半岛和欧洲中部国家中占据主导地位，他们的民俗学家和民族志学者积极抢救过去，建构理想的传统农民文化画面（Löfgren 1980:189ff.）。接着，学者在实地田野调查中已无法研究正在消失的农民文化，只能通过民族志档案，以及呈现农民信仰和生活方式的丰富物质收藏来弥补。欧洲民族志学者逐渐转向现代工业社会研究，但他们依然保留着一种历史的、比较的方法，现代在与过去的对比中凸显出来。

本书也遵循这样的研究传统。最初，我们隆德大学欧洲民族学学院的十个人，想研究20世纪瑞典文化和社会变迁。我们想采用不同路径研究瑞典社会和文化，但总体上基于这样一种想法：着眼于总体而非地方性的多样化，聚焦主流的文化形式。但这项研究的问题在于，我们研究的主体，比如占主导的瑞典文化，对一个民族学学者来说，其实很难定义。上溯到19世纪30年代，当时欧洲民族学学者们忙于归纳民族性格、大众精神、群体心理等等。有的研究为纳粹德国"血与土"（blood and soil）的军国主义政策开辟了道路，有的则被抛弃，因为太过理想化。此后，"文化与人格"学派人类学家的失败尝试也应引起警戒，例如他们笔下的日本文化和德国文化，其实无非是美国中产阶级文化的镜像。无视阶级差异和反历史的研究方法，使民族文化研究在19世纪六七十年代变得臭名昭著。文化归纳研究法已经过时（可比较 Bock 1980 一书中的讨论）。

我们的研究面临的另一问题是，缺少使日常生活中的文化尽可能显得不那么不言自明的工具。我们对熟悉之物往往熟视无睹，对瑞典社会做细部观察的当代社会学研究更加深了这种困境。文化距离更为遥远的研究者，反而能找到进入异文化的办法，而欧洲民族学家们却常常为如何"跳出去"，如何使自己远离过于熟悉的文化环境而苦苦挣扎。

对我们而言，历史的视角是必需的。我们打算往上追溯一个世纪——而不是到1970年代——分析现在的文化之根。例如，今日中产阶级世界观中对工人阶级的想象，如何作为文化产品被建构出来？我们把眼光放到近一百年，即瑞典从农业社会转变为工业社会，进而转向城市社会这一长时段。瑞典的这种发展进程比其他很多欧洲国家来得晚，但也更集中。

我们感兴趣的是阶级界限和文化界限在多大程度上趋向重合，或者因为受到其他因素影响，如性别、城乡两极分化、宗教、职业、代际等等，这种界限在多大程度上变得模糊。

这种研究关注的是文化分化，它也是对有关瑞典国家文化之流行看法的一种回应。所谓瑞典国家文化是否是一个有意义的分析概念，抑或是在何种层面上存在这样一种集体意识？它如何被建构起来，又经过怎样的过程成为一种共享的经历和认同？我们以为，在重新建构所谓"真正的瑞典"之前，有必要先对它进行一番解构。这使我们再次面临文化异质化或均质化的问题。1980年代的瑞典成为一个更为均质化的社会了吗？1880年乃至更久远的多种文化形式被一种新文化替代了吗？

研究该问题的切入点有待选择。许多现代瑞典社会研究者强调其均质化的一面。不像其他欧洲国家，瑞典社会并没有在经济方面出现很大差异，阶级话语也较为沉默。在消费模式和生活方式上趋同性很显著，至少表面上看如此。当然，这里的问题是形式与内容之间的关系：虽然拥有共同的文化表达形式，但在意义上千差万别。这个问题在判断社会文化变迁与延续的程度时也是同样存在的。文化形式可以由历史承载，它给人一种稳定不变的印象，但其实不同群体已通过多种方式赋予它不同的新意义。同样，看似快速变化的商品、文化时尚、品味等等，其实在更深层次上却保持着一种连贯性。老问题、旧原则，换汤不换药。

这些问题也对有关现代化和变迁的固有看法提出了重大挑战，这些观点认为，瑞典历经了一条从传统走向现代，从泾渭分明的亚文化到共享大众文化的道路。而我们想从更为全面的角度探讨有关社会与文化变迁的问题。

我们研究的出发点之一，是在外人或本地人印象里流行的所谓"真正的瑞典人"形象。这些形象把典型的瑞典人描述成热爱自然与和平、严于自律、讲求秩序、严守时间、过着理性生活的人。其实对瑞典社会稍有了解的人都清楚，上述这些都是瑞典中产阶级的品质。为搞清楚究竟在何种程度上，中产阶级的生活方式成为瑞典文化中无论是公共话语还是私人生活里的主流，我们决定考察中产阶级世界观的形成以及过去百年间他们的日常生活经历。

本书试图分析1880年到1910年间的中产阶级文化。为勾勒出这种文化，我们借鉴了许多基本概念和观点，把19世纪农民生活的民族志材料作为与奥斯卡人（Oscarians，是维多利亚时代晚期的一些瑞典人，其生活时代从奥斯卡二世1872年统治开始直到1907年）生活方式和观念的对照。洛夫格伦比较了他们对时间与守时,对自然的认识和利用的不同态度;还比较了在农民社会和中产阶级社会中,性别建构与儿童社会化的不同模式;也考察了在新的家庭观念下,工作与休闲、公共生活与私人生活的新分化。弗雷克曼研究了肮脏、污染、秩序等观念,探讨有关健康和洁净的新意识形态,以及对性和身体功能的新看法。

本书的研究并不是特别关注中产阶级或资产阶级文化的源起。我们的历史眼光稍微短一些,主要聚焦于这样一个过程:一个扩张中的阶层开始将自身生活方式和观念定义为"瑞典文化"甚至"人类本性",同时伴随它企图殖民化和改造其他社会群体文化的努力,这些社会群体被他们视作低等文化乃至无文化的代表。我们的目的并不是呈现出一个时代的文化历史,而是想用历史的眼光,探讨一种文化霸权可能被发展或被挑战的方式。

许多关于中产阶级文化建构的研究多着眼于观念和意识形态。我们的兴趣却在于,这样的观念和意识形态如何嵌入日常生活的常规和琐碎中。好生活的观念与文化有何关联?人们创造的物质世界如何承载文化信息,文化信息和物质世界怎样通过一种无声而不是有声的方式更有效地互动?在共餐、职业结构、家内陈设等场合都可以发现这种无声的社会化。

带着这种关怀,文化建构的概念成为本书的中心议题。这个概念强调在过程中研究文化,研究文化如何不断被塑造和再塑造,如何处理矛盾和差异,如何扬弃。但是这个概念不是要导致这样的误解:认为文化的蓝图其实早有预谋,其建构纲领铁板钉钉。人们在日常生活中整合新经历或赋予旧知识新意义的时候,很少意识到自己是文化的建构者。这种角色更容易被局外人、研究者识别出来,而不是当事人。

我们并不主要在个体层面关注文化建构的过程,而是看共享的文化体系究竟有怎样的构造。本书的视角在某种程度上可以说是物质主义的,因为意识形态和文化观念必须与物质形式相结合,才能被人们吸收和延续下去。文化建构的物质基础使不同群体在不同条件下生活,产生出不同经验。白日梦、乌托邦、关于社会的新设想其实隐藏着变迁潜力,一股文化强力也许可以超越既定物质条件和社会框架。新生于旧。

上述众多理论关怀,已在别处做过更为细致的讨论。[1] 现在谈谈这项研究的一些局限。之前也提及,我们用农民社会和工人阶级的材料作为比照,试图描述占据主导地位的中产阶级的世界观。在具体研究时,我们简化了一些本来更为复杂的社会和文化事实。我们从中产阶级的世界开始,但所谓"中产阶级",几乎和"资产阶级"这个概念一样臭名昭著,因为它们都模糊不清。另一主要问题是翻译。瑞典语中的"borgare"更接近德语中的"bürger",而没有英语中"bourgeois"那么强烈的意识形态色彩乃至贬损的含义。这个阶层在 19 世纪将自身定义为所谓的中产阶级,但"中产阶级"这个词开始流行是在 20 世纪。彼得·盖伊(Peter Gay)和其他学者指出,中产阶级和资产阶级这两个词

---

[1] 尤其参看洛夫格伦的著作 Ehn and Löfgren 1982;我们新近的结论参见 Frykman and Löfgren (1985: 460ff.)。

都涵盖相当复杂的社会事实,包括不同的社会基础和亚文化。但是为分析便利,我们将这些内部分化暂时搁置起来,以便集中探讨共享的文化资本。

18世纪晚期到19世纪,中产阶级的发展既依赖旧精英——贵族,又与之对立。为理解早期中产阶级的文化面相,我们必须牢记,它在两条阵线上展开斗争,以攫取权力和社会地位。新兴中产阶级为定义自身,一方面与旧贵族对立,另一方面也与农民阶层相对照。

中产阶级对旧贵族的感情很复杂,既要疏远他们,把他们作为与自己相对的另一极端,又尊崇和模仿他们。到19世纪末期,中产阶级已不再是充满抗争精神的亚文化代表,而占据了主流文化位置。这种转变部分是由于中产阶级与旧精英这一薄弱社会阶层在社会和文化上合并,同时也是整个社会在政治和经济结构上转型的结果。事实上,中产阶级已经占据了瑞典社会上层的位置,因此,在瑞典没有传统上等阶层的残余,但在英国等国家,这个阶层依然存在。

本书也简单勾勒了19世纪瑞典农民文化的轮廓,它既不是传统的,也不是无足轻重的地域和社会分支,农民文化的特点已在别处讨论过(Löfgren 1980)。我们试图归纳出农民生活和世界观的一些基本特征。在讨论工人阶级文化建构时,我们同样也有所简化。本书的计划其实包括对工人阶级生活的研究,对中产阶级文化中不同亚文化分支的研究。这些内容主要写在注释里。

有关本书所用材料的问题也有必要做一番交代。关于农民文化的讨论，我们主要利用民族志档案中关于农民传统和民俗的丰富材料，以及记载 19 世纪农民生活的大量研究作品。这些材料在瑞典很好地保存了下来，而在英、法等国就没有这么丰富的收藏。但在使用这些材料时仍需谨慎，因为它们常常反映了收集者和研究者的世界观。很多材料常常把乡村生活勾画得美好和谐，但其实这是中产阶级自身怀旧情调和理想的呈现，而不是真实的农民生活（Frykman 1979）。

为重构中产阶级的生活和观念，我们不得不依靠更为复杂的资料收集。尽管有一些早期访谈和民族志档案，但本书材料主要源于私人物品，诸如回忆录、传记、信件和日记，以及公共话语中流传的材料——报刊文章、礼仪指南、健康和儿童教育手册等等。无论是动物学书籍还是烹饪指南，都处处彰显着中产阶级的世界观、文化分类、生活标准等等。

这些资料的最大问题是，它们都是个人回忆。过去总是以现在的眼光被认识，怀旧可以将自身装扮成历史本身。正如早期民俗学收集者哀叹的那样，"逝去的过去是农民文化的黄金时代"，在中产阶级的回忆录里，我们也看到很多诸如"逝去的好时光"之类的感慨。在这些作品中，过去的生活更快乐、更健康、更自然。但有时候过去的形象又颠倒过来，昨日生活的艰辛也被用来与今天的温馨生活做对比。在此，我们无法对这种历史文化分析在方法论上的问题做更细致讨论。我们打算在另外的出版物中处理这些问题（Wikdahl and Ekenbjörn 1980；Ehn and Löfgren 1982）。

本书的瑞典语版本于 1979 年出版。从那之后，我们俩和其他人在研究中，又不断涌现出新的想法。一些文本已经编辑出来，一些作品也重新进行了修订，以体现我们后来的想法和观念，这本书的注释包括大部分拓展性的研究进展。本书续篇在 1985 年面世，它主要关注中产阶级和工人阶级文化如何在两次世界大战期间重新建构，而这一时期正是瑞典转型为福利国家之时（参见 Frykman and Löfgren eds., 1985）。

# 理性与感性：
## 对时间、自然和家庭的认识转变

奥威·洛夫格伦（Orvar Löfgren）

**全家福**

约摄于1900—1910年间，由Tora Lindenaus照相馆拍摄。现存斯德哥尔摩北欧博物馆（Nordiska Museet）。

# 第一章　拥有时间的人

对多数人而言，"时间"是一个模糊的概念。人们可以把时间看成贯穿生、老、病、死的自然生物节律，或者认为它是创造日常生活秩序的框架，甚至觉得它恍若一种总是短缺的物品。有时时间如同神秘的涌流，有时它又成为支配人类生存的超自然力量。

在所有文化中，时间在社会组织里都扮演着核心角色：它标识文化边界与文化变动，个体和集体的生命阶段与节律；它创造稳定与结构。就时间本身而言，它是一个连续体；不同文化把时间之流分成长短不同的截面，创造出各自的时间，拥有井然有序的周期与年龄。时间的概念因所处社会与年龄的不同而各异。[1]

文化对其时间的建构揭示出人们生活与思维方式中大量信息，这是理解每个社会之文化基础的一把钥匙。同样，时间观念的改变清晰地折射出社会的剧烈变迁。如果我们期望理解瑞典社

---

[1] 有关时间文化安排方面的作品日益增多。我主要参考的是埃德蒙·利奇关于时间的跨文化讨论（Leach 1961，1976）。新近成果可参见温道夫的全面研究（Wendorff 1980），以及克恩的研究（Kern 1983）。

会在过去百年间经历的变迁，最好从其文化如何塑造时间着手。

但问题在于，时间观念往往不止一种，而是数种并立。同一种文化能以多种不同的方式设想、体验和组织其时间，带来时间整合的问题。每种文化内部的时间观念差异不是很大，但若比较不同文化的时间观念，其差异之显著，简直令人难以置信。许多造访非西方文化的西方人所遭遇的最明显的"文化冲击"，即是异乡完全陌生的时间概念。然而，我们不必非得离开欧洲才能体验这种文化冲突，而只要直面瑞典农民社会中过去的时间观就已足够了。在19世纪，瑞典社会的上层阶级抱怨下层农民，与西方人抱怨"原始"社会的理由如出一辙：他们不会掌控时间，终日过着既不负责任又无纪律的懒散生活。农民们不会精打细算地利用宝贵时间，只知虚掷光阴。当时的牧师、医生、官员和民族志学者就此主题留下了不计其数的记载。[1]

在当权者眼里，农民的问题不仅在于不会经济地利用时间，也不懂如何度量它。一位牧师曾留下一份颇具讽刺意味的记录，他描述道，在19世纪中期，生活于平原地区的农民以地里庄稼的收割和休耕为参照，获取一种"时间感"："如果有人问一个农民他的女儿多大了，回答常常是她应该4岁了，因为她和我那匹棕色的马同岁，而我那匹马出生时南面那块地还在用作牧场呢。"（Nicolovius［1874］1957:19）一位丹麦的牧师也发出了同样的抱

---

[1] 19世纪瑞典地方政府和医生寄给中央行政单位的关于农民生活的报告，也印证了农民多么百无聊赖和懒散。可参见安伯格编纂的一份调查（Arnberg 1972: 16，24）。

怨，他指出农民很少提及诸如日期与月份，取而代之的是以一年中各种各样的劳作来确定时间，"农民并不关心他们与数字之间的关系，而数字则是民族文化的准绳"。（引自 Nilsson 1934: 96）

令上层阶级更为惊讶的事实是，许多农民竟然对自己的出生日期毫无所知。尼尔斯·布鲁泽留斯在1876年描述奥斯塔兰的农民阶层时写道："大约七八十年前，几乎没有农民可以说出自己的出生日期，他们的回答常常是'我生在复活节'，'我出生时，正播种黑麦'，或'那时燕麦正抽穗'。"（Bruzelius 1978:106）类似的例子在瑞典其他地区也可以发现（Danver 1942; Hamenius 1972; Svensson 1967）。

这些感叹反映出不同文化时间观的碰撞：18世纪和19世纪，贵族、资产阶级、牧师、官员和工厂主采纳新的标准化时间体系，他们面对的却是农民依旧传统的时间观念和利用时间的方式。

## "创造时间的人创造充裕的时间"

在农民眼中，时间既不是均质的，也不是机械呆板的，很大程度上，它依自然节奏而定。在农民社会里，建构时间的不仅是自然节律，还有农民的劳作。实质上，一年的劳作活动与自然节奏重合，因为农民的生产紧密依附于自然节律，如昼夜、冷暖的更替，季节和生长发育的周期性起伏。

西格弗里德·斯文森在笔记里写道："农民只需按照自然日历生活即可。他们的各种生产劳作跟随着自然界的变化，由这些变化便可确定时间。"(Svensson 1967:16)自然界提供的信号成为时间顺序的参照点。农民们追随自然界的脚步，如冰雪融化、候鸟迁徙、草木萌发和动物的季节性活动。

对于生活在瑞典南部省份斯康尼亚的农民来说，绝大多数天气症候与夏半年的农业劳作相关。山毛榉树叶开始发芽，播种燕麦的时候就到了；只有当沼泽地金盏花盛开或橡树叶长得如老鼠耳朵般大时，才是播种大麦之际；山金车花繁盛时便是收割干草的最佳时机。随着夏季的推进，农民可以在田地里追踪这些变化，并且察知黑麦几时抽穗、生长和成熟(Svensson 1967:16)。

农村的孩子在成长中积累起大量关于物候历的知识，他们早已学会如何用季节划分自然界的年度周期和生产劳作的年度周期。一年分为春、夏、秋、冬四季的方法对农民生产劳作来说过于宽泛。区域自然节律和劳作周期的巨大差异与各地对"年"的不同划分相对应。在斯康尼亚，人们把春季看作是前节（framtid），紧随其后的是夏季（sommar），然后是收割季（skyr）、后收获季（efterhöst）、冬季（vinter）和晚冬（sivinter）。其他地方甚至还有比这更为详细的季节划分。例如，在瑞典极北部，当地人就有完全不同的自然节律。

农民对时间的安排绝不是均一的，哪怕在某一特定地区也存在差异。生活在平原地区以耕种为生的农民与以渔猎为生的人，两者依照的自然界日历与年度劳作周期就极为不同。高强度劳作的农忙期和农闲期的时间节律也有惊人的差异（Nilsson 1934: 102ff.; Svensson 1967: 7; Löfgren 1973）。

自然周期与劳作周期之间的关联意味着农民把时间看成一个圈，它有节奏地循环往复，但绝不机械刻板。时间短长取决于他们生产劳动的强度和从事什么样的劳动。

这种周期性变动不仅通过年与季节的划分得以体现，还通过贝特·伊德（Ejder 1969）所考察的劳作日的多样化安排表现出来。现在方言中用小时和分钟替代原本丰富的时间描述词汇。原先那些词汇基于人们劳作的节奏，它们主要描述诸如一个劳动小组不间歇地犁耕一块地需要多久，两顿饭相隔的时间，多长时间以后又可以在同一块草地上放牧，或者马跑一段路后需要在路边停歇的时间。一个过时的词如"reft"，是用所完成的劳动成果表示一个劳作日中的部分，如地里一行已成捆列好的庄稼，或一截已织成的布。"tàka"表示已在打谷机旁工作了几个小时。"Ökt"和"orka"都表示一个回合的适度劳作。"pusthåll"则指赶路的牲口中途不歇息跑出的一段路程。一个劳作日可以被划分成很多小时间段，这种划分往往基于人吃饭或者暂停工作让牲口进食的时间。每个劳作回合的时间长短都不一致，而农民们也绝不会认为这些时间段是均质的。

因此，时间基于劳作。支配时间的，是劳作的节奏，是人和牲口进食与休息的需要，是打谷子到汗流浃背，或犁地到筋疲力尽。夏季农忙的一小时完全不同于冬季农闲的一小时，放牧牲口的一小时同样不等于打谷子的一小时。劳作日的长度取决于当天需要从事和完成的劳动量和白昼的长度，人们有时不得不忙到日落时分。

同样，吃饭作为一种休息时段，让每一天具有它的节奏和多样性；年度周期性的闲暇时光和节庆也让每一个劳作年份具有其结构。每种劳动的完工，如施粪肥、制作干草和纺织亚麻布等等，都被人们盼望的宴席所标记，这些庆典成为年度节律的标志。

这些基于农民劳作生活的形形色色的时间安排，与其他支配农民生活的周期是同步的，比如教会或者行政日历。事实上，其他时间周期与农民生产劳作的周期紧密相连。一个重要的宗教假日很少被安排在劳动负担繁重或者食物匮乏的时节。节假日与平常日子的间隔，献祭神的神圣日子与非神圣日子的间隔，也因地域不同而有时间节律上的差异。

自从教堂规定在圣日和安息日休息，人们就不得不服从于每周的日子。教堂的钟声成为一种重要的提醒，它不仅为礼拜日敲响，也表明休息日的开始和完结。那些居住在教堂钟声范围之外的人，必须借助其他方式，例如自制日历，以确保自己把神圣日和凡俗日分开，否则他们就会失去时间的线索，变得如同警世传说中的那些人，根本不知星期中每天的意义，乃至礼拜天仍在犁地，圣诞日还在打谷。

## 时间变成金钱

显然，传统农民社会的时间观与我们的时间感不同。农民的时间观念可被喻为围绕着他们的劳作周期与自然节律不紧不慢滚动的轮子,而我们的时间观如同一条直指未来的线条。泛泛地说,对农民而言,时间是循环的,但对我们来说,时间是线性的。

我们做事所依照的时间被分成众多部分,且必须分隔清楚。那些不能合理安排和区分自己时间的人被看成是不切实际,甚至不可靠的。守时因而成为我们社会的一种美德,时间变成一种既可节约又能浪费的宝贵资源。但人们的目光始终朝向未来。现代人总期望能与时间同步,当然若能赶在他人的时间之前则更佳。

此外,当代时间体系是高度理性的,并且被严格地格式化了。时间作为一个统一体,被拆分成秒、分、小时、天、星期、月、年、十年和世纪等机械性的组成因素。这些因素都是可被量化和标准化的单位。而且,我们使用的时间是高度专门化的。对农民来说,许多行为可以并行不悖,但对我们来说,做任何事都得有专门的时间和地点。

现代时间观念有深刻的历史渊源。遵守和支配时间的新观念可追溯至中世纪——时间逐渐变成一种商品的社会背景(Le Goff 1980)。这一观念的积累与18世纪到19世纪工业生产的发展同步。新技术对时间观念和守时提出了新的要求,工业生产期望从工人本身和他们工作的组织中索取更多。在前所未有的更大幅度内,生产和劳动分工不断细化,需要一种纪律化的时间观,而这种时间观在农民社会中却是根本不需要的。一种新的时间范式促使工人们的劳动和生活实现协作与标准化。倘若没有这种协作和标准化,任何规模性生产或规模性管理都无从实现。

但仅从技术革新的层面解释这种新时间观是远远不够的。汤普森所做的一项关于时间概念转变的经典研究显示，要求对时间进行规训的并不只是新技术体系。生产技术只是工业资本主义这一更宏大经济体系的一个因素；工业资本主义改变的不光是人们的生产方式，更重要的是，它改变了人们在社会生活和经济生活中的关系，以及考虑问题的方式（Thompson 1967）。

依照工人出卖劳力与时间给雇主、雇主购买工人时间的原则，人们的工作变得越来越有组织性。雇主事业的成功取决于他如何有效地利用所购买的工人时间，这种利用不仅是让这些劳动过程机械化，最主要是强化和规训工人的劳动。此处的关键词即为理性化的经济生产和盈利。这样，雇工与雇主的时间处在一种竞争状态，这一过程也让生产与非生产、工作与闲暇处在对立的两极上。

这一新发展也出现在 18 世纪的瑞典，农业资本主义因市场的逐渐成形而发展。农业转型使均质的农民阶层中的一些人变成小商贩，同时，这一变迁也促使底层无地农民的人数、农场劳工和雇佣工人的数量不断增加。[1]

当农民被卷入市场生产中，他发现自己面临完全陌生的竞争环境。他被指望以更低廉的成本达成更多的产量，不管他拥有的是巨额不动产，还是仅有几个女仆和雇工的小农场。他必须把劳力视为一种需要进行适当管理的资源，因而，关于仆人的懒惰、

---

[1] 参见 Fridholm, Isacson and Magnusson 1976，以及 Löfgren 1977: 49 的讨论。

缺乏守时训练等等典型抱怨，现在不仅能从中上层阶级那里听到，也出现在农民和小商贩们中间。盈利问题变得越来越突出：按日计酬、以一年为雇佣周期、按计件工作系统运行，哪一个更好呢？

以下就是一通很典型的牢骚话，是一位牧师对教区中懒惰的工匠们的抱怨：

> 这些所谓的匠人，尤其是一些木工，对预定数量并已付酬劳的计件工作，……总是小心翼翼地表现出很勤劳的姿态。但如果按日计酬并提供伙食（没有这个很难让他们前来），就总会看见他们在歇息，一天得停下来吃五次饭，每顿饭间隙才是少得可怜的工作时间。即便是在这点时间里，他们也永远是站着，盯着原木或木料，在斧头或锯子边无止尽地休息下去。但他们并不认为自己是贼，尽管他们从邻居那儿偷的并不比盗贼少多少。一些临时工人、懒惰的女仆和雇工同样可归于此列。……今天，人们很难见到有人为微薄收入诚恳地劳作一天了。如果说缺乏纪律性是一种堕落，那么，这里的堕落之徒实在是太多了。（Öller 1800: 200f.）

但在 19 世纪初，在瑞典大多数农民村社里，雇主和工人之间的界限尚不是非常分明。这种分化随着大面积种植农业的发展而加剧。在大庄园里，对于仆人及临时工工作步调拖沓、严重缺乏守时习惯等等，抱怨更多。从 1815 年起，庄园呈现出这样一幅工作的图景：

> 如果清晨五点博利夫后面能跟着懒惰的农场帮工、散漫的雇工和疲惫不堪的农夫队伍，前往玉米地的话，那已经算是幸运了。只要监工一去干别的，这些人马上就丧失工作的热情，即使没有完全停下手中的活儿。对这些雇佣工人来说，无论雇主给的福利多高都提不起他们的工作兴趣，这世上没有比吃饭和晚上收工的钟声更令人愉悦的了。（引自 Rehnberg 1967: 54f.）

召唤工人吃饭的钟声，也叫粥钟（vällingklocka），是一种新兴的规训从事农业劳动的工人的方式。正如瑞伯格（Rehnberg 1967: 27）指出的，18 世纪至 19 世纪，报时钟的广泛使用与生产的发展和对农业效率与利益的新要求是紧密相连的。

对农民来说，对新时间观念的掌控变得越来越重要。当农民逐渐变成一个小商贩或者市场中的生产者时，他不仅要学习计算和预算其生产收益，更要懂得支配时间。在 19 世纪，许多农民开始记日记、买日历、带怀表、添置粥钟，这预示着一种新的时间纪律，以及由掌控时间而构建起的权威。[1]

---

[1] 马兹·瑞伯格已经探讨过这种发展（Rehnberg 1976: 28ff），也可参看西格弗里德·斯文森有关 18 世纪至 19 世纪日历和手表传播的研究（Svensson 1976: 66ff.）。

## 规训时间

时间的新纪律最明显地体现在 19 世纪日益增多的工厂中。很多研究者将时间的增长看作欧洲工业生产中的一种规训方式。米歇尔·福柯在有关法国的研究中已经指出，工厂主和商人对劳动者提出新要求："按时计量和按时计酬同时也要求一种完美无缺的时间；通过这种高质量的时间，工人们可以持续不断地投入到工厂运作中。精确、适用以及规律性，是这种规训的时间的基本特点。"（Foucault 1977: 151）

但是这种转换并非易事。当时有无数关于工人们不守时和缺乏专注性的抱怨。人们认为工人不珍惜宝贵时间，太懒散，太迟缓，丝毫没有对时间紧迫性的尊重，等等。工人们还没有意识到工作和休闲是两件完全不同的事情。

瑞典开始工业化的时间稍晚，新的工人阶级直接来源于农民，因此，文化对抗在瑞典比法国和英国更加明显。工业化的早期浪潮需要大量纺织工人，而各个部门又亟须制定许多工作纪律。很多工人随心所欲地上下班，当农场里有紧急的农活儿时，他们干脆就不来上班。1857 年，西约特兰一个纺织厂的英国工头向美国的一个来访者抱怨女工们的坏习惯：

> 先生，这些女工老是惹麻烦。她们还没有习惯这样高强度的工作。在家里，她们总是一边干活儿一边聊天、唠叨。我很难让她们集中注意力，小心谨慎一些。她们老是弄些故障出

来！为什么两个女人一见面，效率就不能高呢？要让她们像英国人和美国人一样，那还得花点时间，但她们将来会学会的。（引自 Persson 1977: 19）

这些工人是如何被规训而能够承担严肃工作并且被教会认真对待工作时间的呢？一项重要的措施就是制定工厂规章，它规定工人的职责，使整个工厂生活按照精细的时间表来组织，有确定的时刻以及例行的公事，对那些不按照此时间表行事的工人处以罚金。

另一项加强新时间规范的重要措施就是厂笛。在西约特兰维斯卡福什纺织工聚居的村子里，汽笛在每个工作日的早晨鸣响三次：第一次为叫醒工人们，第二次提醒他们该去工厂了，第三次宣布工作开始（Persson 1977: 27）。埃斯通纳的钢铁工业在 1870 年代引进蒸汽机后，便开始使用厂笛；它们在整个镇上拉响汽笛，召唤工人们在早上六点钟就去上班（Grdlund 1942: 307）。

汽笛最终成为工厂主控制工人时间的一种象征。与粥钟一样，它标志着生活的变迁，让地方民众深刻地意识到工作和休闲之间那条明显的新界限。

19 世纪末，在很多工业领域，计件工资开始取代原来的小时工资，这是加强工作时间控制的又一大进展。这股趋势促进了 20 世纪劳动分工以及"工时与操作效率研究"（time-and-motion studies）的发展。车间里，工人们的工作遵循更细密的分工，更标准化和程式化。这导致了对于如何争夺时间的广泛讨论，当然，理想和实践之间存在巨大差异。即使在工人阶级中间，对时间纪律也莫衷一是。一些工人群体甚至直到 20 世纪仍在诉求安排自身工作，在适合他们的时间休息或休假的权利。对时间的掌控成为工作场所一项重要的权利象征。20 世纪初斯德哥尔摩一家造船厂的如下画面就是典型："对比以前，现在究竟是什么促使工人们工作啦！以前在老板们来之前开始工作常被看作溜须拍马的表现，甚至有时拖到开工时间过去半个小时才开始工作。闲散问题也许并没有得到足够重视。于是工人们上班时喝更多的酒，如果你不想工作，你完全可以庆贺个一两天再来。"（Rehnberg 1953: 71，70）

人们并不只是在工作车间里培养工人们对时间的新态度。在 19 世纪，强制学习成为规训时间的重要手段。学校及其班级、课程表、课间休息、铃声等规矩，都是在为孩子们将来的工作生涯做准备。它们教导孩子、农民和工人阶级都应该努力达到工业生产为劳动者制定的要求。相反，资产阶级的孩子却被灌输一种更为复杂的时间观，它承载着新的象征和新的道德。这些训练有素的、标准化的时间规范通过工作和学习而被内化，成为中产阶级世界观的基础。

正如福柯所指出的，学校不仅创造纪律时间，也带来"进化"的时间。他注意到，19 世纪的新教育学说将教育看成一系列与时间先后继承顺序密切相关的因素的构成过程；这个过程与人类灵魂"自然的"进化过程正相对应，并且为教学方式提供指南。直线式地组织行动带来线性的时间观，它直接朝向一个既定目标——时间即职业（Foucault 1977: 160ff.）。

资产阶级文化中的时间因此直指未来，醉心于发展，并且其目的就是掌控时间本身。重要的新观念是人们将创造自己的未来。时间不够用，人们必须合理安排时间。

这里包含的时间价值与18世纪至19世纪资本主义扩张中逐渐成形的有关人的意识形态和观念息息相关。商人、店主、政府官员不得不使自己作为社会领导阶层的新地位合法化。在原来旧的四民（four estates）社会中不存在这样的问题，因为封建贵族的高贵出身让他们毫无疑问地处在社会金字塔的顶端。资产阶级正在扩张，在社会上攀爬，他们起草关于合法性的新要求，那就是有关个人资质的神秘化观念。资产阶级认为自己拥有能力和高尚的道德品性，所以他们有权成为社会领导阶层。

在中产阶级新道德体系的发展过程中，中产阶级有意要拉开自身与居于其上和之下的阶级的距离，拉开和旧贵族奢靡生活方式的距离，也拉开与缺乏纪律与文化的下层民众的距离。资产阶级世界观的基石之一便是控制和节约。控制自身，经济地使用情感、金钱和时间都是必要的。要学会为将来的保障而舍弃现在的享乐，还要升华并且抑制那些原始的本能和情绪。

罗尼·安比约恩松注意到新价值体系的另一个重要特征：

> 在西欧，由新人领军的道德体系是在和贵族式生活方式的相互冲突中发展起来的。对于占有土地的贵族来说，最重要的是财产所有权，而对于处在上升阶段的资产阶级来说，却是获

取,换言之,这正是资本主义经济的原动力:工作,持续的投资,是资本的必然逻辑。(Ambjörnsson 1978: 88)

中产阶级将自身看作由理性和道德统治的更新、更好的社会体系的代表。这种世界观将核心角色赋予个体:"创造你们自己的生活!"

也许有人会持不同意见,因为在农民社会人们也同样宣扬这些美德,比如勤奋和节俭,但在更为封闭的自给自足经济中,节俭的概念是不同的。在农民社会中,节俭指的是如何节省地使用匮乏资源、建立储藏室以备过冬、为庄稼歉收和困难时期建立缓冲。简言之,那是谨慎的经济。相反,资产阶级的节俭和克己是为积累和扩张:世界是开放的,机会是无限的。

那么,认为现世生活是一种匮乏资源的观点又意味着什么呢?的确,教堂宣扬妥善管理生活的重要性,让人联想起时间如沙漏般一点一滴流逝。但是,这种谨慎主要基于以下观点:天国里永恒的喜乐正等待那些贤人;相形之下,俗世很短暂,人类微不足道。资产阶级的人生观却完全不同于此。他们的看法是,抓紧时间,创造属于自己的生活,抓住机遇,精打细算,投资并且扩张。[1]

在农业社会,生命的周期是集体性的;人们成长,反复历经那些已建立的并可预知的人生阶段。但是在资产阶级文化里,生

---

[1] 有关农民和中产阶级对职业伦理与时间纪律的不同看法,可参见热朗的研究(Zerlang 1976: 60ff.),也可参考马克斯·韦伯对新教伦理的分析(Weber 1930)。

命成为个体自己攀爬的职业阶梯。[1]中产阶级在回忆录中,对职业精神有着清晰的表述。这种对人类的看法是不言自明和充分内化的(在中产阶级社会,常常也等同于对男人的看法)。药学教授伊色拉利·霍姆格林的回忆录,就是体现这种职业精神的好例子。1910年,在给妻子的一封信中,他陈述了自己的人生哲学:

> 亲爱的欧鸽,要是我生有所成,死后留名,那该多好。这就是我所期望的。这是我能留给孩子们的最好遗产,也许是唯一的遗产。
>
> 这意味着太多太多。我深知我继承父亲的声名,这让我备受激励,所以我得勤勉工作,正直为人。我能成为比父亲更伟大的科学家,这要归功于他,这样也才不负他所建立起的一切。如果上天让我还有时日可活,我一定会取得成功。(Holmgren 1959: 172)

在孩子特别是男孩的教育中,职业即生命这种观点是至关重要的。思文·李德曼在自传中描述了孩子们遭遇的持续文化轰炸。他年轻时大部分时间都住在叔叔家,他的叔叔是一位语法学校的教师和退休官员。1896年,在给侄子的一封信中,他写

---

[1] 阿斯克·奥斯克(Asko Vilkuna 1959)考察了北欧农民社会对生命周期的民间信仰,这些信仰认为生命是一个预先命定的过程。有关职业心态的发展,可参考 Bledstein 1976 一书以及奥登关于计划施行和时间层面的研究(Oden 1975)。

道:"你无疑应该懂得,绝大多数年轻人懒散、肮脏、虚伪,成天跟他们混迹,你其实已经提前进入老年。合理使用每一分每一秒吧,否则你将失去一年又一年!……对比一下快乐的用功者和那些不知羞耻的懒汉吧。"在后来的一封信中,他又写道:"无聊和草率只能带来不幸、不安、霉运以及贫穷——只有妥善安排工作才会摘到成功的果实。……我热切期盼你能从短暂的俗世生活中得到幸福,甚至可以幸福终生,……如果你合理利用时间而不是整天无所事事地躺在床上的话。很显然,你得自己成全自己。"(Lidman 1952: 283f.)这些话昭示我们这样一种人生观:生活就是不断攀爬。资产阶级文化常常说一个人有好的前景,或者正处于他的巅峰时期,但是今天我们谈论的却是为事业而牺牲某事(或某人),我们描述一个人正处于上升途中、转折点上、其事业的巅峰或者终结点。

职业精神被牢固地嵌入中产阶级这个社会群体中。工人阶级并不指望开创自己的事业,中产阶级的女士们也同样如此,尽管她们必须体现克己和控制时间等所有美德。在19世纪与20世纪之交,一本有无数个版本的介绍如何妥善管理家务的流行小册子,其导言是这样写的:

> 正如一句谚语所说:时间就是金钱。因此在绝大多数情况下,节约时间是人的唯一资本;好的家庭主妇不仅自己严守时间、规划好自己的生活,而且必会如此要求辅佐她的人们。
> 
> 一个懂得分配时间的家庭主妇,总能把家里安排得井井有

条，甚至还有充裕的时间去干一份补贴家用的活计。如果那不必要的话，她则可以通过其他消除疲劳的活动或提神的办法来恢复精力。（Grubb 1889: 3）

即使在家里，编制预算和规范时间的精神也很普遍。一个好的家庭主妇总是尽力制定好佣人们的工作时间表，分配好每天和每周的工作及班数（Nolan 1979；参见 Davidoff 1976）。

守时不仅是学校教科书和礼仪指南上宣扬的美德，在资产阶级家庭里，孩子从很小年纪就要开始不断被训练严守时间。回忆录作家们常常记录他们必须按时吃饭的铁规矩。[1] 人们甚至给孩子手表，那样他们就可以学习承担时间的责任，进而能更有效地将这些规矩铭记在心。

人被塑造成为"建构的钟表"，对他们来说时间总是清晰的、随处可见。让时间随处可见的最简便方式就是在公共场所安装钟表，它们从教堂钟楼、教学楼正面、等候室等地方盯视着城镇。特别明显的变化发生在资产阶级的家庭装饰上。客厅的宁静被桌上时钟的滴嗒声、落地式大摆钟和挂钟的钟摆声打破。即使是静悄悄的时候，孩子们也能注意到时间的流逝。

---

[1] 回忆录中其他有关进餐等时间规训的例子，可参见 Blumenthal-Engström 1947: 44 以及 Posse 1955: 22。雨果·汉密尔顿也在他的回忆录中（Hamilton 1928: 47）描述了庄园里一个四岁的小男孩必须在特定时间、特定地点面见父亲。

## 生日和周年纪念——魔法数字

"在你生命中具有特殊意义的日子里，我们——你的朋友，为你祝福。我们有目共睹，你是一位完美的老板，一个完美的父亲。……你已经把事业发展成模范，你已经养育大你的儿子们。……希望你经历更多这样的日子，也希望我们——你的朋友，因围绕在你身旁而获益良多……"以上这段话是瑞典庆祝某个人50岁生日时典型的介绍性话语，摘自艾尔莎·尼布卢姆的童年回忆（Nyblom 1946: 115），她成长于20世纪初一个中产阶级家庭。

这种仪式是资产阶级文化中不言自明的部分，但在农民社会中却是无法想象的。新兴中产阶级的时间观、人生观特别强调一些魔法数字，而农民社会对此一无所知。生日庆典、命名日、周年纪念都成为资产阶级社会生活中的重要因素；而农民的庆祝仪式主要是集体性的年度节庆、收割节等。现在庆祝仪式的关注点转向个人生命周期，而这常常基于机械的时间计算和新的职业精神。生日庆典就是这种仪式的一个例子，它在20世纪初时才开始在农民和工人阶级中普及。至少可以说，19世纪时，农民们常常对资产阶级乐于庆祝生日感到奇怪。这种文化的冲突可以从斯堪尼的回忆录中得到阐明：

> 我记得我在海拉诺德上小学的时候还是1895年，我们老师的生日快到了。所有孩子们，只要是愿意并且出得起钱的都要贡献出钱来买礼物。……很多家长表示："我们从未听说过

有比让孩子们凑钱给学校老师买礼物更愚蠢和疯狂的事情了,我们从未听过如此荒唐的事情。"不管怎样,我们的老师还是得到了一盏精美的吊灯。……但这地区的家长们却认为他们将要面对世界末日了,因为仅仅为了某个人的生日就如此小题大做。(引自 Danver 1942: 17)

这样的庆典仪式是资产阶级文化和资产阶级时间观的一部分,如果某个岁数恰好是机械时间单位中的整数,那就被认为是一个欢庆的时机。这同样也适用于一些周年纪念,比如银婚纪念日、俱乐部开张纪念日等(Danver 1942; Swahn 1963; Rehnberg 1969)。

在瑞典人典型的 50 岁生日聚会上,数字的魔力最明显的是与个人事业相关联。当资产阶级男士 50 岁的时候,他正处于自己事业的巅峰,人生最妙的年龄。他工作的同事和事业伙伴会为他庆祝。在 19 世纪与 20 世纪之交的数十年中,这种过渡仪式扩展到别的周年纪念日,比如 60 岁大寿。在所有的庆典配备中,包括鲜花布置、铜管乐队、银柄手杖,最突出的象征性环节是由其同僚们呈上一块有题铭的金表。

## 怀旧和崇信进步

事业精神与资产阶级对未来、对进化式进步的信念密不可分;但与这种信念并存,我们也看到渴望回到过去的怀旧之情。正如理查德·森尼特发现，19世纪一股怀旧风潮席卷整个资产阶级，怀旧成为当时回忆录中最明显的特征（Sennett 1977: 168ff.）。

和受传统束缚的农民相比，资产阶级注重过去的原因是不同的。当然，两者都是用历史来合理化现在的行为，但是农民紧抓住传统不放，是因为他们对那些屡试不爽的可靠知识有一种现实的态度。资产阶级对过去的回望则更多带有神秘、浪漫的特征。例如，19世纪资产阶级中盛行祖先崇拜，但农民却没有。即使农民们关注他们的祖先，通常也是出于非常实在的经济原因：农场所有权、土地权等等。

只有在资产阶级中，才形成了设立家庭祭祀台的传统，通常是在大钢琴上陈列亲人们的肖像，以及之后在亲人们墓前点蜡烛的习俗。这些都是制造象征性财富的手段，赋予血缘关系圣洁和神秘的意义。

怀旧之情在资产阶级的回忆录中有多种表现形式。他们也许将孩提时代理想化为一个凡事都更纯朴、更自然、更安全、更真实的时代；他们也许会对家庭祖先和族谱表现出迷恋；最有趣的是，他们对历史以及历史人物显示出狂热的兴趣。最后一点在很多关于孩提时代的回忆录中清晰可见。在幼儿园里、在孩子们的游戏中、在少年的梦里，历史都是活着的现实。

爱丽丝·昆赛尔描述了20世纪初她在斯德哥尔摩的一个资产阶级家庭中的童年生活，为我们揭示出渴望过去的怀旧之情与进化式进步的信念之间如何融合。她的童年是一个"在各方面都

引领更好未来"的时代,但是她却专注于历史,不断以英雄和国王来定位自身,这些场景和轶事对资产阶级的历史观来说至关重要:

> 历史从一开始就在那里——我不知道它在多早以前就已进入我们的存在,我不记得有过任何没有历史背景的事物。母亲给我们读历史小说,早在我们上学以前,我们就知道所有瑞典国王、王后和其他许多许多……我们还在生活中演出历史。我的两个哥哥和我分别扮演古斯塔夫·瓦萨、古斯塔夫二世阿道夫和卡尔七世,如何使这些国王生活在同一时刻是一个棘手的问题,还有很多别的问题也是如此;最好的解决方式便是忽略它们。我们彼此会面,讨论我们的将军、议员,当然这些人我们仅仅知道名字而已。( Quensel 1958: 42f. )

昆赛尔的父亲是位政府官员。在她家里,孩子们的游戏和幻想被英雄国王的历史所主宰。在别的回忆录中也可以见到同样的迷恋,人们不断表演历史故事,孩子们扮演十字军战士、将军,还有探险家的角色。

这种历史是孩童思想世界的主导特征,是资产阶级生活中的一个重要因素。由历史书籍和表现历史场景的图画编制成的神话故事,为孩子们提供了模仿偶像,它的基础是资产阶级的世界观。与此世界观相似,历史的观念即具体人物的历史:男人或女人使自己凌驾于万众之上,掌控自身的命运,也将整个国家的命运握在手中。

显然，幼儿园的游戏、罐子上士兵的战斗、史诗的宣读、家庭聚会所表演的历史戏剧、学校教育，还有为纪念某位伟大的国王而进行的盛大游行，所有这些所建构起来的历史梦幻，都坚实地嵌入现代以及当代资产阶级对人、社会和国家的观点之中。

## 时间的暴政

到现在为止，新的时间观坚实地扎根在我们的意识当中。它已变得自然和不言自明。现在有股趋势是将时间变成一种客体，一种带有自身神秘生命的力量。我们不再是时间的主人。这种客体化的过程反映在语言中：时间正从我们身边溜走，时间在流逝，时间变得短缺，有时时间停滞了，我们不得不用各种消遣扼杀时间。在过去的一个世纪中，我们越来越纠缠于作为时间标志的速度的重要性。

许多人认为自己处在时间的暴政之下，要是有更多的时间允许我们做自己想做的事情该多好。我们有越来越多的必须同步化的时间，越来越多的最后时限要达到，以及越来越多不允许重复的时间，等等。时间总是与工作相联系，与我们称之为"休闲"的狂热行为相联系。农民们擅长的等待的艺术，已经灭绝。等待现在成为不可忍受的事情，如果把时间投在任何没有效益的事情上，很多人会感觉压力重重。追着开走的公车奔跑好过在公车站等上漫长的五分钟。也许资产阶级传统的节俭美德已经让位于一种消费观,但争分夺秒依然是一种美德和狂热运动:找一条穿城捷径或超市收银的快速通道,哪怕能使等待的时间减少半分钟也好。

但是我们的文化中并没有关于时间的一致表述,不管是对时间的持有还是对时间的态度,不同的社会群体有各种各样的看法。丽塔·李耶斯特罗姆已经指出男人和女人时间观的区别(Liljeström 1979: 144)。同样,在工厂里,时间的暴政对领导和工人的影响也不同。诗人格兰·帕姆在爱立信公司以车间工人的身份待了一年,归纳出工人们理解的时间有如下典型特点:

> 但对绝大多数车间和办公室的工人来说,永恒的问题似乎是如何让时间跟着工作走。当然,在爱立信的时候,我甚至也偶尔会忘记时间。例如,当聊天的兴致高涨时,当有些麻烦的指令必须完成时,或者一些异常情况和事故出现时,某人在下班前请我们吃蛋糕时,等等。但是我常常看手表。当我看时间的时候,期望它能变得比它本身更多。那时我常常这样想!但是作为一种规则,它并不会如我期望的那样变长。时间常常像蠕动一般,有时它看起来几乎停滞了。
>
> 这并不是我的手表的特性。凡是在墙上挂有钟表的地方工作的工人们都觉得这是一种温柔的折磨。秒针威吓着他们。在工作的时间段里,钟表的指针总是拖拖拉拉地蠕动着,可是,只要休息的铃声一响起,它们就疯了似的转起来……

既然目前的境况不尽如人意,人们就将希望寄予将来。随之而来的是如何尽可能多地找寻盼头和念想，以及现在权利的问题。例如，早晨八点钟时，我开始盼望九点钟的休息；十点钟时，我开始盼望喝咖啡的休息时间；咖啡喝完后，我又开始盼望下班的铃声响起。

这种小企盼很快就成为一种习惯。

在爱立信，工人们一周工作五天，星期五因此是大家最热切期待的工作日。

但每周才绽露一次的未来曙光远远不够。人们在十一月便期待圣诞节的来临；到了二月份，复活节又迫近了；耶稣降临节前的耶稣升天节，虽然极少过，但它如同升起在爱立信公司屋顶上的一颗晨星。( Palm 1974: 148ff. )

蓝领工人们也许觉得老板简直就像"吊在钟表指针上一般"，但白领们认为自己可以掌握时间。行事历是今日对时间的文化表征中的重要部分，它们可以被用来规划和分配时间。甚至可以说在当今社会，那些使用行事历和不使用这个东西的人之间，有文化上的隔阂。这种日历成为一种地位的象征，象征着可以掌控自我工作时间的自由，但是这种自由极大程度上仅仅是象征性的。我们可以观察到，行事历和有关时间管理的周末课程如何创造出一种新的时间暴政，它逐渐地、潜移默化地形塑着使用者们对待时间的方式。这种微妙的控制反映在语言中。当公务员、部门负责人、大学教授从兜里掏出记事簿时，他们考虑问题的方式其实已经被它控制了。他深思熟虑地对着它，看看哪里还有缝隙，哪里还有多余的空间，哪里还有空白的日子或星期，好用圆珠笔去把它们填满。这种日历使得时间被分割成一串串的小时、天和星期，一团团被填充的笔记和约会。

我们装备自身的物质性事物所具有的力量，比我们意识到的要大得多。对于精确管理和计算时间的日益增长的需求，就反映在我们的物质装备中。今天的电子手表计算时间不仅精确到小时和分钟，更精确到秒；今天的日历分配时间更为细致，为工作日的每个小时都留出空间。因此我们不断提醒自己：时间很宝贵，无论工作还是休闲，都必须合理而有效地利用每个小时。

## 时间的社会建构

时间难以把握。当一种时间观被内化之后，它就成为理所当然的事，它或多或少地成为我们日常生活无意识结构里的一股潜流。

在把我们现在的时间观和更为悠久的农民时间观做比较时，千万要谨慎，不要用"自然时间"这个词把传统的时间浪漫化。同样，我们也不能在传统的循环时间观和现在的线性时间观之间做截然二分。我想强调的是，每种文化或每个时代组织和历经时间的方式都是多种多样的。虽然在农民的时间观和他们的仪式生活中，自然历的循环节奏起着重要作用，但这并不意味着其时间就被认为是循环往复、停滞和朝向过去的。农民的生活中也有线性的时间，比如需要不断地为将来做打算，以及侧重于此生与来世的宗教时间。这两种时间以及对时间的态度都会随着既定的文化而相应调整。

同样，现代时间观念不仅在不同的社会群体间有所区别，在不同的场合也不同。每天例行的生活，每周重复的工作，使我们生活在一个与线性时间平行的循环时间里。我们会经历"存在"的时刻、永恒的时刻，当时间飞逝，我们则会经历压力重重的时刻。

也许，关于时间的不同呈现和其与感知的种种复杂关系也制造出显而易见的文化困境。我们已经指出中产阶级对时间的矛盾态度：一方面是奔向未来，对速度和职业的迷信；另一方面却是怀旧之情，对那些时间充裕的、过去的美好时光的向往，或者做着生活在无时间性的永恒中的乌托邦美梦。[1]

逐渐兴起的抽象化、标准化、计量化的时间对社会的不同部门有不同影响。虽然传统上围绕年度任务而运转的时间仍保留在生产的某些方面，但生产的其他方面已飞速地被计时劳动力所取代（Thompson 1967: 70ff.）。安东尼·吉登斯已指出，这种时间观作为一种市场商品，已试图在19世纪制造出公众时间与私人时间的区分。在公共生产领域，时间处在钟表、规则、时间表、日历等的监控之下，但私人领域的时间却更多延续其传统和特质（Giddens 1981: 130ff.）。

---

[1] 可比较对速度的崇拜（Kern 1983）、未来方向（Dundes 1969）以及怀乡情（Davis 1979 和 Lowenthal 1985）。

当然，也不能把对于时间纪律的介绍降低到仅作为企业家和雇主们的一种工具的层次。当领主农场中的农业工人们买了自己的手表时，他们也可以核对粥钟是否走得准确；同样，时间的标准化和控制性也可以变成工人手中的武器，为"干好一天活，应得一天工资"而斗争。[1]

时间的规训不仅仅是分针、日记、预算等问题，而且关涉如何利用时间的道德判断。随着工作和休闲的两极化，非生产性的时间意味着"自由时间"，但成功的工人阶级不断争取更多的这类"商品"，精英阶层开始关注这种新的自由。这么多的自由时间，普通民众真的准备好了吗？他们有文化方面的必要能力以及责任感来管理自身的时间吗？人们越来越多地争论这些问题。这种关注有一个例子，1936年有一场关于工人一周假日权的争论愈演愈烈；以下文本出自第一届盛大的瑞典休闲生活博览会的英文简介：

> 休闲生活对个人来说，当然是没有任何恼人义务和烦人限制的自由时间，但它并不是虚掷在闲散娱乐上的"死时间"，这样只会导致浪费，或者滋生出厌倦不满和无所事事。如果人们不能合理利用休闲时间创造出健康与幸福，那么，社区应该

---

[1] 据说韦兰姆的农场工人完全按照粥钟的节奏生活："这些工人希望有块怀表，以便知晓确切的时间。似乎他们已经开始意识到自己也有作为人的尊严。"（引自 Rehnberg 1967: 30）

建议和帮助他们，教会他们更充实、更合理、更有效地花费时间。这样一来，在社区的关注下，休闲时间变得和工作时间一样重要。

理性和效率的观念也许渗透到了私人生活领域，但是工作和休闲、公众和私人的两极划分依然是我们现在生活中的基本准则。接下来的第二章，将对如何组织和认知这些两极划分做一番审视。

## 第二章 崇尚自然的人

1910 年,古斯塔夫·桑德巴格在关于瑞典国民性的书中说道:"瑞典人性格中最根深蒂固的特点是对自然的挚爱。"他认为,这种投入的热爱,孕育出这个国家伟大的自然科学家、探险家和诗人,也让瑞典人在音乐和想象力方面独具禀赋。"这种情感无论在上等人还是下等人中间都同样热烈,虽然不是同样程度地被意识到,这种对自然的挚爱很多时候激发出野性和不羁的情感。另外,它也是瑞典国民不可摧毁之力量与健康的最深沉解释。"(Sundbärg 1910: 4f.)

虽然没那么夸张,但本国和非本国的后世观察者响应了桑德巴格的反思:瑞典人首先是自然爱好者。[1]

现在有关瑞典人生活的诸多想象确认了这些印象:周末带着咖啡和三明治于乡村远足,在丛林里有一群群慢跑者、滑雪者和打猎者。只需看看树林里无处不在的捡拾浆果、采摘蘑菇的狩猎-采集经济,郊外园地里人们热情地挥汗如雨,或者大伙儿奔向农舍小屋或拖车营地的周五之夜仪式,以及对躺在沙滩上晒太阳的渴

---

[1] 英国人看待这种原型的细致分析,可参考奥斯汀的研究(Austin 1968: 93ff.)。

望,在租来的夏日小屋中感受绵绵细雨或抱怨孩子的喜好。

也许统计数据能为这些飞逝的想象提供更为坚实的基础。850万瑞典人总共拥有超过 60 万座农舍小屋,甚至拥有更多的休闲船只,将近一百万瑞典人参与到钓鱼这项运动中。[1] 统计数据显示,没有几种电视节目能与这些自然和野外活动相媲美。

这种对自然的热爱牢固地嵌刻在瑞典人今天的生活风格中;许多人由此认为这种感情自古以来就是如此。他们把这当作现代生活中保留着的传统因素之一,它在过去的农民文化和现代社会之间建立起连接纽带。但是这种看法带来一个问题:19 世纪的农民如何对待这些自然景观呢?在何种程度上他们对自然和野外生活的态度不同于或者类似于我们呢?接下来的讨论不是关注自然中的人,而是人心目中的自然,即我们对自然的想象如何被文化编织。

## 农民的大自然

在农民社会,自然被视作生产领域。这种经济被多种资源的密集使用所主宰,并需要对自然物的丰富知识。农民、匠人、猎人和渔夫必须懂得如何识读、分类和应对他们置身其中的自然生态系统。

自然景观不是一个单独的劳作场地。每一项经济行为都有相互参照的认知图式或框架,而且它们可以重叠。山民不是在森林

---

[1] 参见 Genrup and Nordin 1977 一书中关于休闲习惯的调查研究。

里散步，而是行走在木材林里、制作桦皮舟原料的树林里、野禽栖息的林地里，或者麋鹿出没的丛林里。所有这些狩猎-采集活动都有它们自身的文化滤网，有对自然景观不同的感知和识读方式（Campbell 1936）。

语言告诉我们在生存经济中，知识是多么丰富和多样。这与 1880 年代的农民可以给土地 75 种命名，或者渔夫能用 25 种不同叫法称呼青鱼，北方拉普兰人需要区分 40 种不同的雪，并不是巧合。这些例子显示出使用自然之物的重点在哪些方面（Löfgren 1976 and 1981c）。

相对于今天高度城市化的景观，农民的世界也许看起来只是块偏远之地，也难以想象生活在这种经济中的人们能如此接近自然，天气、植被、动物等最细微的变化都能被注意和预估到。自然生产方面的知识基于长久积累的传统，它赋予长者在社会化过程中的核心地位。长者的知识关系重大，追随他们的，是那些不得不学习用有限的技术手段掌控自然的年轻人。学习的过程很漫长，农民、猎人、匠人的职业培训过程几乎贯穿他们终生。他们识读、解释、翻译自然景观的能力一步步增强，同样重要的是，学习过程更多基于参与和模仿而非正规教育。人们不是被教，而是自己学。

实践知识当然依赖经济活动的类型以及当地生态系统中可供利用的资源。在更早的研究中，我讨论了生活在同一个海边村庄里的农夫孩子和渔夫孩子，他们一开始就以相当不同的方式感知自然景观。渔夫的孩子们被社会化，纳入了海洋景观中。他们学习观察沙滩下的水下景观,海藻森林、海底山脉、岩石和沉船;也学习辨别和判断最细微的天气、风、海浪、水流的变化。他们的天文学知识比农夫的孩子更丰富,而农夫的孩子则成为田地和牧场方面的专家。对农夫的孩子来说,海洋不过是陆上劳作的背景(Löfgren 1977: 143ff.)。

同样,伐木工人的孩子被培养观察自然界的各种细节,这是成为一名熟练伐木工人的先决条件。这个学习的过程在阿格内塔·伯奇维斯特对西约特兰波乐比格地区以丛林、木工为生的人们的研究中讨论过:

> 每个木工都有惊人的知识储量,他们谙熟各类木头的特点:桦木吸水性强,松木味道浓郁,赤杨木易碎;靠近沼泽生长的云杉最适合编织席子和鱼筐,枞木比桦木更轻巧但硬度更大;木桶常常用松木制作,其中桶箍常用松枝做成。只要看一眼树,编筐人就能立即判断出它是否是制作篮子的合适材料。
>
> 这些人从小就生活在丛林里,耳濡目染各种丛林活技,因此获得丰富的经验。他们绝大部分时间都在林地里:采集浆果、帮着伐木、放牧牲口,往来于学校、朋友家或邻村亲戚家的路上。他们熟知穿越森林的捷径,也知道许多常人走的路。(Boqvist 1978:105ff.)

农民们常常借助民间故事使这些丰富的自然知识不断累积。孩子们学习有关动物习性或植物用途的押韵诗、小曲和其他有助记忆的口诀。丰富多彩的民间文学,借助诸如"动植物能言之时"类的俗语,告诉人们哪些种类的树叶可以作为牲畜的饲料等。譬如,一只羊警告说:"损坏桦树叶子,损坏花楸叶子,但不要损坏枫树叶子:它们比眼宽,比牙窄。"另外一首押韵诗中,一只牛建议说:"柳树喂肥我,赤杨仅充饥,花楸我垂涎,白杨我泄气。"(af Klintberg 1975: 284ff.)

但从第一代民俗学家开始,这类故事就被当成农民万物有灵信仰的残余,其实它是有助记忆的简便方式。农民也许并非直接受到正规教育,这些押韵诗和口诀可以帮助他们更好地对动植物分类。通过它们,孩子们能学到如何区分不同种类的树木,如何识别季节的变化,以及观察动物们的行为。

## 具有魔力的自然界

农民在自然界从不孤零零地生活。农民、渔夫、猎人,他们与各种具有魔力的超自然物共处,比如洞穴里的巨人,地底的小矮人、精灵,还有暗夜中的魔鬼。有一种叫作"赖大耳"(rådare)的超自然之物,是自然界的魔力统治者。它们既保卫自然资源,也能呼风唤雨,影响农作物生长。很难说清这些统治者们的秉性到底是好是坏,因为它们的所作所为充满矛盾:一方面,它们惩罚违反那些规则和禁忌的行为,也会找人类寻仇;另一方面,它们又确保人类有好收成,或是在风暴降临时带给人庇护。

森林之灵"刹猱喇"(skogsrå)身上就体现出这种矛盾。很多烧炭人对它的存在确信无疑。它帮助烧炭人盯着炭堆，在其熄灭时替他们重新点燃。许多烧炭人讲述的故事中提到，他们半夜被一个奇怪的声音——一声尖利的笑，或动物的吼叫吵醒，但醒来只是发现刚熄灭的炭堆被点着了。作为回报，剎猁喇要求烧炭人保持工作场地的干净，并且不能打扰周围的野生动物。如果哪个烧炭人破坏了这个约定，剎猁喇立刻就会性情大变，烧炭人立马遭到厄运。

同样，海洋的超自然统治者也扮演好几种角色。渔夫献与它们少量贡品，比如一枚银币或一滴酒，从而为捕鱼带来好运气。这种结盟让渔夫们提前得到坏天气的预警，从而做好防范。但那些冒犯它们的人，就将面临渔网损坏或好运尽失的风险（Löfgren 1981b）。

超自然之物管辖着自然界，守卫着不同活动和不同领地之间的界限。约臣·史丹汀在最近一项研究（Stattin 1984）中描述了水精如何在不同场合显灵，吓走那些踏入禁地的人，让他们知道自己在错误的时间误入了错误的地方。

这些例子都揭示出，对自然界中超自然之物的信仰构成了农民对自然的感知，也折射出他们世界观中的重要因素，即怎样才是合适地利用自然资源，什么样的行为是不适当的，以及对正确与错误的定义。

丰富的民间故事也映射出农民经济生活中的着眼点。在瑞典北部，饲养业和乳牛场是当地主要的经济方式，一种名叫"吠地伏"（vitterfolk）的地底小人传说就是养牛人。神话故事里，吠地伕放养在森林中部的牛的颈铃具有魔力，牛群遇到一群农民的女儿，她们企图借助魔法偷走其中一头小牛。吠地伕饲养的牛的特点便是令人惊讶的产奶能力，当地的经济主要依靠牛奶的生产，所以人们企图盗取吠地伕的牛也在情理之中。

在这一地区，一到夏天，牛便被驱赶到山上的夏季牧场，农场中的妇女们也来到这些偏远之地，住在牧人小屋里，负责照顾奶牛，让它们产奶。小屋生活最显著的特征是妇女们和吠地伕共同居住，正如倪曼在故事里讲到的：

> 人和吠地伕的关系很复杂。你必须对它们友好，否则会遭致惩罚或寻仇。如果是首次造访小屋，你必须彬彬有礼，向它们发出夏季暂住的请求，也许这些原住民没空搬家。它们是隐形的，所以总有被人类伤害的风险，那样的话人们会遭到它们严厉的报复。在很大程度上，对这些超自然之物的信仰丰富了人们的日常生活以及与自然的联系。在各种劳作和活动中，人们必须小心且谨慎。在倒水时，人们总是大声呼唤地下精灵将水带走。日落之后，人们总是忍住喧闹的行为，因为这个时刻是属于精怪的。(Nyman 1972:61f.)

即使身处荒郊野岭，农民也并不感到孤独。乡村医生弗雷德里克·博雷柳斯还清楚地记得儿时生活在瑞典偏远北部的感觉：

> 看不见的生灵与普通人走同样的路。我无数次走过从安吉曼

兰通往山上小屋的路，据说在这条路上人们经常遇到这些精怪。虽然看不见它们，但人们能感觉到这种碰面，因为牛群会给它们让路。当人看到牛的反应之后，也必须给它们让路并致以礼貌的问候；比起人类，吠地佚对路面拥有更古老的权力。在童年时代，我听说有个人在森林里清除了横亘在小路上的一棵倒掉的大树，一位年迈的山中巨人特意前来答谢他扫清路障，作为对此善举的回报，巨人治好了他的癫痫。（Borelius 1936:98）

## 工业景观和对"异域"的崇拜

在19世纪，上述那种具有魔力的自然界日益被科学和技术征服。测量员、工程师、企业家和科学家们开始主宰新的工业景观，开拓新的经济生产方式。原本自然的农业景观因理性开发而被像几何图样般地重新配置。为扩大工业生产而开展的原材料攫取，使一些新的、原先并没有什么价值的资源涌现出来。自然界如同一个沉睡的富翁，等待着人类的开发。

新的交通体系也改变了地图上的道路。铁路如箭一般穿过森林和沼泽，蒸汽船在湖泊和新运河体系中穿梭往来。冬天里专门为运货的马匹和雪橇开辟的道路逐渐失去其重要性。传统的集散中心和商贸中心被新兴的靠近铁路的城镇或沿河港口取代。

伴随着工业化和城市化进程，许多地方不再作为大型生产基地。工业技术使自然原材料和最终成品之间的步骤变得繁多且复杂。人类与自然界之间的新距离被创造出来。现在对自然资源的利用，不再像以前那样需要直接的实践培训。孩子们不必在大人们干活儿时跟在后面，耳濡目染地学习了；对儿童技能的培训被移到学校教室里，孩子们对自然的体验越来越多地借助教科书和挂图。在学习和直接经验之间，一道屏障树立起来。

用技术和科学征服大自然，也有助于形成这样一种观念，即人类是自然界的主人。比起农民曾经的小打小闹，现在人们控制和操控大自然的能力要强大得多。但人们利用自然的新方式也蕴含着显著的矛盾。科学和技术虽然驱除了农民的迷信和自然景观的魔力，但是一种新的神秘主义开始了统治。新的劳动分工造就出两种不同类型的景观：工业生产的景观被理性、算计、利润和效率充斥，另一种却是消闲、沉思和浪漫的新景观——消费的景观。

这种复杂的文化变迁并不能仅用工业化生产或技术发展解释，因为它的源头也蕴含在18世纪末、19世纪初欧洲知识分子和艺术家们的"浪漫之眼"中。这种对自然的浪漫态度折射出新兴中产阶级世界观中的重要因素：对个性的新观念，对乌托邦式的过去和未遭工业破坏的自然王国怀旧式的追求。这是孤独的漫游者时代，通过发现自身以及鲜有人涉足的荒野，找寻真正的自然。艺术家和作家们成为新式旅游的先锋。[1]

---

[1]　大量文献极好地反映出对大自然态度的新发展，它们从18世纪晚期欧洲的智识氛围中寻求这些新态度的文化根源及在19世纪的发展。雷蒙·威廉斯的《乡村与城市》(Williams 1973) 就是此方面的经典著作；凯斯·托马斯新近的一本书 (Thomas 1984) 分析了1500年至1800年间，英国人对自然景观和动物王国的认识转变。对"浪漫之眼"讨论得最精彩的是德国学者格罗斯克洛斯和欧德梅尔 (Grossklaus and Oldemeyer 1983)。卡腾新近的一项研究则着眼于18世纪法国的有关争论 (Charlton 1984)。

但并不是整个大自然都成为这种新信仰的一部分。显然,那些没有工业生产力的大自然更吸引人们的目光。第一位旅行家的朝圣之处并不是农田,而是荒野。正是那些未经开发、充满异域情调的景观——阿尔卑斯和山的世界吸引了这些先锋。一位不知名的作者在 1895 年瑞典旅游俱乐部年鉴上声称:"一个旅游俱乐部通常诞生在群山之中。正是雄伟壮丽、充满力量的群山世界第一次也是最重要的一次,唤醒人们对自然的热爱。"(*STF: s årsskrift* 1895: vii)。正如罗兰·巴特指出的(Barthes 1972: 74),对群山的热爱刚好契合中产阶级的世界观。早期的旅游指南几乎全部充斥着雄伟的山脉、裸露的峡谷以及奔腾的激流。这些景观不仅代表野性和新奇,更代表孤独、疏离、新鲜和纯粹。攀登险峰和跋涉荒野的新兴趣,折射出新兴中产阶级对禁欲主义、成就感和个性的雄性崇拜。当一个男人忍受艰难和挫折时,当他单枪匹马征服高山时,他其实是在履行表达其新世界观的仪式。这表示他能够控制内在于和外在于自身的自然世界。一位登山爱好者如此表达这种道德主题:"登山的激情带来的可能性,只有那些认识到这是在逐步接近目标的人才能真正感知,这是世界上真正的乐趣,完成这项事业给人无限快乐,这种感觉远非凝视一幅优美风景画所能媲美。"(Améen 1889: 54)

登山旅行其实是花钱买苦吃,也难怪山里农民总用疑惑的目光打量这群人。他们既花时间又花钱,但又貌似在做没有任何目的的工作,这群人甚至自称它为消闲!

除了群山,在海岸同样能找到野性、新奇和宏伟壮阔。瑞典尚未开发的西海岸，到处都是岩石、野花和沙子，它曾经被早期上流社会的旅行者视作最丑陋的地方；后来的"浪漫之眼"却将它转变成美景、奇景。我们又一次看到，对景观的评价其实取决于道德价值的判断：海岸代表一种未经人类文明驯化的纯朴与孤独。如同群山，比起那些人为的工业地景，海景不仅在道德上更高一筹，而且更健康，远离那些烟雾弥漫的工厂和喧闹的城市。[1]

新式旅行者对高山和大海的朝圣之旅，显露出他们对这些地方原始而独特的土著生活的好奇，正如这些人在瑞典旅游俱乐部年鉴上描述的："这些低等人，虽然质朴，但聪明、有能耐。"(Lindroth 1903: 135) 自私、贪婪的渔夫其实很难与他们在城市中产阶级社会景观中深受爱戴的形象吻合。诺德斯特姆描述了这两个世界的矛盾，他曾经作为一个渔夫受雇于一个渔村，在那里工作过一年。他看到游客们从新建的旅馆跑到海边，观察当地人的生活：

> 一群懒散的城里女人跑下来看我们。她们在烈日底下站成一排，问这问那，"出海危险吗？遇到风暴怎么办？待在船上不冷吗？"她们打量着当地的姑娘和我。我裸露着晒得黝黑的毛茸茸的胸脯，仿佛有个非洲人藏在我的衬衣下。这些城里

---

[1] 参见 Gustavsson and Eskilsson 1981 一书的讨论。当然，存在着把乡村景色和村民生活田园诗化的更古老传统，也就是说自古以来就有把乡村田园诗化的趋势（Olwig 1984 有所讨论），但 19 世纪对旷野的崇拜是不同意识形态对不同地理景观的认知。

女人黯淡的眼神被点亮；波光粼粼的海水、充满异域风情的渔船、渔夫的传说故事映照在她们多愁善感的眼里，令她们垂涎欲滴，如同期待着一顿美餐。这些城里娘们儿啊，这些城里娘们儿！（Nordström 1907: 61）

海岸、群山、渔夫、旷野里孤独的牧羊人，这些成为新兴而新奇的景观的重要组成部分，对这些景观的兴趣同时伴随着观看自然的新视角和新方式。"浪漫之眼"追求全景——无论看山还是观海的最佳视角。辛苦攀登的奖赏便是令人叹为观止的广阔视野，以及那种将整个世界踩在脚下的控制感。

新审美方式还包括判断哪种景观是新奇、有趣、美丽、真实、自然的景色。日落、山顶俯瞰或者海边绝壁，通常在排行榜顶端。这类景观满足了许多人新的情感需求。独自品味或与一位安静的同伴一起欣赏这类风景，在审美上备受推崇，也是体验沉静、圣洁以及完整感的方式。绝对静止的景观、每日终结的时刻，以及视野开阔的景象，所有这些带给人们一种完全的归属感，一种宁静的狂欢。沉浸其中的人们觉得时间停滞了，或者经历着一种"自然的"时间，他们的心绪完全沉浸于风景中。这如同回归神秘过去和真实生活的仪式（Löfgren 1985a: 92ff.；参见 Grossklaus and Oldemeyer 1983: 169ff.）。矛盾的是，这些感觉某种程度上既是疏远自然的结果，又是对自然的驯化。

19世纪，人们开始规划和开垦荒野。探险队本着收集美景的目的出发，乘火车、坐汽船或者徒步，深入野外。他们有计划地开辟小道，制作旅行指南列表，建立新观光台，不断发现和享受风景："看啊，又一处美景！"人们无意识地在学习如何框定自然景观，如何创造出一个个独立的景观空间。

其他因素也影响了这种文化框定的过程，其中之一是交通工具的改变。四轮马车被火车包厢和汽船船舱取代，观赏到的风景也因此不同。大自然现在是作为火车或轮船窗外流动的风景而被窗内的旅客们体验。旅行者们已学会将目光集中于远处的田野，而不再是眼前的道路。自然景观更像是一幅设计好的图画或者一张照片（Schivelbusch 1977: 51ff.）。

在 19 世纪，不同类型的艺术作品间存在着有趣的相互影响，比如，宏伟的风景油画、艺术家和旅行者的水彩素描、维多利亚时代艺术爱好者的摄影，与全景画、透视画之间就存在有意思的交集。周末家庭出游，既可以直接去户外欣赏风景，也可以去艺术画廊，在那里，逼真的油画向观众展示出同样宏伟的风景。这些类型的艺术作品建构出人们应该如何欣赏自然，应该欣赏自然中的何物的标准，也在潜移默化中表达了怎样的自然才是生动、充满田园风情、新奇和雄伟壮丽的。

对生活在城市的旅行者来说，大自然也许是一些固定印象的集合，是一幅幅图片。在 19 世纪末，廉价的大众摄影新技术使人们可以将旅行中的风景带回家，并与朋友分享。这种新技术使风景明信片应运而生，风景明信片反过来又将人们对外部自然世界的认知加以结构化。为明信片选择合适的母题有助于定义和巩固人们的审美标准：什么景色是美丽的、有趣的，或者无与伦比的。五星级景点不仅被列在地方旅游指南上,也被做成微缩纪念品在当地商店出售。明信片既是建构地方风景的方式之一,也俘获了欣赏者的心绪。它批量生产出欣赏日落和俯瞰高山的神圣感觉。在某种程度上,明信片使人更容易与他人分享难以形容的私人感觉(Löfgren 1985a)。

19 世纪末,室内装饰同样体现出人们面对荒野时,既远离自然又驯化自然的矛盾。在 19 世纪 50 年代到 60 年代间,中产阶级的客厅和休息室均被一些充满异域情调的、承载自然母题的装饰占据着,诸如藤蔓植物和野生植物图案装饰的地毯,室内摆放的棕榈树,不知名的异域植物摇曳在窗台上,甚至可以在壁炉或者附近刺绣的垫子上找到更为奇特的风景图案。客人们可以在饰有玫瑰图案的沙发上休憩,浏览记录着纯粹自然风景的相册,或者静静欣赏对面墙壁上令人过目难忘的风景油画——画面上海浪拍打着崎岖的海岸,远处蓝色的山脉融入地平线中;这些巨幅风景画大得足以让观众有身临其境之感。在不怎么富裕的人家中,客人也会对石版画或十字绣上壮观的落日聚会饶有兴趣(Paulsson 1950: 2.362ff.)。相比热火朝天的工作和生产生活,舒适的家庭与野性的自然融为一体。

## 自然如何成为自然而然

如果说大自然代表新奇,那么这种新奇逐渐为人类所驯服。接下来,大自然变成了一种自然而然的东西。19 世纪,自然与非自然的两极分化越来越明显。在中产阶级的生活中，大自然——这种人类重新创造的景观——被赋予与所有定义为非自然的东西相对立的特性。较之于假的、人造的、商业化的城市环境，自然界成为真实、未加矫饰的象征。

19世纪晚期，这种看待大自然的视角在瑞典逐渐突显。这是一个用新式浪漫主义态度来对待自然主义的时代。作家、艺术家和学者都在地景和历史中寻找一种新的国家认同，这种认同不同于前代充满英雄和尚武精神的保守爱国主义。它是进步式的、自由的民族主义，崇尚纯朴、真实和自然。[1]艺术家们在"图说瑞典"的口号下描绘乡村景色和大众生活；或者，正如一位重要的思想家所说：

> 我们的艺术应该像我们国家的大自然一样！它要表达我们内在的特殊性情和感情，为我们的国家和人民绘出颜色和图案。我们必须为自然而艺术，而不是为艺术而艺术。
>
> 艺术在国家中成长，因为自然在整个国土上歌唱，它需要被表达，表达的方式便是艺术。艺术家必须深入人民。唯有这样，才能创造出真实而深刻的艺术作品，这才是可以名垂青史的瑞典艺术。（Bergh 1900: 135f.）

大自然成为整个瑞典超越阶级界限和民族界限的鲜活象征。

---

[1] 有关瑞典作家和艺术家对这种变迁的讨论，可参见 Björck 1946 和 Rapp 1978。

现在，人们最喜爱的景观已不再是荒山野岭或波涛汹涌的海岸，而是那些略带怀旧和忧愁色彩的地方：飒飒作响的松林，繁星点点的寂静冬夜，一小片年轻的白桦林，林中空地上的一簇五叶银莲花。地景的生动与新奇让位给亲切与忧郁，但是那些未被人类足迹玷污过的纯粹自然景观仍然更具魅力。

在这一时期，爱国主义将自然和国家结合，这种爱国主义将自身定义为进步和高瞻远瞩的，以示与保守的沙文主义相区别。瑞典旅游俱乐部的计划中强调爱国主义和旅游观光相结合。这个俱乐部的创始人之一，一位地质学家用以下一段话来表达这种追求：

> 如果我们能成功唤醒瑞典青年——其肩上承载着祖国的未来，唤起他们对整个国家的炽热感情，并坚信它的每个部分都不可分割，那么，旅游俱乐部就能实现它的最高任务，啊，瑞典母亲！——俄国人在你庭院中的威胁将是徒劳无功的。（Svenonius 1892: 41）

瑞典的历史和领土范围被加载入自然和国家两大范畴中。也正因为农民的文化正遭受着工业发展的威胁，人们对自然的、土著的兴趣日益增长。学者和民间故事搜集者自命为拯救者，在已是文化废墟的地景中小心搜寻，因为在这些地方依然能够发现传统生活方式的碎片和遗存。这些人热情地工作，建构起所谓传统的、民族的农民文化之神话。在这种新的神话中，瑞典北部的达拉那省成为典型的传统农民文化之乡，成为瑞典农民美好、自然生活的象征。达拉那成为城市中产阶级的朝圣地之一，他们到

那里寻找一个真实的瑞典。以下是 18 世纪 90 年代一位旅游者的描述:

> 瞥一眼正在消失的达拉那,你依然能够嗅到旧时代的气息。对那些处于良好健康状态但不想承受困苦的人来说,雷克桑德的村庄为他们提供了见到高度文明化的瑞典祖先的形象的良机。我们看到衣着质朴的村民行走于山间,他们依旧保持着原汁原味的生活,每逢周六晚上在锡丽杨湖畔载歌载舞;我们瞧见身着民族服装,成群结队穿行在清新白桦林中,前往锡丽杨教堂做礼拜的乡民,这种人文景观使周围的蓝色山峦、覆盖着葱郁森林的山脊具有自然和人文的双重美丽。生活健康的土著人,他们居住的农舍,瑞典的传统风俗都依旧在美丽的达拉那保留着,这里的每种东西都是真瑞典的。人们在其他省份或其他任何地方,都无法感到如此愉悦,感到作为瑞典人的那份自豪。周末庙里身着民族服装的土著聚会,给人留下深刻印象。我们强烈感觉到瑞典人依然还活在这里,它是瑞典的中心,是国王皇冠上的钻石。(引自 Näsström 1937: 80f.)

在达拉那,中产阶级可以穿上所谓的民族地方服装,扮作农民,回归自然。一张 1915 年达拉那旅馆中的素描描绘了这种感觉:"你醒来时觉得自己充满活力。年迈的男人觉得自己又年轻了,中年妇女感觉自己像是十几岁的姑娘,俏皮地穿上地方少女的衣服,用充满乡村格调的质朴来取悦她们已有些倦怠的仰慕

者。"（引自 Rosander 1976: 222）

为什么达拉那会被中产阶级选作原始家园以及瑞典的象征呢？其实在许多方面，该省农民的生活并非那么典型。当然，原因之一是直到 20 世纪，这里依然可以找到传统服装和习俗独特的农民生活。但达拉那人非典型性的生活也恰好契合中产阶级"古老农民社会"的神话。比起这个国家的其他地方，社会差异在这里更小。达拉那没有大规模的农村无产阶级，破坏人们对礼俗社会中幸福乡村的想象。中产阶级可以在这里找到热爱自由、利己、坚持原则的农民模型，他们诚实，尊重且热爱传统。这些品性其实是中产阶级希望在自身文化中保有的祖先特征。

第一代民族学家和民俗学家们的努力继续推进着这种神话，这些学者在达拉那村庄中展开大规模搜集工作，使得这片区域在"传统农民生活"的建构中占据中心地位。

瑞典的民族学正是基于对大自然和农民传统的新膜拜。民族学在 18 世纪 90 年代成为瑞典流行的学科之一，它不仅参与有关文化的公共论战，更为建筑师和社区规划师提供了意识形态的武器。传统村庄成为社区生活的乌托邦原型。

1891 年，斯德哥尔摩建立了世界上第一座露天博物馆——斯康森博物馆，它便是上述新旨趣的重要证明，也是城市中产阶级社会化的手段之一。中产阶级带着全家人前往这所博物馆，徜徉于复建的农庄、农场之中，找寻有关"传统农民社会"神话的实物。古斯塔夫·阿夫·格伊杰斯坦在 1892 年的一篇文章中，描述了一次斯康森之旅："传统瑞典生活于我如同一个梦，但在这里，一首民间诗歌变成一种可观看的现实，它激活了我全部的想象力。"他接着说道："这不仅仅是城里人历经城市的严酷之后，对乡村愉悦的渴望，这也是每一个人内心潜藏的对原始的追求，即使他表面上过的日子与原本可能的完全不同。这是我们城里人在乡村的夏天中寻找的那种原始和宁静。"（引自 Nässtrom 1937: 76）

对宁静乡村和传统农民生活的崇拜可被视为这样一种企图：在阶级冲突异常激烈的瑞典，创造出一种共同的民族认同。传统的民族象征，比如皇族，不再像以前那样是民族情感的集结点了。传统乡村生活的和睦，使每个人都知晓自己的处境，这些在剧烈变迁和动荡的时代颇具吸引力。另一方面，对自然和农民生活的崇拜，在当时被认为是一种进步的意识形态。在20世纪初的许多激进分子身上，都可以找到对进步的坚定信念和对传统的怀念，这二者在他们那里矛盾地纠结在一起（Sundin 1984）。自由主义者和社会主义者都把平均主义的农民社会作为未来世界的原型，这同时也是在一个似乎过度文明化的社会中，人们对自然和质朴生活的向往。

卡尔-艾立克·福尔思伦便是这股新思潮的主要思想家之一，他倡导质朴的美德，有活力的生活，进步的信念和对家园的热爱。这便是今日瑞典对太阳和身体崇拜的源泉。福尔思伦的教诲是浪漫主义、尼采主义和社会主义的奇怪混合。杜勒·诺尔曼这样来概括这股思潮的特点：

> 所有年轻人都热切崇拜的，由美所赋予的教条是什么呢？每种事物似乎都蕴含着它，真的……它包括这次禁酒运动中的自然崇拜，进化论中的进步精神；它也是太阳崇拜、民间舞蹈、织布机和手织布，是对椅罩，摆放石膏猫像、田园风情瓷器的雅典架子的嘲笑；我们反对80年代流行的让人抑郁的红木家具，用红色或其他颜色漆成的饰有大块花纹但依然单调的墙纸。( 引自 Stavenow-Hidemark 1971: 88 )

以下信念反映出当时人们的观念中对自然与非自然，农村与城镇的区分：

> 我们是这个时代的青年，讨厌以烟囱和烟囱型的服饰——裤子、礼帽等为代表的城市文化，我们要像艺术家那样留长发和大胡子，更喜欢穿手织布做的短裤，还有宽大的走起路来飞扬的围巾。我们年轻而有活力，无时无刻不感到一种生活之乐，时而充满理想主义传教士般的感伤，但对生活始终抱有炽热的信念。我们走向四面八方，甚至在城市的道路上边走边唱"翻过露水覆盖的山岭"。女孩们拥有斯康森丛林般野性的优雅，她们喜欢被叫作"村姑"，长长的头发编成的辫子垂在背上，或者端庄地挽在耳际。她们的短衫上也许还有一颗大大的铜纽扣，这正是我们喜欢的风格，它是我们的酋长曾经穿过的新鲜款式。( Nerman，引自 Näsström 1937: 161 )

19 世纪与 20 世纪之交，社会见证了与家庭（hem）有关的几个概念的发展及其对人们思想的主宰，这几个概念便是恋家（hemkänsla）、思家（hemlängtan）和家乡（hembygd）。"家乡"这个概念在其发展的第一阶段，带有一种乌托邦式的感触，它是对中产阶级虚伪生活方式的反抗，但很快被一种怀旧之情取代。正如鲍辛格尔指出，比起瑞典人，德国人对"家乡"的感情源于身处一个日益广阔和漂泊的世界中，对安全感的渴求。对家乡的怀旧其实是人们对那些被遗忘和被改变之物的不舍（Bausinger 1961: 85ff.）。这种新与旧的矛盾很明显。对家乡新的浪漫憧憬，是试图让时光倒流，在农民社会的传统中扎根，而不是终日漂泊。但与其说是重新建构农民文化中的地景，倒不如说是现时的人们按照自身的杜撰和梦寐以求的图景进行的重新创造。人们渴望没有阶级冲突，没有陌生人的安稳社会。[1]

## 乡村之夏

"我故意迟点儿才提最美妙的部分：我们的夏季。"工业家赫尔曼·拉格克朗茨在他的回忆录中这样写道（Lagercrantz 1944:

---

[1] 农民文化和"小社区"理想在当时很多文化领域均能见到，例如中产阶级的郊区规划，这方面可参见 Stavenow-Hidemark 1971 中有关瑞典和达维多夫的文章，还有里斯彭瑞斯和纽拜（L'Esperance and Newby 1976）对英国的研究。农村小村庄成为一种乌托邦理想，象征稳定、和谐的社区，阶级界限并不成为其问题，因为它是父权社会，每个人都清楚自己在社会生活中的恰当位置。

32)。他的描述与当时其他中产阶级的回忆大同小异。他们平日里严肃乃至枯燥地在职业阶梯上攀爬,但一旦行文中提到夏季假期,便笔锋一转。每当回忆起童年时代的夏季假期,这些成天生活在阴霾之中,不苟言笑的商人、官员,立刻就被一股多愁善感的情绪牢牢抓住了:

> 对很多斯德哥尔摩的孩子来说,成长的岁月可以分成两部分,它们如此不同,以至于无法将这两部分融成一体。一部分是黑暗的冬季,充斥着必修课、家庭作业,只有在圣诞节和冬季运动会时才能稍微玩耍。在我那个年代,滑冰和雪橇比后来的滑雪更流行。另一部分却是长长的、明快而自由的夏季,生活变成在桦树林里游戏,在波光粼粼的海滩上玩耍。
> (Lagercrantz 1944: 32)

中产阶级常常把夏季等同于大自然,对大自然的热爱和怀念化作他们回忆录中夏季假期的欢声笑语。乡村之夏的生活与冬天城里的日子完全不同,这是生活的另一种状态。度假胜地进一步将中产阶级的工作与休闲,追求效率的状态与充满感性的生活之间的区分仪式化了。

大自然并不仅是生活的补充,而是与"另一种生活"相对的避难所。例如,下面这段对19世纪末哥德堡城外的一所乡村度假屋,威赫姆斯伯格的描述:

> 威赫姆斯伯格并不是一所拥有广袤田园和大片树林的大庄园，它只是乡村中的一所小房子，一个躲在自然怀抱中，远离尘嚣俗世的小天堂。它坐落于群山之间，不过方圆几亩的平地。园地里开垦出的肥沃土地，每年都能结出甜美的水果，果树在夏夜里还为人们提供阴凉的休憩场所。（引自 Paulsson 1950: 1.337）

人们发明出很多仪式，标识从城镇到乡村，从忙碌工作到无忧无虑休闲的转换。当时中产阶级的孩子们迅速适应了这种魔法般的转变。那些仪式般的汽船启动或陆上远足经历，深刻地铭记在他们的回忆录中。

夏日的田园画卷向我们展现出，夏季生活的特点是质朴的环境。夏天的颜色是白色，带浅色屋顶的白房子，里面只有简单家具。这常常与昏暗、凝重的城市公寓形成鲜明对比。来乡村园地度假的人们，穿着亚麻布衣服、新绘的帆布鞋，戴着草帽，漫步在柔软的、被精心照料的槌球草坪上。

儿时的回忆录赋予夏季假期一种神圣特征。乡村生活象征着真实、温暖、感性，以及神奇。爱丽丝·昆赛尔——一个政府官员的女儿，在 19、20 世纪之交写下的对于夏季假期的感受，清楚地反映出这种感情：

> 我的家在朗特马克里格塔一条狭窄街道上，那是一排拥挤的房屋。就纯粹视觉感受而言，房子的视野实在太有限了，

尽管以今天的标准看，它的内部面积还算大。显然，在这样的居室里，自由是一种奢望。生活在这样的房子里，我们成天盼着，甚至在圣诞节的时候也盼着夏季远足。对我们城里孩子来说，乡村不仅是一种浪漫想象，更是一种渴望，一种无穷无尽的快乐……

没有什么比六月的某一天，我们可以外出远足更弥足珍贵了。紫丁香在树篱后怒放，我们如同快乐的小鸟，尽情奔跑，寻找树荫和小丘……

孩子们拥有长达几周的暑假。在这段时间里，我们完全把学习置诸脑后，除了帮妈妈或哥哥、姐姐跑跑腿，照看下弟弟、妹妹，其他时间都可以自由玩耍。(Quensel 1958: 121-126)

斯特林堡在一则故事中描述了19世纪末瑞典著名的海滨胜地芙露松的生活，为我们呈现出中产阶级夏日天堂的图景。这是一幅纵情声色的田园画面，"一切都是为夏季——三个月的狂欢而设的"(Strindberg [1902] 1962: 7)：

他漫步在平坦的小径上，小径柔软得如同地毯。旁边摆放着沙发和桌子，如同一个会客大厅。周围的一草一木都属于这位贵族，生活在此的人们常常彼此互访……在外出散步的时候，他看见一队人唱着、跳着朝自己走来。这本是一个平常的日子，但这些人都穿着明快的周日服装……

> 他从窗户远眺,可以看见农舍中,人们穿着周日盛装,享受休闲时光;甚至连仆人们都坐在厨房的台阶上,蜷着手臂,无所事事。(Strindberg［1902］1962: 27f.)

对许多人来说,暑假还意味着很多别的事情:它是让人发现自我,完善自我的一段时间;是与碎片化的、嘈杂的城市生活相对立的另一种生活状态。城里人每年应该拥有至少两到三个月的时间,享受这种轻松而简单的生活。尽管父亲也许不能时时刻刻都待在度假的地方,但他每周五晚上定会乘船或坐火车从城里赶来,脱掉西装,穿上白色休闲装,戴上草帽,顿时像变了一个人。

因此,到 20 世纪,城市和乡村、工作与休闲,开始成为瑞典人区分开的两种生活状态。今天很多瑞典人看到出城的航班,依然觉得它是回归自然去了。人们认为在夏季别墅或活动屋里度过的周末时光,是更贴近自然的真实生活。这种生活方式在 19 世纪末的中产阶级文化中已经得到发展。泰格纳尔的家庭就为我们提供了一个有关夏季别墅生活的好例子:

> 我七岁的时候来到斯莫兰。我父母深知,新鲜的高原空气既有助于治疗他们的哮喘病,也能强健孩子们虚弱的心脏和肌体。
>
> 我现在常常怀疑,沃纳·冯·海登斯塔姆对于东约特兰一草一木的热爱,真能胜过我们对斯莫兰的喜爱吗?对那里的

山,我们在那里的一切发现——郁郁葱葱的杉树林,阳光滤过的松树高原,混杂着榛子、菩提、桦树、赤杨等的小树林,我们亲手挖过的肥沃土地,厚实的红棕色土壤,以及生命力旺盛的刺柏灌木丛……

是的,我们变成了乡下野孩子。我们一家四口在桑德安哥农场过得太愉快了……在那里,我们度过了温暖、愉快以及伴有野草莓的1896年之夏,一家人在紫丁香花丛和茅草屋间的草坪上玩槌球,攀爬樱桃树的大树杈,父亲租下了东北方向最好的一片树林山坡,在那里为我们建了这座神奇的小别墅……

年复一年的夏季假期,我们踏过瑞典许多地方的土地:斯莫兰中部,最远到索拉的诺兰地区,它们如同世外桃源,仿佛外在于艰辛的现实世界,但又如同是世界的中心,是一片宁静祥和的地方。(Tegnér 1963: 77ff.)

夏季度假胜地是人们完成工作与休闲生活仪式性转换的场所,由此,一个由这两部分轮流交替的世界建构起来。

这种仪式性转换主要因为工业社会将人们的生活撕裂成两个对立的世界,诸如家庭内部天地和外面的世界、工作和休闲、生产和再生产。同时,工业社会也创造出一种新的意识形态,即在分裂世界中让人成为一个完整的人的可能。在家里或在乡下,人们能够成为一个完整的人,一个真实的人,过着充实的生活。人们发现一个由不同于生产领域的规则控制的补充领域。这两个世界的关联很重要:人们对自然的热爱是新的、以情感为主导的私密领域的基础之一,因此在逻辑上,大自然和构建这个新世界的其他基石具有同样的性质。

大自然、家庭、女性气质,这三幅"画面"拥有共同的特征:自然和真实、和平和宁静、舒适和温暖。生产领域却刚好相反,它充斥着效率和冰冷的理性。中产阶级的男人不仅需要女人的温暖怀抱,也需要在大自然和在家庭的怀抱中稍事休憩。

这一时期,人们将大自然和舒适的家庭混融起来。一个留宿于克拉库拉一家旅馆的游客以这样的笔调写道:

> 宾客们坐在前廊,看着园地里的大丽花,远处的稻田、森林和大海,真有一种宾至如归的感觉。人们觉得自己待在世界上最平静祥和的地方。这种宁静的思绪逐渐控制了人们,他们大海般起伏的心绪逐渐平静下来。人们不由自主地沉浸在白日梦中。克拉库拉给人一种愉快的慵懒,这种感觉当真妙不可言。(Améen 1890: 68)

事实上,待在类似克拉库拉的地方,人们没有任何情绪需要控制,因为所有的感情都可以自由宣泄。哪怕最刻板的商人或最本分的官员,也能为郁郁葱葱的山坡、儿时夏日的记忆感伤落泪。人们平日里需要正确疏导和规训的情绪,得以在适当的环境中释放。

古斯塔夫·纳斯托姆列举了一个朋友的例子,他的这位学生朋友深深地为福斯朗德的教义所陶醉:

他最终成为一个典型的官员,每周上六天班,期盼周末来临,更渴望假期到来。每逢假日,他捆好背包,踏上冒险征程。他的生活在这个时刻是充实的,也许唯有在这个时刻才是充实的。远离城市和小心翼翼的工作,他变成了一个梦想家,在葱郁的树林里,在蒙着薄雾的山谷中自由穿行。这难道不是典型的瑞典人的命运吗?(Näsström 1937: 160)

这段话也道出了中产阶级自然观念中的另一重要因素——被自然景观激起的汹涌感情,这种感情是如此深透窓,它甚至被认为是人类内心深处普遍潜藏的情感。中产阶级对大自然的感情是他们唯一自然流露的情绪。让我们再次回到泰格纳尔的家庭在夏季别墅里的时光:

城里孩子能像我们乡下野孩子一样,发现哪怕是最不起眼的山脊吗?它只有几码高的突起,上面稀稀疏疏地长着几株狗尾巴草,或是一个布满野莓、被蕨类植物围绕的奇怪树桩。人们可以瞥见我母亲小别墅里围着篱笆的山梨树,屋子里的欢声笑语常常盖过蜜蜂的嗡嗡声,但不及鸟儿们的啾啾鸣叫。(Tegnér 1963: 79)

但真正的乡下野孩子对周围自然环境的感情,绝不会像这些外来野孩子来得那般强烈。同泰格纳尔一样,很多回忆录作者将当时新的自然景观观念内化得如此彻底,甚至将自身对自然的感情当成瑞典人不言自明的普遍观点。外部现实的烦扰被隔离在他们的夏日天堂之外。夏季短暂的愉悦生活只属于19、20世纪之交城市中产阶级家庭里得到庇护的少数成员。

而真正的乡下野孩子却发现这些夏日访客的生活奇异得几乎不真实。布胡斯的一名土著在20世纪初留下了一本回忆录,其中写道:

> 我们称呼这些外来人为游客或贵客。我们和他们隔着一道鸿沟。他们中的很多人拥有面朝海滩的夏日别墅,没有别墅的人从当地居民那里租房子。他们常常在六月初来,那时学校刚刚放假……
>
> 这些游客也是地方社会的一部分,只有他们才会被恭敬地迎进当地人的客厅。他们也影响地方集市和慈善工作。伴随着这些尊贵的客人,高中毕业生们戴着白色帽子,年轻的未婚姑娘和交际花们穿着白色蕾丝裙,系着可爱的绸缎腰带,围绕着这些客人……
>
> 我祖父母的房子卖给了哥德堡的一位工厂主。他有三个和我们年龄相仿的孩子。夏季,我们成了玩伴。母亲很仔细地检查我们是否干净、整洁,也很紧张我们的行为举止是否得体。他们的花园里有一个儿童游戏区,里面有一架可坐几人的秋千,可以玩槌球,还有许多许多其他的玩具。当我们知道他们即将来访时,便迫不及待地坐在屋里的沙发上,打量着外面的大路。后来看见一辆马车停下,他们直朝我们奔来。这幅画面

之后却改变了。我们空等上好几年,他们也没有再来。究竟是他们的父母不让来,还是他们觉得长大了,不再适合和我们一起玩耍,我不得而知。但这让我们很是伤心失望。

可是这些夏季访客激发起我的好奇心。我们常常趴在窗户上偷窥他们在客厅里跳舞,还知道他们所有人的名字、家庭住址,有时甚至假扮他们。(Jirvén 1971: 86f.)

这类度假休闲之地是不同阶层、不同世界彼此相遇、冲突的地方。其实休闲、假期这些概念在 20 世纪初与工人阶级的生活并无太多关联。他们下班、放学后的空闲时间很大程度上被各种差事和额外工作占据。但他们逐渐有了发展休闲生活的机会,可以利用周末、假日,去乡下、海边短途远足。很多中产阶级开始抱怨这些缺乏素质的新闯入者。记者和漫画家对这些附庸风雅的底层民众极尽嘲讽,很是轻蔑。

工人阶级度假的一大问题,是他们不知道如何得体行事。美国驻瑞典特派全权公使托马斯,有一次乘坐离开斯德哥尔摩的夏季轮船时,被一群矿工和家属挤下了船,他忍不住愤愤地抱怨大众化旅行带来的糟糕后果.

这一时期,任何人都享有外出旅行的自由,而这些民众变得出奇地敏捷,他们抢占所有旅馆,吃光所有食物,填满所有汽车、轮船,推推搡搡,把礼节、耐性都抛诸脑后,丝毫不顾他人……轮船上几乎没有地方可坐,甚至没有空余地方可以站立。我真不知道这些矿工及其多产的家属如何能够享受这种旅行，除非他们能够忍受大打折扣的旅行快乐。（Thomas 1892: 505）

中产阶级对工人阶级旅行的另一抱怨在于后者常常亵渎自然：这些底层民众总是吵吵嚷嚷，在喧闹不堪的野餐会上拉手风琴、喝啤酒、玩扑克。这与中产阶级自然爱好者所奉行的，在神圣的大自然怀抱里的恰当举止以及审美上的禁欲主义格格不入。工人阶级在欣赏自然风光时表现出严重的一窝蜂心态，而不是独自凝神静观。很多人质疑，普通民众能否真的以大自然应该被热爱的方式去热爱它，还是如艺术评论家罗瑞1909年指出的那样，"放羊的孩子不懂得欣赏海上日落或白天鹅掠过深蓝水面"。[1]斯特林堡也以同样的笔调描绘出阶级差异，他的中产阶级朋友们视大自然为一出高尚而令人振奋的戏剧，但工人们不懂得这样看待自然，在他们眼里，田地是面包，森林是木材，湖就是个大浴盆，草地如同奶酪和牛奶——一切都只是东西，没有灵魂（Strindberg 1967a: 261）。

对城市工人阶级来说，这些休闲之地却有另外的性质。他们终日生活在狭窄的居所里，几乎没有公共的聚会场所或机构，那

---

[1] 罗瑞（C.G.Laurin）的引文来自1909年斯德哥尔摩报刊中对航海时代绘画的评论。1929年一份有趣的调查问卷反映出中产阶级对农民和工人阶层利用与体验自然的鄙夷。对此看法的讨论可参见Dahllöf 1981和Alsmark 1985的相关文章。

么，邻近的乡下就成为一个开放的社会空间，也是彼此会面和社会化的地方。小到家庭，大到工人社团，都组织周日旅行，涉足乡村。1899年一篇描述从哥德堡到吕赛奇尔海岸远足的文章揭示出工人阶级的这种新传统：

> 现在是所有人一起聚餐的时刻。不幸的是，整个平原竟没有一棵可以乘凉的大树，尽管天气非常炎热，但这里瞬间就填满了快乐的人们。当地的石工一船接一船地来到，挥舞着他们手中的红旗。所有人到齐后，音乐开始振奋在场观众，克罗森先生非要致欢迎辞，他说很懊悔没有为大家找到一个更阴凉的聚会场地，因为那些上等人垄断了其他地方，也控制着这些地方。(引自 Holmgren 1983: 95)

夏日假期因此成为一幕幕冲突，一场场领地争夺战，或者一条条通往大自然的不同路径。对很多城市工人阶级家庭而言，乡村也象征着经济资源，无论在乡下收集木材还是捡野果，都是增加微薄收入的方式。他们中的很多人还有亲戚朋友住在乡下，由此可见，瑞典城市工人阶级的形成并不是多么久远的事情，他们也许不久前才从农村迁移到城里。

## 我们的动物朋友

中产阶级的另一重担心，是农民、工人与大自然的野生居民——动物世界之间的关系。在本书绪论中引用的那段 1911 年的《百科全书》对文化的定义里，文明的重要标志之一便是"善待动物和其他生灵"。要理解 19 世纪中产阶级文化对大自然和自然事物的复杂态度，有必要先考察他们与这些自然生灵的关系。野蛮与文明、自然与非自然的二元对立，伴随动物生灵的形象，被中产阶级极端地建构起来。[1]

在 19 世纪，城里游客来到乡下，纷纷抱怨农民与家畜过于亲近。与这些牲畜接触太过亲密，这在当时反倒是令人厌恶的，甚至被视为危险的，因为与动物太贴近，会使人变得更野性。另一个令中产阶级不满的地方是农民无情地对待牲畜，他们打猎和设圈套捕获动物的方式非常残忍。到 19 世纪末，这类指责越来越普遍，农民对待动物的态度被归属为他们古老迷信的残忍行为之一。其实这些日益高涨的责骂声，反映的是新兴城市中产阶级自身的世界观，而不是农民对动物的真实态度。

农民和动物的关系并不是中产阶级想当然的那样。直到 19 世纪末，瑞典很多地方的农民还习惯将幼小的牲畜留在农场住房里，这说明农民管理牲畜是很实在的。将幼小牲畜留在屋子里，不仅可以借助它们散发的热量给屋里带来温暖，也更有利于这些牲畜：母鸡可以下更多的蛋，小牛犊能长得更快更壮实。同样，倘若牲畜们不能再生产、增产，农民也就不会再花费很多心思照

---

[1] 更多关于过去两个世纪中瑞典人对动物世界的不同态度，可参见 Löfgren 1985b 的文章，他讨论过动物象征领域的新近研究。

料。到了冬天，母牛被关进牛棚，很少刷洗干净，常常挨饿，因为这个时候它们不能产奶。在农民眼里，动物，不管它是桀骜的还是温顺的，都只不过是为人产出利益的经济资源，连《圣经》上都是这样说的：动物是没有灵魂的造物，因此，也应该相应地被对待。

生活在农民社会中，人们能够习得的有关动物的知识，与有关土地的知识一样丰富。农民知道如何得到最大的牲畜产量，如何让它们远离疾病与危险。对野生动物的习性的了解，不仅在打猎抓捕动物时不可或缺，甚至能够用来标识季节转换，预报天气变化。人们通过解释一些动物的行为，可以预告未来；有的还能预知灾难和死亡。因此，有的动物可以改变人的命运，有的被认为是超自然力的助手。

民间故事里关于动物的基本主题之一，便是农民脑子里的好运、幸运和嫉妒的观念。一个人在养牛、捕鱼、打猎和从事其他经济活动时的好运气是他个人的财富，而他面临着社区里其他人的威胁，因为一个人的好运就是其他人的不幸。一个成功的农民必须时刻提防其他人邪恶的眼神和嫉妒，因为坏运气使这些人开始琢磨，谁把自己的好运偷走了，怎样偷走的（Löfgren 1981b：75）。

运气可以被魔力破坏的想法在牲畜饲养中尤为强烈。一头生病的牲畜、一匹跛脚马、一头将死的牛，这些都会威胁家里的经济平衡，因此在这些领域存在大量的民间偏方，这些民间药方既有治疗和防治作用，也包括很多仪式。牲畜突然生病或受伤，是因为某个东西处在它不该处的地方，或常常被归咎为魔力的破坏作用，比如黄鼠狼或刺猬出现在牲口棚里，或是某种超自然灵力的作用。这种破坏也可能是某位恶毒的邻居引起的："谁晚上在马厩里把我的马骑得大汗淋漓，虚弱不堪？""谁让一只附了魔法的兔子来我的牛棚偷母牛的奶？"人们都说，有大量的法术可以让人偷走别人公牛的"气"，阉割他的马，等等。

直到19世纪末，这些魔法和巫术在农民眼里都是活生生的现实。它有自身的逻辑和理性，是农民经济与意识形态中根本的张力所在。但是，当中产阶级的科学与理性掌控自然之后，农民的这些信仰遭到日益严重的攻击。其实这里有两种平行发展的对于自然的态度。农民的魔法被科学嘲讽，而乡下给牛看病的郎中偏方也为19世纪新兴的专家、兽医和动物学家们所忽略。

紧随林奈和其他启蒙科学家的脚步，动物学家和植物学家为自然王国创造出新秩序。到19世纪末，新科学分类学已经渗透到动物世界的各个角落。1896年，当人们步入斯德哥尔摩新修的自然历史博物馆主展厅时，首先映入眼帘的，必然是陈列柜里一群壮观的大猩猩标本。同样，人们可以毫不费力地猜出布雷姆（A. E. Brehm）的《动物生活》——这本标准的动物百科全书1898年和1956年版中，第一卷第一章第一个物种的名字。其首页的插图必然是一个呈"无产阶级"状的大猩猩骨骼，旁边是一个稍微绅士一点的现代智人（Löfgren 1985b：196）。自然世界成为一个被人类框定好秩序的体系，任何动物都可以在其中找到自己所属的位置和阶段。

在对自然景观的认知方面，当旧有的农民魔法被新兴的中产阶级科学魔法替代后，新的文化价值观也改变了人们对动物世界的态度。在这种转变中，存在一个十分有意思的矛盾：一方面，人们觉得自己和动物越来越亲密，在理论上发展出一套人与动物原本同形的话语；而另一方面，在现实中，人与动物又日益疏远。人们越来越厌恶动物的野蛮行为。动物所缺乏的羞愧感和得体举动，正是中产阶级要极力在自己身上培养的。中产阶级自我规训和文明化的主要方面便是克服人身上的兽性。在他们看来，只有那些文明发展尚处于低级阶段的人才会像动物一样行事。

人们对大自然态度的转变，有两个相辅相成的维度。正如我们所看到的，对大自然更为浪漫，更为感性认知的前提，是逐渐放弃对大自然积极的或富有成效的利用。

18世纪的瑞典城市其实非常乡土化。市民依然与农场或动物有密切接触。工匠、商人、学者、教士、官员等常常得一边工作，一边务农，以此维持生计。但是到19世纪，城市和农村日益分离，中产阶级的孩子在成长过程中几乎不再与猪圈、牛棚和田地打交道。动物变成了只在书本上读到的东西，而非每天在生活中都要接触。人们对动物的热爱是一种远距离的爱。

但是，有一些动物依然与人类保持密切关系，甚至在城里也是如此，人们与它们的接触比之前更为紧密。同时，城市中产阶级又抱怨农村人和动物共居的现象，因此，对动物的分类被创造出来。在19世纪的中产阶级社会中，宠物变得十分重要。当然，宠物的历史比这更为久远，甚至可以追溯到贵族的庄园，但是，中产阶级和狗、猫、金丝雀、金鱼等发展出一种新的亲密关系。

倘若有小猪或母鸡在客厅里乱跑，那是非常不合适的，但如果是一只哈巴狗趴在床上，或者一只猫蜷在主人膝盖上，那就另当别论了。宠物和其他动物有很多不同待遇：宠物不仅可以待在屋里，更有自己的名字，甚至主人会在其死后举办体面葬礼，它们被禁止用餐，诸如此类。

在西方社会，豢养宠物是一种复杂的社会现象，它包含19世纪发展起来的自恋因素。宠物是好伴侣，因为人们可以按照自己的想法塑造它们。某种程度上，它们比人更好，对人的爱更真切，对人的伤害也更少。人们可以从一只宠物的哀求眼神中照见自我，也可以在挑选宠物伴侣的时候，发现自己的个性。

在19世纪人类新建的道德等级中，一些动物被推上最佳位置，但这种想法也很片面。一些动物的确变得比其他的更为高贵和优秀，但主要因为人类认同它们、怜悯它们。

但是，人类的认同并不仅限于宠物，其他一些生物也被人类置于很高的地位，认为它们应该得到人类的友谊和保护。在19世纪末，瑞典社会发展出防止残忍对待动物的意识。人们认为动物应该得到保护，不仅因为它们对人类有用处，更因为道德和宗教方面的原因。对动物悉心照顾，能够让人成为更好的人（Sundin 1981）。

首先反映出这种联系的是成立于1869年的小鸟之友协会，这并不令人奇怪，因为在中产阶级看来，鸟类的生命既有道德意涵，也可寄托一种乌托邦理想。对这种长羽毛的朋友的特殊兴趣可以有以下几种解释，其中一项重要的事实就是鸟类看起来并不野蛮。它们的思想和生活都非常干净，它们的习性也很可人和超脱。鸟类并不驻足于肮脏的地方，而是翱翔在明净的天空；它们也不发出难听的声音，而是在枝头、树梢唱着动听的歌曲。甚至它们的性生活都非常文雅，不像猪、狗，更别提兔子了。

从许多方面看，相比于其他动物，鸟类都代表着中产阶级美德的典范。很多小鸟都住在一个稳定的核心家庭里，在安全的巢穴中细心照料自己的后代。它们也象征自由主义和个体主义的精神，宛若天堂里自由、民主而勤勉的公民。

但是，即便鸟类爱好者和鸟类学家也并非对所有鸟类都充满热情。鸟也被区分为益鸟和害鸟。大部分细声歌唱的鸟被划为益鸟。它们修筑漂亮的巢穴，吃素或虫子，每年只交配一次，从不侵占其他鸟的巢穴，每季忠贞地飞回来，总希望只有一个伴侣。这类鸟儿具有很多美德，诸如喜欢家庭生活，对婚姻忠贞不贰，勤俭持家。

另一方面，那些不好的鸟类必须受到控制。它们过着缺德的生活，常常攻击善良的鸟类，以捕猎或腐肉为生，有的甚至把蛋下在其他鸟的巢穴里，没有丝毫的父母之情。很多鸟类爱好者认为，最坏的鸟当属麻雀。它的声音难听，羽毛也是脏兮兮的灰色，像群鸟合之众般飞来飞去，显得很有侵略性，常常以谷堆或马粪堆为家。它总是在交配，巢穴也凌乱不堪。麻雀常常被一些描述无产阶级的词汇来形容。它们开始作为城市生活的象征，象征城市化对乡村田园的威胁。麻雀，类似于贫民窟的孩子，当然不值得鸟类爱好者们关注和保护。

小鸟之友协会的会员名册也非常耐人寻味，它充斥着一些高级市政官员和商人，[1] 但这个协会的活动主要面向孩子和学校老师。其基本理念之一便是达到保护鸟类的教育目的："对自然之热爱，是一种塑造自我，并使自我得到满足和愉悦的强大力量。在道德和宗教的意义上，它总是带来益处；它使我们的心灵从疑虑升华到善良、健全和美好。"（Sällskapet småfoglarnes vänner 1869: 37）鸟儿们也为人类的家庭生活，父母－子女关系树立榜样。在一次关于"小鸟带给年轻朋友们的礼物"的谈话会上，一位成员做了有关小鸟家庭生活的演讲——小鸟通过了学校的所有考验，鸟妈妈才让它开始为自己的生存而奋斗。

年轻成员们不仅做演讲，还打着横幅，放着音乐，亲自到乡下去，为小鸟们未来能有栖居之所栽种树木。他们被教导要与那些打鸟、破坏鸟儿巢穴的人做斗争。

鸟类并不是用来教育儿童的唯一动物，其他物种对树立道德典范也有很大帮助，例如有关性方面的教育任务。农场牲畜的交配过程，是农村孩子了解性知识的一个来源，但中产阶级的孩子却要回避这种经历，或者仅仅从理论上了解这个过程，从生物学书本上读到这些东西就够了。在这一领域中，一方面动物是很好的教育案例，另一方面又必须强调，人类的性欲和动物的根本不同。

---

[1] 有关社会行动的材料可参考业已出版的年度报道，主要是 Sällskapet småfoglarnes vänner, dess verksamhet o.förhandlingar, 1869–1872。

在 19 世纪，一个专为孩子而设的动物世界被营造起来，所有动物的生活都为某种特定的教育目的而被重新创造。动物们的多偶习性被人类改造。在学校教科书里，原本妻妾成群的公鸡被塑造成一家之主的形象，与母鸡和两只小鸡幸福地生活在一起。其他牲畜的生活也被描绘成这种核心家庭模式。在建于 1893 年的斯德哥尔摩生物博物馆，参观者一进门就可以看见一只两条腿的母熊温柔地怀抱着两只小熊，让人不由自主地联想起人类的母性。

在奥斯卡的儿童教育中，成人们不能直接谈论有关性的话题，而用鲜花和蜜蜂作比喻。在做生殖功能手册习题时，孩子不得不想办法完成有关罂粟、海星、母鸡和狗的生殖知识方面的作业。但是，当他们在生物学的阶梯上越爬越高，到达现代智人的时候，问题就来了。人类的性生活究竟是自然的，还是由文化决定的？在一本参考书里，作者坚决反驳了那些认为抑制性冲动违背自然的看法：

> 这些人哪怕是对自然做最肤浅的研究也会发现，其他造物的性结合只有唯一的目的，那便是物种延续，因此动物常常抑制它们的性冲动，并将与之相关的感觉和其他生理功能抛之脑后，如果不这样的话，将对它们非常有害。为什么唯有人类对生活有如此低档的追求？（Cederblom 1909: 2.41）

另一位作者选择了相反的反驳方式：人类与动物的不同之处，在于人类可以感受到爱，而动物却不能。尽管我们也能从小猫、小狗身上看到爱的本能，但人类的爱更为高级，更为高雅。正是这种爱去除了我们性生活中的杂质。人类和动物一样，具有生育的本能，但动物对这种本能是盲目的，我们却可以通过自身的意志控制这种本能（Panduro 1922: 35）。因此，一方面动物世界在生命的自然性这种论调下，合法化了人间的道德，另一方面，人们又在智人和动物之间做出明确区分。

另外，动物故事、寓言从农民传统到儿童文学作品的转变也很有意思。在两种传统中，我们都可以找到差不多的故事情节，但它们在农民传统中并不具有像在奥斯卡儿童文学里那样强烈的道德意味。瑞典民间故事中有丰富的动物种类，它们通常都很讽刺和滑稽，主要是为娱乐读者，而不是进行道德说教。但改造后的动物故事成为儿童读物中宣扬中产阶级美德的使者，诸如父爱母爱、家长权威、自我规训、长远规划、勤勉品德等等。

## 贴近自然

所有的文化都有关于动物的话语。人类的价值观念、个性特点、等级标志和道德规范同样被赋予动物世界。这种人、物同形的理论随后被用于有关人类行为与社会当中什么才是"自然行为"或"自然秩序"的论辩中。动物反过来教导我们。

在对比农民和中产阶级对动物王国的不同态度时，我试图展示两个平行的维度，即对自然景观的认知和对生活于其中的野生生灵的认知。人类对自然世界的疏远是对它产生新情感依附的先决条件。自然必须首先变得奇异、陌生，然后才能自然而然。

我们发现大自然的这些新形象，与农民眼中的大自然具有本质上的不同。中产阶级日益严厉地批评农民对自然美景无动于衷，残忍对待动物，这种指责从一个侧面反映出从农民到中产阶级对大自然观念的变化。中产阶级对大自然的想法和行为变得与农民完全不同。

尽管农民对动物抱有一种实用主义的看法，把它们当成生产资源，但他们也有人性，农民们的真实想法中并没有残忍对待动物这一条。那些指责农民对动物冷漠无情的人，也许忽略了这样一种关系，那就是在农民的生活里，人和动物的关系同样非常密切。在马童和他最心爱的马之间，在农夫妻子和她最喜欢的奶牛之间，也能建立强烈的依恋之情。人们信赖这些动物，从那里得到慰藉和爱。

中产阶级对自然和动物的认知的改变当然不能简单归结为阶级的问题，它与更为普遍的城市化过程密切相关。尤其是 19 世纪的中产阶级，他们的日常生活日益远离动物，远离对大自然的利用，而一种新的对大自然的多愁善感之情萌发出来。但是，中产阶级对大自然的新观念有更为复杂的背景。

首先，不断积累的对自然和动物的科学理念形塑着这些新观念，它制造出科学知识和大众知识的等级，以及基于对称、理性和秩序的自然世界之结构。它也创造出人的客观性概念，将人与其他造物在分析的层面上做出区分。

其次，新的移情作用强化了人们对于自然界和部分动物的敏感和感伤之情，也创造出亲密与认同的新等级。这一过程与19世纪教育领域对动物重要性的日益强调也有关联，尤其是在对儿童集中而复杂的学校教育中。在这种语境下，人们如何想象动物世界并不一定要与动物世界的组织、表现完全相符。

再次，对动物的观念也被用于有关阶级冲突的文化大战中。在道德和文化上占据主导地位的新兴中产阶级，之所以能够取得霸权地位乃是源于这样的事实：相比野蛮的无产阶级鞭打他们的马匹，或者无知的农民虐待自己的狗，他们对待动物要更为文明和富有感情。在他们的霸权合法化的过程中，中产阶级比迷信无知的大众高人一等的观念也起到一定推波助澜的作用。

在不同的领域，动物并不是被同等看待或利用的，但这些矛盾并不成为一个问题，它们可以被划分成不同的部分或者被协调起来。例如，一位工厂主是小鸟之友协会的成员，他也许为一只画眉的遭遇流泪，但对自己员工的不幸毫不动容，这确实很矛盾。这种矛盾可以部分地解释为，中产阶级的文化围绕生产和非生产这两极来组织。生产领域由理性、科学、效率和利润主宰，而在休闲时刻或家庭生活中，理性的商人也可以多愁善感，这在他的办公室里是无法想象的。同样，对生产资料的理性利用和对非生产性风景胜地的浪漫看法，也是并行不悖的两个极端。

但问题是对奥斯卡人来说，大自然逐渐意味着很多不同的东西。大自然可以象征这个世界上原初的、未经文明开化的事物，也可以代表需要抑制和规训的兽性冲动。19世纪中产阶级的崛起，是基于一种道德上高人一等的理念，将那些野蛮的低等阶层踩在脚下。他们控制住这种野蛮的兽性，不让其发于外。同样，这种文化上的优等地位也建立在高度发达的对自然王国的感情上。中产阶级可以从美学角度谈论一场落日或者荒野的神圣特质，这种高度发达的感情也使他们在情感上更贴近动物。

中产阶级对自然的观念呈现出文化上的矛盾，一方面他们憎恶"自然方式"，但另一方面，又渴望和迷恋"自然生活"。回到前面引述的文化定义，它以"过度文明化"作为结尾："文化，冒着误入矫饰与虚伪歧途的风险，同矫揉造作的和睦做斗争，坚决回到自然的天然状态。"（*Nordisk familjebok* 15: 226）

因此，那些风景胜地成为防治人类过度文明化的良方，或者，可以回到瑞典旅游俱乐部年鉴的观点："有教养的人需要不时被推到草地上去，回归他自然存在的状态。在每个人心里，都有一种无法熄灭的渴望，那便是回归自然本源。只有在自然当中，人才会感到自己作为一个完整的人而存在。"（Améen 1924: x）

相比起城市的碎片化、冲突不断、压力重重，这些风景胜地具有治疗、净化和补偿人类心灵的功能。城里人在垂钓的村子里或是旷野的山上，有机会了解动物，与自然环境中成长的孩子们交往，跟那些真诚、纯朴的村民打交道。这些人是真实的人，过着真实的生活。中产阶级出于对真实和自然的崇拜，便用农村和动物世界里的生活构建起自己想象中的乌托邦。渔民或偏僻之地土著的粗犷生活，鸟儿们的自由飞翔，对宠物的热爱，对荒野及荒野生灵的迷恋等，都映照出中产阶级观念中一个与现实对立的不同世界，或一个比现实更好的世界之梦。人类社会毕竟比动物世界更为复杂、乏味和难以驾驭,那么,中产阶级幻想另外一种生活也不足为怪。可以说,从 19 世纪至今,中产阶级的这些梦想是我们文化遗产的重要组成部分。

# 第三章　构建家庭的人

19世纪瑞典的社会变革不仅创造出新的自然观念，也使个体、群体和不同阶层活动于其中的社会景观重新配置。社会景观更多关涉社会分类与文化空间，而非仅指现实中的自然聚落。它反映出诸如亲近与亲密、距离与疏远、家庭的感觉或身处未知世界之感等，而这些都是文化框定的感知。

以下所引用的博雷柳斯这段话，就试图描述出在这场世纪之变中，一个偏僻社区——拉普兰当地人的心灵地图，即当地农民感知世界的方式：

> 当地人有关地区和国家的知识主要有两个来源：自身旅行和别人讲述的故事。
>
> 他们的旅行一般不会走得很远：无非是参加宗教集会、逛市场、去教堂、到地方法院；也许有的人在山里干伐木活儿，出门得借助交通工具，让浮木顺流而下，飘至海洋。
>
> 构成当地人世界观的另一资源是传闻，这些故事通常在类似地区流传。传闻的讲述者也许到过邻近一个或几个教区，甚至远至哈帕兰达；更年轻的一些人可能因为服兵役，去过博

登；拉普兰人对挪威北部了解甚多。之后有的人去了斯德哥尔摩，乃至更远的地方，从美国寄来的信件被当众宣读，引得议论纷纷。但其实人们所勾勒的外部世界图画相当模糊。

当地人却熟知其身处的这个世界……他们了解每一条道路，它们的宽窄、长度，通向何方，也谙熟每座农场的位置、样子、大小，农场主的名字、年龄、长相、谈吐、举止、个性，乃至祖先与亲属。当地人有自己的宗教观和对来世的展望。他们对这方世界中的所有细节了如指掌，哪些地方自己已经去过，哪些人他们见识过或只是听说过……

我称这样的社区为熟地（the familiar ground），通过个人经验或是不断重复的故事，还有其他一些途径，当地人获得对其区域的感知，从而构建出整个世界。从某种意义上说，在当地人的世界观里，这之外的世界是虚幻的，仿佛一团灰色迷雾。人们听说过一些名字：博登、斯德哥尔摩、美国。它们全都坐落在这个世界的边缘，而且和自己所处的地方差不多等距离，或者也许在当地人的现实中，它们在自己生活的世界之外。人们当然知道巴勒斯坦，也知道那里自有一番天地。当地人认为它很可能在斯德哥尔摩或美国附近，更确切地说，它或远或近地挨着神圣之地迦南……到这些地方的路程大相径庭，有的只要一天旅程，有的需要两天，但在想象中，这些天数的旅程可以步行，也可以乘坐马车，不管怎样，人们没有一个清晰的概念，全是一团迷雾。太阳和月亮也许照耀着那些地方，也可能那里只有树木和花朵覆盖，但人们无从确知。

不仅对陌生的世界如此，对陌生世界的人亦然，没人知道这些人的身体与灵魂是否与我们一样……当然，如果人们亲身去了这些未知领地，上述问题就迎刃而解。政府官员们去过，甚至有的牧师和普通老百姓也去过。这些陌生世界的人如同我们一样，的确也有手有脚，但他们仍有一些别具一格的奇特之处。他们对自己的祖先一无所知，既没有亲兄弟姊妹，也没有堂表兄妹或远房表兄妹，因此，这些人与我们不可能是同类人。他们无所事事，既不耕作土地，也不翻晒干草。这些人从邮局领取生活费，每天过着奢靡的生活，很可能用水果汤当每天晚餐后的甜点。他们生活奇怪而令人恐惧，可能既是自由思想家又是自由民，这在当地语境中其实是指与撒旦为盟的异教徒。（Borelius 1936: 156f., 163f.）

19世纪瑞典农民的心灵地图常常基于地域的概念。"你是谁"这样的问题更多是在询问"你来自哪里"或者"你的亲人是谁"。社会分类的基本类别"我们"和"他们"通常被表述成地域性的群体：某个农场的人群，村庄的某部分，同一个教区。有时这些特殊的认同可以掩盖村庄里日益增长的阶级差异。农民与公务员、有地者和无地者之间的社会差距越来越大，但在村落械斗中，年轻的农场工人依然会站在农场主的儿子一边，共同对付"外人"——那些住在邻村或相邻教区的人。人们的彼此认同很大程度上仍然以地域为基础（Hanssen 1952: 36ff., 70ff.;

Rooth 1969)。

在瑞典的传统观念里，社会由四种等级构成，而不是阶级，瑞典的社会等级非常明显且毫无争议。在 19 世纪早期，社会的流动性很低，社会分化显而易见。

在这种稳定的社会体系里，没有必要花费大量精力，用各种行动和仪式维持社会的边界。无论城镇还是农村，不同阶层可以做邻居，上等阶层没必要通过空间的形式与低等阶层保持距离。因为人们都清楚自己的位置，有权有势之人和他们下级之间家长式的关系，自然会维系这种社会距离。

但随着新社会阶层的出现，社会关系必须重新定义。不同阶层的人做邻居现在成为一个社会问题，尤其对新兴中产阶级和农业中的上等阶层——拥有土地的农场主们而言。同时，日益增长的地理空间中的流动性，需要清晰而简单的标识，以此标明身份认同和阶级边界。

与社会重组的背景相辅相成，个人与集体的关系也必须被重新思考，日常生活中私人空间与公共空间二者之间的区分应该加强。在一个快速变迁的世界里，个体需要寻找别的社会依托，而不是之前由邻居和所处的集体所提供的社会位置。这种需要导致家庭与外部世界之间更深刻的两极分化，其焦点是作为社会生活之中心的家庭，这种现象也被称作家庭主义，它是 19 世纪瑞典文化变迁的一大特征。本章将审视以家庭为中心的生活方式，以及这种生活方式的基础，比如夫妇、父母身份、房屋。对中产阶级文化和新兴农场主阶层来说，这三个概念完全不同于它们在农民文化中的意义。

## 相亲相爱的夫妻

家庭同样也是农民社会的基础之一,所以它并不是一个不证自明的概念,在中产阶级社会和农民社会中它有完全不同的含义。但在农民社会里,社会景观的基本单元是农场,而不是个人或血缘家庭(Löfgren 1974 and 1984b;Gaunt 1983: 85ff.)。

农民社会里也并没有现在所谓的已婚夫妇的概念。婚姻当然是农民社会中生产和再生产的重要基础,但农民社会中的婚姻并没有今日社会所赋予的象征价值,夫妇仅仅是自给自足经济中的一分子。老处女和单身汉的社会地位很低,常常是人们取乐的对象。寡妇和鳏夫都会对是否再婚斟酌再三,因为农场的生产基于男人与女人之间高效的劳动分工。[1] 夫妇的重要性在于经济而不是情感上的需要,丈夫和妻子组合成为一个生产劳动意义上的同一单位。

如果看看农民的日常生活——田间地头、水井旁边、村头大树下,节庆与假日,教堂和集市——就会强烈地感到男女两性属于两个分开的群体。例如,在女性中间有一种强烈的共同体的感受,它基于生产(集体性的工作,以及在劳动和照料孩子方面互

---

[1] 可参见 Bringéus 1978b 关于瑞典农民社会中年迈女仆地位的讨论,以及 Gaunt and Löfgren 1981 和 Gaunt 1983: 174ff. 对寡妇和再婚者的研究。

助的需要），也由于她们一起外出劳作。[1]

尽管已婚夫妇是重要的生产单元，但这并不意味着他们私下就住在一起。农民家庭的夙愿是母亲、父亲还有孩子们一起围在家里火炉边，或是一起劳作，但这不过是一种神话。农民的生产生活并不像传说里叙述的那样，如此集中于农场。工作是流动的，家里人不得不到远离农场和村庄的外部世界求生存。男人们花在路上的时间远比拿着锄头在地里耕作的时间多，他们常常在很大的范围里寻找各种活计。虽然这种趋势因地域与社会差异而有所不同，但在 19 世纪的无地劳工中，这样的趋向还是非常强的。家里的男人常常出门在外，这意味着女人们必须承担起田间地头、日常劳作的更重负担，这也使得邻近地区和不同代际的女人之间有相互协作的需要。

相反，18 世纪、19 世纪的中产阶级家庭却赋予婚姻以非常不同的内涵。家庭日益成为一个消费而不是生产单位，男人承担起养家糊口的重任，女人们则专心当起家庭主妇。原先丈夫与妻子之间、父母与孩子之间以劳作精神为本的小团体消失了；那靠什么维系一个家庭呢？

中产阶级文化发展出这样一种观念，即强调情感对于维系家

---

[1] 我在 Löfgren 1975 和 Löfgren 1982 两书中探讨过性别和劳动分工问题。伊里奇（Ivan Illich 1982）也指出，比较"男女认同"和"权威"这两个概念在现代社会和传统社会的不同非常困难，可是他有挑起论战的热情，更倾向于将传统世界中的女性团体、力量和认同浪漫化。

庭的重要性。爱成为丈夫与妻子之间的黏合剂，恰如父母之爱是代际之间关系的主导。相亲相爱正是小家庭所追寻和努力营造的氛围。[1]

虽然对爱的崇尚已成为中产阶级家庭观的主导，但对我们来说，要理解此项，必须明确诸如爱、亲切、亲密等词汇，虽然反映的是人类的普遍需要，但却由文化形塑并赋予了特定的内涵。同样，文化引导我们的性需求，激发或压抑它，或将它导入特定的社会渠道。因此，文化塑造了我们对爱与亲热的情感需求。

有关"爱"这个概念的历史在过去十年中一遍又一遍地被书写，但始终含混不清。尽管很多作者已经勾勒出从无爱的亲属关系到西方社会以爱为核心的婚姻之发展历程，但此类论证线索似乎过于简单，因为它忽略掉这样一个事实：爱这个概念本身并不自动具有超历史的分析能力。[2] 在瑞典的农民社会里，公共场合的亲密举止是被严格限定的。总体来说，农民社会具有一种反对男女之间亲密接触的传统；男人和女人禁止手挽手地散步，或在公共场合拥抱和接吻，即使是热恋中的情侣也不行。"亲热只能

---

[1] 维多利亚时代家庭理想的形成，成为日益受关注的研究课题。我主要参考了 Leonore Davidoff 1976、1979，Davidoff, L'Esperance, and Newby 1976，以及三卷美国研究成果（Vicinus 1972, 1977; Wohl 1978），新近研究可参考 Halttunen 1982，Green 1983。
[2] 有关这种民族中心主义的趋势，可参考爱德华·肖特的《现代家庭的形成》（Shorter 1975），以及劳伦斯·斯通对英国家庭的研究（Stone 1977）。

被四只眼睛看见"[1],这句话是每个农民从年轻时就已牢记的行为守则。这并不是说人们过着无爱的生活,而是亲爱和亲热通过有别于我们的文化举止来表达。

因此,在农民社会里,爱需要一定的私密空间。但其对于相亲相爱的崇尚却不如在中产阶级文化中那么重要,婚姻这类头等大事,并不被一种变幻莫测的感情所决定。农民根据常识而不是美好幻想做出婚姻的决定。"打量粪堆上的女孩,而不是教堂门边的女子","感情是慢慢培养出来的",这些说法都反映出农民对婚姻的态度。[2]

19世纪的中产阶级却将浪漫的爱情视作婚姻的基石,这是看重亲热与情感的新文化情结的重要组成部分。这种看法不仅反映出中产阶级对婚姻充满年轻人般的迷恋,更是他们对情感的新崇尚。中产阶级把这种真诚作为一种武器,以此反对传统上等阶级对情感的任意挥霍。而譬如农民,他们对婚姻又有更为实在的考虑,对两性关系也更随便。中产阶级对婚姻的这种浪漫情感便是此时社会变迁的产物。[3]

---

[1] 此文字引自斯德哥尔摩北欧博物馆农民传统的收藏(EU 2739: 2),还有 EU 2649:13, 2739: 2, 3044:64, 3064:93, 3422:267, 3627:307。

[2] 引自 EU 3627:311, 12351:240, 也参见 EU 14211:58。更进一步讨论可参考 Löfgren 1969,1972: 251ff.。

[3] 例如,Melberg 1978 对19世纪中期布莱默(Frederika Bremer)家庭和性观念的分析,揭示出完全不同于以往的道德和观念,那些旧道德和观念在卡尔·林奈(Carl Linnaeus)的性教育手册(Linné 1969)和海伦斯汀娜(Hallenstierna 1972)的爱情日记中也可发现。

## 恋爱和订婚

我们可以在 19 世纪的中产阶级世界里看到,他们对爱情的浪漫理想如何渗入婚前行为,而且这种浪漫想法越来越与现实主义婚姻的考虑相矛盾。这种爱情观使很多姑娘与她们守旧的父母大吵大闹,她们的想法与父母的"好女婿"标准大相径庭。当时的文学作品中出现很多女主角为了爱情而反抗这个无人理解的世界的情节。同样的主题也出现在自传作品中,浪漫激情与包办的"理性婚姻"相抗争(Löfgren 1969: 42ff.;Gaunt 1983: 34ff.)。这一时期是一个爱情逐渐充满斗志的时代。男人们开始指望浪漫爱情成为婚姻的基础。婚姻也不再仅仅是说服父母。面对这种新要求,一些不确定性显露出来,譬如,以下是对爱德华·里德福斯遇见未来妻子的过程的描述,其时,他正在对方富有的父母家里做家庭教师:

> 爱德华迷恋上这个小他 6 岁的姑娘,但她对爱德华似乎并不感兴趣。他在信中诉苦说,她在他面前总是如此安静和严肃。可是爱德华依然鼓起勇气,1862 年 7 月的一天,他从乌普萨拉动身,去向这位姑娘求婚……这位姑娘仿佛犹豫不决,但既然她的父母没有拒绝这桩婚事,她也就答应了。爱德华返回乌普萨拉之后,竟也顾虑重重。这从他写给未婚妻的一封信——7 月 6 日"致安妮-玛丽·斯瓦特林小姐"中可以窥见,他对于安妮是否爱自己并不自信。在每一封信里,他都不

厌其烦地请求安妮"只要一次,但很确定地说,你真心爱我(尽管在目前阶段并不十分爱我),并且愿意成为我的妻子"。(Vendelfelt 1962: 9)

但爱情并不是中产阶级婚姻世界中的革命性力量。我们发现,在 19 世纪,爱的方式实则被规训并导入恰当的形式。爱丽丝·昆赛尔回忆在斯德哥尔摩的年轻岁月时,道出了迷恋与婚姻之间的严格界限:

> 少女们迷恋穿制服的男人,越成熟越好;迷恋生龙活虎的男性;迷恋有骑士风度的男人;最重要的是,要有过人的舞技,军校教育的背景……
> 在很大程度上,对我们这样并不富有的姑娘来说,这是场蝴蝶游戏。即使是公务员,也并不完全只盯着金钱,尽管这些人很少能自己养活自己,至少他们不能只靠自己的薪水过活,但他们依然要考虑自身的责任,他的生活要匹配他的地位。在这些人背后总有一些富有的亲戚或有钱的岳父……甚至有这样的说法,标榜金钱价值的纳税人名录静静地躺在公寓里,一位年轻的绅士可以通过它决定下一场舞会的去处。人们的心灵常常要经受情感市场的风险。(Quensel 1958: 155)

从青年时代开始,人们就被灌输充满激情的爱情神话,憧憬自己的梦中情人，但同时也被教导，不仅要找到自己的唯一，更要找合适的唯一，换句话说，要找一个门当户对的伴侣。爱慕自身阶层之外的对象得承担一定的风险，使得爱情可能不十分美妙。激情之爱也需要很好地计划。投入爱河之前的准备包括学习将浪漫之爱和性分开。两人在结婚之前可以订婚，也可以调情，但需点到为止。

雨果·汉密尔顿在他的回忆录中写道，在他的青年时代，调情并不合适。"如果你的内心偶然着了火，对我们来说，这也是神圣的火焰，我们必须慎重而不能亵渎它。"（Hamilton 1928: 143）

恋爱与性，合适与不合适的界限，被仪式和禁忌密切警戒和隔离着。在男女混合的场合，年轻人总是被置于监督之下。洛特·艾霍姆在她的回忆录中抱怨说，作为1860年代的一位年轻女子，她总是被监护人跟着，甚至不能与其他年轻朋友认真交谈上五分钟，她每时每刻都觉得这个世界有很多双眼睛盯着自己（Edholm 1919:105f.）。这个世界的眼睛不仅指其随从和父母，更是整个社会环境。也许我们很难理解为什么要花费这么多精力监视年轻夫妇的行为举止，还有这么多关于谁看上了谁、谁被看见和谁在一起、某两人是否在热恋等的闲言碎语。人们对于何为"夫妇"有非常明确的定义。

礼仪的诸多规矩某种意义上也在强调得体举止的重要性。以下所引的这段话即关于溜冰秀上的道德和潜在的危险，性总是潜藏在它的幕后：

只有熟识的人才被允许陪伴一位女士从溜冰场回家，并且必须当着另一位年长女士或她兄弟和其他亲戚的面。如果一位绅士不得不承担起这种责任，即使这位需要关照的女士是他的姊妹，他也只能陪伴在侧，适宜地提供她可能需要的服务，但是，他不能替她穿上或脱下溜冰鞋，因为旁观者并不知道他们是兄妹关系；如果那样的话，这位年轻女士就会遭到令人不快的误解。

从这段回忆录中我们可以看出，这些举止规范存在于每天的现实生活中。有无数关于什么是恰当、礼节，什么是不合适的举止的讨论。在一位年轻绅士的陪伴下散步是否适当？在某些情境下，这是适宜的；但另一方面，一位女士和一位绅士单独乘坐一辆敞篷四轮马车出游是否适当，这在世纪之初的斯德哥尔摩却饱受争议。(Alkman 1965: 126；Quensel 1958: 156f.；Blom 1969: 12)

最为严厉的监视自然落在婚姻领域最重要的环节——舞会，所有的行为和想法都可能被坠入爱河的冲动所左右。在19世纪的中产阶级文化中，有一个重要的活动专门为此而设，而且设立得非常早：专门为孩子们举办的舞会，其目的之一是教育青年人在婚前需有适当的举止 (Lundwall 1946)。在舞会上，让孩子们扮演成年人的角色，既使稍为年长的一代重温少时记忆，也训练年轻人准备踏入成人的仪式世界。

这样颇具影响的准备工作，意味着年轻人即将参加的真正舞会是一个大事件。那是开始认真谈情说爱的时候了。人生中的这个阶段尤其清晰地记录在女士们的回忆录中。爱丽丝·昆赛尔回忆,"家里写字台上堆满了各种令人目眩头晕的邀请卡",无数次咨询裁缝师傅,长时间拜访发型师,这意味着舞会季的来临。同时,人们在本质上应该牢记阶层秩序,并且只保留那些保证组织良好的舞会邀请卡。这种事情不能将就、随意。"我们甚至只允许和同一个搭档跳一支舞。我记得非常清楚,在一次家庭舞会上,我的父亲斥责了我,因为我和一个音乐助理跳了三次舞。"(Quensel 1958: 157)婚前的社交也被严格监视。两个年轻异性之间的交往必须当着一位年长随从的面,并由其决定这种介绍是否合适。

为婚姻所做的下一阶段训练便是订婚,它也有很多仪式。喜庆宣告的秘密订婚仪式显示出两个个体结合为一对夫妇这一转变的重要性。订婚的过程一般很漫长,尽管在这种微妙的情形下,未婚夫妻有一位随从陪伴着,但这对未婚夫妇已像是不可分割的整体了。即使手挽手地散步是允许的,身体的亲密接触也依然有一定限度。一对夫妇即使敢于跨越这些界限,也必须私下进行。这种偷偷摸摸的感觉更增强了"我俩在共同对抗这个世界"的感觉。[1]

---

[1] 尼尔斯(Nils Strindberg)是安迪极地探险队中最年轻的成员,他留下的日记使我们看到世纪之初中产阶级社会所容忍的情色限度(引自 Sundman 1968: 43ff.),也可参考 Gay 1984 关于维多利亚时代过分强调婚前无性生活风险的讨论。

在他们订婚的时候，这对夫妇就进入了社交圈子，有了他们基于爱情的亲热，有了共享的秘密，以及共同的命运。两人之间的亲密有很多种表达方式。与已婚夫妇不同，订婚的夫妇有权在餐桌上并肩而坐，但只在他们一起外出的时候，因为理想中他们不应该离开彼此。这种包容，很大程度上也可以说是一种需要，在一种将婚前的身体亲热和亲密接触要么视作禁忌，要么被限定在无伤大雅的范围之内的文化中，这无疑给予了未婚夫妇一个特殊的空间。[1]

## "它流行起来"

农民对中产阶级夫妻肉体和精神上的亲密感到非常奇怪。有无数农民曾用惊愕的眼光打量中产阶级夫妻手挽手地走路，甚至在公共场合拥抱和亲吻。以下是一则地方评论："他们一定是非常时尚的人，否则在众目睽睽下接吻一定感到非常羞愧。"（EU 3639: 343）

对于恩爱的新婚夫妇，一个貌似不起眼但颇具象征意义的标志，就是他们在教区教堂里座位位置的改变。男士和女士以前分开坐，一种坐法是同性坐在一起，亲属例外。但在新兴的城市

---

[1] 夫妻亲昵在医学材料中也可见到。19 世纪见证了这一理论领域的发展，即已婚夫妇成为身体意义上的整体，而不仅在精神层面，灵与肉通过交媾合二为一。一本无名氏的书《爱之秘密》为此提供了极好的印证（*Kärlekens hemligheter* 1844: 66ff.），此外也可参考 Kern 1974。

中产阶级中,这种安排被改变:妻子不再和别的女人坐在一起,而是坐在自己丈夫身旁。当这种新安排首次亮相时,激起了农民的强烈反对。一位农妇回忆说,通常这样坐的人是来访的城里人或地方上的上层夫妇,"那些上流社会的人开始这样坐,比如绅士;换作别人要是坐在一位男士身旁肯定非常尴尬,但它的确开始流行起来"。另一个人还记得,一对邻镇来访的夫妇坐在一起时所激起的愤怒,年长的人们非常气愤地说:"看这些名流和他们的高档坐法!"(Gustafsson 1956: 48ff.)当这股趋势逐渐蔓延至农民和农场雇工阶层时,许多女人觉得这是对女性团结的背叛。

已婚夫妇新的家庭亲密方式,仅仅是19世纪和20世纪初渗透进农民当中的更具家庭主义和阶级导向的生活方式之一。这种转变不能仅仅解释为中产阶级兴起的简单过程,而应把它放入乡村社会和经济结构变迁的大背景中。伴随着乡村日益严重的社会分化,以及从逐渐增多的无地农民家庭里招募仆人的大趋势,家庭分裂为家庭成员和仆人。表面上,农场里的家庭结构依然如故,家庭成员和仆人们住在同一栋房子里,但一系列有形无形的界限逐渐把他们区分开来。在很多农民家庭中,家庭成员不再需要仆人的陪伴:仆人们不再承担同样的工作,或者就餐时与主人们共用餐具和餐桌,主人们为他们准备了特定的休息场所,并保持孩子与仆人、工人们的距离。随着农场资本的积累,对农场主们来说,亲戚关系变得更为重要。原本在社会场合开放的村庄节庆,现在已是各自为政。尽管有地的人和无地的人仍然住在同一村庄，但两种不同的社会团体已经建构起来（Löfgren 1980: 208ff.）。

## 丈夫和妻子

二人世界的新观念造就出夫妻关系的新模式。在奥斯卡，家庭中的浪漫之爱基于两性平等相爱这一虚假预设。事实上，在这场爱情游戏中，明显存在性别差异。婚姻是将两个个体融为一体，但却是男性的一体。

如同在欧洲其他国家，瑞典中产阶级的婚姻也是不平等的结盟。首先，一个男人和他的妻子常常存在巨大的年龄差异。只有当一个男人有足够充裕的收入，能保证让今后的家庭过上富足生活，可以养活妻子、孩子，及至少一个仆人的时候，他才会结婚。正如一位在 1880 年代结婚的眼镜商回忆："在那个时代，你和未婚妻谈婚论嫁之前，必须有能力给她提供一套装潢漂亮、摆设齐全的住房。"（引自 Gejvall 1954: 142；Stiernstedt 1946: 190ff.）一套能与其身份相匹配的住房，包括一间小餐厅、一个客厅、卧室、厨房，以及一间佣人住房和将来孩子们的房间。

对很多经济上捉襟见肘或仕途渺茫的中产阶级男人来说，这个目标很难实现。喜剧杂志上的悲剧作者、年长的大学讲师或是小职员们，每天晚上都泡在城市小饭馆里，这真是一个悲惨的现实，恰如 19 世纪末上等阶层的结婚率锐降。但这场变革中，遭到最沉重打击的是中产阶级的女儿们。未婚女性几乎没有创立自己的事业、建立自己家庭的机会。[1]

理想中，一个男人应先立业后成家。这意味着他常常比妻子年长 5 岁至 10 岁，此时他已经是一个社会化的人，习惯了自己生活，深深融入社会之中。他的妻子却是直接从娘家的温室中出来，或者刚刚走出学校，对生活的现实懵懂无知。玛格丽塔·林德斯特伦，一位 20 世纪初在庄园里长大的小姐，阐述了这种"无知"的现实："我实在是无知之极。对打扫房间和整理床铺一无所知，我以前从没擦过地板或是学着铺床。"（Margareta 1966: 186）姑娘们在社交、政治、经济方面的经验同样少得可怜，她们婚前很少有机会形成独立的自我认同。

由于女孩儿们在初为人妻时尚不谙世事，因此年长的丈夫们视自己为天真无邪的妻子的供养人和保护者，将其当作脆弱的造物，让她们在自己的荫蔽下远离社会生活的丑陋现实。已经社会化的女孩儿期盼着自己的白马王子，丈夫是她从家庭与父母权威之下解放出来，重获自由的唯一机会。女孩儿们自我认同的建立完全基于与另外一个人结合的理想。女人们在爱河中激情四射，而男人们则大多满足于调情和求爱。他们的目标并不是真正坠入爱河，而是找一个老婆。因此，这场婚前游戏注定了男人们的积极追求与女人们的消极期待之间的区别。爱情对男人和女人来

---

[1] 有关不同社会阶层适婚年龄的讨论，可参见 Carlsson 1977、Fahlbeck 1898-1902: 1.450ff.，2.117ff. 和 von Willebrand 1932: 57ff. 考察了贵族阶层结婚率降低这个问题。Qvist 1960 也对未婚中产阶级女性的不稳定地位做过研究。亦请参见 Matovic 1984: 229ff.。

说，有不同的意味，当时的医药书籍和婚姻指南就反映出这种根本不同。很明显，这种模式使婚姻变成父亲－女儿的关系，而非两个平等个体之间的亲密关系；婚姻对女性来说，无非是以一个父亲般的人取代亲生父亲而已。

任何有关两性平等的讨论，都不得不考虑这个主题的双重标准——男人和女人有各自的道德体系，有不同的规则和禁忌。一个男人在婚前有性经历被视作好事，但这对一个姑娘则是不可想象的。男人可以操控两种不同的道德领域。一位上等阶层的姑娘不会成为男人们寻欢作乐的对象，但他们却可以利用下等阶层女性对私通相对随便的态度，与之相好，甚至去召妓。在富有的中产阶级家庭里，女仆常常是主人之子捕捉的猎物。[1]

19世纪末，一份议会关于卖淫问题的辩论记录表明人们非常清楚双重标准的前因后果："难道不是这些有教养而富有的斯德哥尔摩女士在欢宴的场合如此穿着，撩拨起年轻人的激情，使他们在聚会结束后不直接回家，而去那些风月场中满足欲望？"（引自 Michanek 1962: 46）

也许最显而易见的实例是在典型的中产阶级男性社会——大学。"在乌普萨拉，学生们最爱的娱乐活动是咖啡馆里的挑逗……还有投怀送抱的雪茄烟女孩儿、女裁缝、烫衣工、女佣。不计其

---

[1]　显然这是回忆录中的一个禁忌话题，但一个例外是西格弗里德·斯瓦特的自传（Siwertz 1949: 116ff.），也可参考 Frykman 1977: 188ff.。

数的妓院也参与到有组织的卖淫活动中。"[1]

这种双重道德标准对应着男人对女人的双重看法。卡尔·G. 罗林在《女性情怀》中写道:"男人认为女性的肉体很美妙,但更是'圣洁的灵魂驻扎之所'。"一战期间这句话在不计其数的刊物上出现过(Laurin 1916: 82)。罗林对女性本质颇具骑士风范的阐述,为其模糊性配上了精彩注脚,她们既是圣母玛利亚,又是堕落的妓女。圣洁无瑕的圣母玛利亚与风骚的妓女形象在女性身上矛盾统一。中产阶级男性对女性常常表现出蔑视与爱慕交杂的天性。男性的压抑之情被掩藏在向女性大献殷勤的斗篷之下。

这种压抑性的骑士风度是男人内心对女人的态度之一,但有意思的是,男人们反而认为自己被女人所支配着。男人表面的权威之下隐藏着一种不安全感和低女人一等的感觉。由于性欲和肉欲在青春期被有效抑制,男人对异性充满了好奇和陌生之感(可参照第六章的讨论)。

尼尔斯·里德曼是一位海关署长,他 1873 年结婚,详细的结婚用品清单上包括一本女性性征手册(Lidman 1952: 27)。在 19 世纪,专为男士提供的有关女性神秘性事以及愉悦女性之艺术的

---

[1] 引自 Michanek 1962: 100。一项对斯德哥尔摩 800 个妓女的调查表明,女性初夜多半奉献给上等或中等阶层男士,其中 30% 是事业型男士,诸如高级职员、军校生、政府官员、商人、职员、大学生、中学生(Statistiska Centralbyrån 1914:53)。也可参考 Lundquist 1982。

作品日益增多。性事既充满神秘，又成为一个前所未有的问题，也是科学研究的对象。[1]

因此，在中产阶级的家庭里，丈夫和妻子的交往更为复杂。男人的事业包括在家庭中得到妻子的照顾，从女人那里获得愉快、温暖和性。这样的结构也使作为一家之主的男人对女人产生了依赖。除了最受欢迎的家庭暴君的喜剧套路之外，还有另一幅图景：惧内的丈夫和作威作福、诡计多端的悍妇。一些回忆作品表明，比起"妻管严"，家庭暴君更有现实基础，但在一个父权制社会里，操控权力的手段同样可以掌握在已婚女人手里。

尽管权力属于家里的男人——这个在公共领域代表整个家庭的人，但是主妇们，尽管在理论上宣称不能胜任一家之主的角色，其实有更多微妙的惩罚权力。在家庭斗争中，孩子、性，以及男人们自己给女性定义的柔弱特质，都是主妇们可利用的武器。中产阶级女性被视作迷人而娇弱的，不仅要使她们远离艰辛的现实生活，更要用强烈的感情呵护她们，因此在两性斗争中女人可以利用这种柔弱。在维多利亚时代，女性常常突然昏厥或一下子歇斯底里，遭遇神经衰弱和头痛的折磨（Sennet 1977: 177；Cominos 1972；Ehrenreich and English 1937）。这种柔弱性在某

---

[1] 性教育书籍主要针对男士，女士可以在一些家政手册中，比如 Grubb 1889 等，阅读到一些性与女性方面的隐讳建议，也可参考福柯关于性的科学话语之发展的讨论（Foucault 1978），以及对他的反驳（Gay, 1984）。另外还可以参考 Kern 1974, Barker-Benfield 1976 以及 Trudgill 1976。

些情况下,可以让女人们在家里大行其道,赢得那些始于鸡毛蒜皮的无声战争。这个过程也得到其他助力。正是作为一个受压抑的个体,女性才被逼着去钻这些空子,间接利用男人们赐予的武器,这其实进一步巩固了男人认为女人天性柔弱的看法,或者成就了男人最爱的格言,譬如"女人的心思超出了男人的脑子"。

人类学家米歇尔·辛巴利·罗萨德从弱势者的角度分析这种男女斗争,她的工作主要基于地中海国家中两性角色的研究。她指出两性之间争斗的另一方面:女人们能够创造出一种将自身定义得更为纯洁,道德上高于男人的反文化(Rosaldo 1974: 38f.)。这一点在奥斯卡的女性世界里也能得到印证,显然,男人认为女人既是圣母玛利亚又是风尘女子,使他们自感在道德上低女性一等。

## 为人父母

如果说中产阶级家庭新观念的第一块基石是夫妻,那么第二块基石便是父母。19世纪中产阶级文化形成母亲 父亲 孩子这一恒定三角。核心家庭中的各种关系开始具有新的意义,并越来越在社会关系网络中引人注目。社会不仅发展出一套好子女的标准,也在教人们如何成为好父母。

社会对为人父母有更高的道德要求,这些要求不仅反映出中产阶级对童年的重视,也蕴含着他们对儿童教育的新观念。许多学者描述过中产阶级在儿童培养方面的新发展,这种发展可追溯至 16 世纪商业资本主义在欧洲大陆的兴起。但是,正如罗尼·安比约恩松认为的,儿童教育更为巨大的变迁还在后面:

> 在 18 世纪西欧社会阶级结构日益复杂之时,儿童教育也日趋复杂化。如果人们扮演的各种社会角色已易于变化,当然也就不必再将孩子们框定于既定的生存之道。教育不可能再机械地将孩子压制成千篇一律的人,良好的应变能力必须内化为儿童的一种美德。(Ambjörnsson 1978: 91)

这是教育改革者,例如卢梭等人的目标,但直到 19 世纪这种教育观念才在瑞典中产阶级中普及。

中产阶级开拓事业,获得成功的先决条件之一是有一整套全新的个体塑造计划,一种新的性格结构,其关键词是自我实现、自我训练以及一种根深蒂固的道德感。像这样的儿童培养计划需要成人们的巨大努力。19 世纪的中产阶级社会为此造就出一批新专家:家庭教师、私人教师、从礼仪到道德规范的一系列专门教师。父母们也把更多时间、精力和兴趣花费在儿童教育方面。但在农民社会,父母的角色大相径庭。

但问题是,有关瑞典社会儿童教育的图景十分模糊。一方面,孩子是鞭子与暴力、严厉与冷漠的牺牲品,这样的画面反映在许多"不打不成器"的瑞典俗语里;另一方面,又有许多父母与孩子亲密无间、互敬互爱的实例,虽然因时间、空间和社会环境有所不同，但总能从中察觉出父母爱孩子这一普遍趋向。[1]

首先是一些训练孩子生产劳作的课程。孩子在很小的时候，父母就给他们灌输将来在农场工作中的重要性。集体劳动将家庭成员凝聚在一起，父母得教会孩子们日后必备的劳动技能。

其次，儿童教育不只是父母的问题，而是倾注着整个群体的关怀。孩子们既在父母的养育下成长，也由农场仆人们照顾，即使被送到其他农场当小工，那里的人也会照料他们，另外邻居、亲戚也会帮着照顾孩子。所有这些人都对儿童培养有发言权。

最后，把孩子组成劳动团体和共同体，这创造出与中产阶级文化中儿童教育完全不同的认同模式。博瑞·汉森注意到这二者的根本不同：

> 如果我们按前工业社会的母子关系考虑，就会发现这种关系与母亲要承担的繁重生产劳动有关。较之现在，当时照顾婴儿和小孩并不是什么艰巨任务。除了喂奶和及时换尿布之外，孩子们几乎是自己照顾自己……他们很快融入大人的世界，在很小的时候就开始劳动。大人们并没有为孩子创造出一个理想的儿童世界……

---

[1] 许多儿童教育的地方研究证实了不同地域间差异性的范畴。比如诺尔兰的父母更强调温情（Johansson 1934，Borelius 1936，Hedlund 1943-1944），而 Levander 的调查则描述了父母更严厉的态度（1946）。在某种程度上，它们作为一种道德暗示，指向当时的读者和教育工作者。Måwe 在维尔姆兰的研究提供了一些有趣观察（1958）。Bang 分析了父母在儿童教育中的一般趋向，以及两性角色的社会化（1973）。

因此，这些孩子没有我们所谓的个性发展空间，不能通过他们的玩具或文学作品中的形象，诸如王子和公主、力与美的化身，长大之后想成为的富有魅力的理想人物等等，来获取自我认同。他们通常生于斯、长于斯，没有机会涉足外面的世界……

农民的孩子发展出强大自我的可能性微乎其微，因为他们并没有沐浴在成人的亲近与关怀中，或沉浸在我们今天所谓的爱中。没有任何人把孩子视作自己的财产。因此，孩子很可能并不能意识到自我的价值或重要性。他们仅有的一点私人物品也不得不与兄弟姐妹分享。孩子的想象不可能创造出各种认同，而且因为生存压力，根本没有时间去阅读书籍或做白日梦。相反，他们与其他人有更多交往。孩子通过与形形色色的人打交道，获得自我认同；当他们与父母或充满妒意的兄弟姊妹有情绪冲突时，会寻找更安全的情绪发泄口；比起现在的小孩，他们的童年更少遭遇各种不公平待遇和冲突。并不是说他们的童年不存在冲突，而是这些孩子能够很快解决冲突，不需要持久纠结，这对他们的个性塑造也没有很大影响。（Hanssen 1978: 16ff.）

在 19 世纪，有很多针对儿童教育的抱怨。有意思的是，批评的靶子并非体罚。问题主要在于父母不能以一种规范精神教育孩子，因此通常指责父母缺乏教育方法和决心（Öller 1800: 131ff.；Therkildsen 1974）。

这些抗议其实反映出中产阶级儿童教育观，而不是农民社会中儿童的处境，在农民社会这些统统不成问题，也不会有明确的批判意识。孩子通过参与、模仿，潜移默化地学习在院子里、田野中必备的劳动技能；他们深知，如果惹父母生气或遭到责骂，那一定是自己破坏了什么规矩或违背了某种禁忌。儿童教育是一堂个人服从集体的课。这种模式很少被中产阶级家庭采纳。

　　在农民社会中，儿童几乎每天都会遭到父母的粗暴责骂，而在中产阶级家庭中，儿童教育却是仪式性的、按部就班的体罚。19 世纪末，教育学家开始批评父母鞭打孩子，认为这种教育方式必须被抛弃，被新的惩罚取代：

> 　　父亲们主要通过书籍寻找儿童教育的方法，这些方法较之当时普遍的教育方式更为新式。其中一条基本原则是不要再体罚孩子，不再鞭打他们，甚至不要再扇耳光、推搡，或是盛怒之下打手板。家长的某种语调、某个眼神，已是对孩子足够的责备。在教育孩子的时候，父母要有足够的威严，通过自己的语气、目光传达出生气……父亲经常生气，但是母亲极少动怒——但母亲营造的温和气氛，反而让父亲的眼神显得更严厉和无情——这种对比式教育更为有效。

以上是一位记者赫伯特·廷斯顿在 20 世纪写下的有关童年的记忆（Tingsten 1961: 25f.），他所经历的新式教育法其实在当时已非常普及。

约翰·福尔克成长于 19 世纪末一个商人家庭，在他的童年记忆里，他只挨过一次打，父母对他所犯过失更常用的惩罚是关小黑屋，直到他重新变成一个"好孩子"为止（Falk 1946: 15）。同样的教育方式也出现在其他中产阶级家庭。孩子们不再被鞭打，鞭子被小黑屋取代，父母们现在会花更多心思培养孩子的负罪感。母亲并不打孩子，也不动怒，但她们的心却会受伤，因此，孩子们意识到自己的错误，决心下次正确行事，只为不再让母亲伤心，这便是他们的责任和理应受到的惩罚。[1] 惩罚变得含蓄，但更有效。日益转型的儿童教育带来一系列后果，不仅影响了亲子关系，更影响到孩子的自我认同。

以自我规训和自我控制为主导的新式教育法带来另一后果，使孩子对自身的压抑和掩饰增多。孩子从很小的时候就开始学习抑制自己，约束自发的情绪反应，不让自己被时不时的冲动所影响。如何得体地使用肢体语言，表达情绪，总是一个问题。自我规训意味着喜怒哀乐这些强烈的情绪都必须被压制，或者通过更文明的渠道表露。这同样针对很多肢体性功能，无论是放声大笑还是在性方面（参见第六章"自律的起源"一节）。

抑制自我天性，掩盖和压抑人身上的动物性反应，会使人们失去安全感，因为看谁都像是在演戏。比如孩子们会充满疑惑：

---

[1] 参看约翰的回忆录（Falk 1946: 15ff.）。这种儿童教育思想的另一些例子，可见 Edholm 1919: 40, Hamilton 1928: 44, Holmgren 1959:26, Aspelin 1968:37 等，进一步讨论可参见 Åström 1979:20ff.。

母亲说的是她的真正想法吗?她真的爱我吗?父亲是真高兴还是假高兴?这些被文化矫饰的外表下究竟掩藏着什么?中产阶级对他人言行举止的不信任感,必将对人际关系造成很大影响。自我控制的绝对要求与对他人行为的不信任感交杂在一起,为许多精神性烦恼和疾病提供了温床,无论是日常神经质般地自我冥想,歇斯底里,还是其他常见的奥斯卡精神病。

理查德·森尼特从社会学的角度描述出维多利亚时代的这一特征,他指出,人们有意让自己的身体、神情和举止背叛内心深处最真挚的情感。这些情感只会在安全的私密空间里流露,绝非公共场合。促使这一时代的很多人去看精神医生的恐惧之感,其实源于他们儿童时代长期被置于监控和规训之中。很多儿童相信,上帝和父母能看见一切,洞悉一切(Sennett 1977: 172)。

父母必须保护孩子,让他们远离很多事情,这进一步增强了孩子们的不安全感。对比农民社会中的父母–子女关系,中产阶级大人们的世界离孩童很遥远,这是孩子们的禁区。许多回忆录作者记述下这种遥不可及之感。马丽卡·司第恩斯德特成长于19世纪末一个贵族官僚家庭,以下是她描述的这种氛围:

> 孩子无法融入父母的现实世界,我们从不过问父亲或母亲为何看起来如此悲伤和焦虑。我对以下场面发自内心地恐惧:父母把自己关在一个房间里,密谈很久很久,最后常以母亲拿着家庭账簿、脸颊上带着泪痕出来而告终。(Stiernstedt 1947: 169)

由于大人们的问题是孩子的禁区，孩子因此对父母的争执非常惧怕——不管是门背后的争吵、充满敌意的对视，还是含沙射影的互相暗讽。

儿童生活中的很多方面同样也是禁区，大人和孩子都小心翼翼地回避。其中之一是有关性的话题，这其实是新型儿童教育为父母和教育学家们制造出来的一个问题(参见第六章"永恒的存在"一节)，很少有其他话题能引起如此众多的不便和争议。

福柯认为，性虽然是一种禁忌和难以启齿的话题，但一整套儿童教育却要求父母长期监督和积极介入儿童的性方面（Foucault 1978）。对此进行监督和控制，其实是父母在和被视作文化大敌的儿童自慰行为做斗争。19世纪到20世纪出现了一大批阐述和引导此话题的文学作品。显然，有关性方面的问题已经被置于自我规训和自我控制的规范之下，且部分得到"内疚"这一武器的帮助。儿童教育手册和药学书籍为父母提供详细建议，宣称在对付自慰这一"最羞耻和最恐怖的道德败坏行为"时，甚至有必要打破在性方面保持沉默的禁忌（*Kärlekens hemligheter* 1844: 22）。后文还将进一步详细叙述（参见第六章"毛毯上面的手"一节），某些疾病据说由自慰引起，渴望纠正孩子这种堕落行为的父母特别支持这种看法。拉夫博士在他的畅销书——《医学百科全书》中介绍了一种解决方法，那便是把性从家庭中清除：

很多父母都有这样的习惯：把孩子带到自己床上玩耍。我们深知父母–子女之爱的神圣，也欣赏父母把自己的可爱造

> 物捧在手心，孩子紧紧拥抱着他们的天伦之乐，但是，我们非常不提倡这种爱的方式，因为它会为孩子性方面的堕落埋下种子。难道家长没有发现，孩子会迅速发觉被另一个人触摸的愉悦吗？触碰身体所带来的温柔而温暖的感官愉悦，足以导致其他堕落行为。(Ruff 1893: 555)

作为孩子模仿的典范，父母应该表现出英雄般的自我控制能力。想要知道孩子如何掌握自我控制之道，必须先仔细审视一番新型儿童教育的技术和内容。前文有关中产阶级守时和职业伦理的讨论已对此略有说明，其余方面将在以下关于中产阶级规训的分析中进一步讨论。先在此归纳一些普遍特征。

中产阶级儿童教育的显著特征之一，是很多自传作品中描述的禁欲主义。家长不能溺爱孩子，后者必须学会经济地使用各种资源，要有长远的目光。克己是一种必需的道德素质。这种观念具体化为日常生活中对质朴的强调。富有的父母教育孩子吞下难吃的食物。吃糠咽菜是一种美德。

佩诺讨论了新教伦理如何成功植入儿童教育：

> 在物质层面，孩子每天的饭菜非常简单，父母买的玩具也很有限。家长反对孩子在各方面沉迷、过度和放纵，主张通过言传身教，营造自我规训和有责任感的家庭氛围，使孩子学会严格自律。所有这些都是与新教职业伦理相关的克己生活方式，它意在培养儿童勤勉、刻苦的作风。这种面向未来的工作

态度对官僚子弟更为重要。他们的社会地位并不像资本,能够由父辈传给下一代,子女只能通过培训和专职竞争才能重新获得父辈的职位。孩子把坚持不懈的努力视作一种美德,因为父母、亲戚,充满雄心壮志精神的学校每天都在灌输和践行它。(Pernö 1979: 31)

培养儿童自我控制能力的另一重要方面,即肢体和举止的日常规训。例如,吃饭成为礼仪培训课堂,孩子在父母的监督和纠正下规范自身的言行举止。

儿童教育不仅仅是一次锻炼,更是一种游戏。很多中产阶级儿童的行为规范是他们在游戏中潜移默化习得的。爱丽丝·昆赛尔是最高法院一位法官的女儿,她为我们极好地勾勒出律师和市政官员的下一代,如何在幼儿园施行自我规训的计划:

> "幼儿园"原本是一个含义广泛的概念,但我的哥哥戈斯塔将它变成一种规范的法定表述,他成为"最高行政法院"的法官,领导年幼的弟弟妹妹,还有所有的玩具。他详细制订出囊括幼儿园生活各方面的成文法律和机构。它的常住居民是普通玩具、旧油瓶、栩栩如生的纸娃娃。还有对各种违规行为的惩罚,其中一项竟是禁止在空中飞翔!最高罚款用装饰羽毛支付,其次是涂有颜色的金属亮片——颜色越闪亮,越值钱。国会定期召开,法院按时开庭。(Quensel 1958: 38f.)

这最终造成什么影响呢？中产阶级的孩子将以训练有素的克制和虚饰技巧，步入世界，在父母满怀期望的鼓励下，他们更是自信满满。许多孩子认为家长的这些期望带来一种安全感，它们传达着这样一种信息：自己成长在最优越的环境中。童年回忆录更多所反映的不是公开的纪律培训，而是中产阶级之个性结构和道德的最终内在化。

这些自信又自恃优越的孩子神游于这个世界。他们的心灵地图界限分明，轮廓清晰（后来才出现矛盾）。赫伯特·廷斯顿归纳出这种世界观：

我们因何成长，将成为怎样的人，生活的原则是什么？那个时代，这些问题很难回答，也许在我们父辈的时代同样如此。我们从小就被灌输，上帝之国近在咫尺，无私与顺从是种美德，俗世的一切都微不足道；但也被教导工作和勤奋是一种职责，要维护自身权利，承担起社会和国家的责任。我们被教育要谦卑，不只顾及自我利益是最高美德，它能带来及时回报，也不失为一种小聪明。我们被告诫不要去反抗邪恶，不要杀人放火，得逆来顺受，但士兵也是英雄，我们要有为祖国牺牲的精神。虽然清贫也是神圣的，但也要学会谋取薪酬丰厚的高位。我们把每个人都看成一样的好人，但也应意识到自身优势，更要尊重富有的人、杰出的人、有能力的人。要学会宽恕一切，但罪孽和罪恶必须得到惩罚。保持圣洁，但不能免俗。尊崇神圣的爱，但俗世情爱在我们阅读的书籍中若隐若现。我们被告知一些大人们自己都不相信的故事，但他们又说追寻真实是最高尚的欲望。我们的道德标准从儿时开始就已模棱两可。（Tingsten 1961: 27f.）

## 受爱戴的母亲和受尊重的父亲

新型中产阶级家庭不仅建立在夫妻感情上，更基于父母－子女之爱及儿童教育的新观念。自传作品几乎千篇一律：深受爱戴的父母、对父母永远充满感激的幸福童年。这种千篇一律部分由于作者们过滤掉了不愉快的儿时记忆，更因为父母－子女之情形塑着这些回忆，让它们无形中保持一种规范的写法。我们又一次面对理想与现实的矛盾问题。父爱与母爱中有多少是子女理想发挥的成分，又有几多现实被掩藏和删改？

让我们从回忆录中刻画的父母形象说起。劳动分工被牢固地建立起来，不同性别角色也已成型。父亲象征遥不可及的敬畏，而母亲则是轻柔、温暖和爱的化身。

子女对父亲的爱很大程度出于敬畏和距离感，但父亲的形象模糊不清。许多儿时记忆把父亲描述成既受敬畏，又被尊崇的人。父亲"严厉而公正""充满魅力但易怒""安守本分但可敬"。[1]

---

[1] 引文源自一本专门勾勒瑞典著名父亲的速写集（Oljelund 1949），这些速写常常无意中体现出父亲的模糊形象，也可参见：Bjerre 1947, Lidman 1952, Hägglöf 1976: 188 以及 Åström 1979: 20ff.。

这些模糊的父亲形象反映出中产阶级男人的双面生活。与作为母亲的妻子不同，男人可以自由往来于两种空间——家庭和外部世界。每天早晨，他投身生产和工作，尽职尽责养家糊口。在许多孩子眼里，这种双面生活充满神秘和不可知。对父亲生活的另一面，孩子只有些模模糊糊的印象。如果父亲在家里办公，他便把自己关在书房，不许孩子进去。父亲的书房属于他生产空间的一部分，对孩子来说是禁区。

男人结束一天工作后，回到家庭怀抱，顿时像变了一个人：宽松的天鹅绒便服、温暖的拖鞋替换掉深色西装、黑色皮靴。奥斯卡的孩子目睹着一个富有能力而陌生的职业男人变成一位父亲的仪式过程。

父亲与孩子待在一起的时间有限，但力求效率，完全不同于母亲。父亲和孩子一起做手工，为孩子高声朗读，带他们去博物馆见识世界。

即使身处家庭怀抱，父亲也常常为工作的事烦扰。哪怕被心爱的孩子围绕，他有时也心不在焉。这类情景经常被当作喜剧，譬如一则传闻说，一位警察父亲一边推着婴儿车，一边漫不经心地吹着口哨，全然没有留意童车里的小克拉斯已经掉了出来，正在路边的沟里乱爬："他把照看孩子和思考工作问题混在一起，口哨就是暗示。吹起口哨，他多半已经沉浸在自己的工作世界！从那以后，孩子的母亲再也不敢把孩子托付给他照管。"（Lindhagen-Kihlblom 1949: 158）这些传闻的道德寓意十分明显。无论妻子还是孩子，都不能绝对肯定其丈夫或父亲的心在自己这里。这也印证了先前的论断，家庭是一个男人的休憩和规避之所："一定不要打扰爸爸，他已经累了一天。"

作为一家之主，父亲决定着家庭气氛。他在回忆录中常常显得喜怒无常，突然由严厉变得亲和等等。其中一个典型场景是餐桌旁的父亲：

> 星期天的早晨。家人们围坐在餐桌旁聊天。父亲像一座随时可能爆发的火山。母亲忧心忡忡地尽量使早餐的气氛愉快些，这也是她儿时在家里聚餐仪式上的可怜反应……
>
> 父亲回到家总是疲惫不堪，时不时头痛，常因资金周转问题陷入沉思。他的办公室、咨询顾问，都在帮他考虑这个问题。整个晚上都弥漫着这种气氛，令人压抑到几乎窒息；第二天早晨家里依旧充满紧张、不安和烦闷的气氛。（Leijonhufvud 1978: 23f.,51）

约翰伍德的这段话生动展现出 1950 年代巴尔莫中产阶级的家庭氛围。回溯到一个世纪以前，我们会看到同样的场景。作家艾米莉·弗莱盖尔-卡伦在回忆录中写道：餐桌聚会前我们必须有一个小谈话，因为得先了解"父亲情绪上的小波动"（引自 Paulsson 1950: 1.144）。

父亲这个家庭暴君常常具有双重面孔，瞬间从黑暗转为光明，从愤怒、忧郁、心事重重、头痛不已变得迷人、孩子气、无比自信。一个医生的女儿如此描述父亲："爸爸是家里的暴君，一个充满魅力和热情的暴君。我们爱他和怕他一样多。这其实算是委婉的说法，事实上我们非常惧怕他。"（Blumenthal-Engström 1947: 41）另一些回忆录描绘父亲突然变得极具幽默感，插科打诨，如同再次进入童年。

父亲的形象充满矛盾。他象征权力，与外部世界相联系。他是家庭对外的脸孔，联系并过滤外部世界的信息，以及那些奇异而令人兴奋的事物。

当父亲在回忆录中被批评的时候，常常伴随这样的托词："他是一个负责的人，总是出于对我们的最佳考虑行事。后来我才明白他身上的重担。"这些评价流露出愧疚之情，因为自己没能足够理解和爱戴父亲。人们后来重新追溯父亲形象时，虽然仍有距离感，但总是通过诸如尊敬、崇拜等词语表达一种仪式性的爱戴。

相反，母亲的形象却大相径庭："母爱是最原始而高贵的情感，它自发而不顾一切，无法指望从男人那里获取这样的感情。除了那些最为粗鲁的人，对所有男人来说女人都如同母亲，享有一种本能的尊重。"卡尔·罗林对母爱的定义得到很多回忆录作者的响应。如果说，对父亲是一种疏远而敬畏的感情，那么母亲则是完全正面的形象。母亲圣洁而神圣，人们常常用明亮、温暖、温柔、纯洁、容光焕发等词形容她。她代表爱与体贴，是可爱而毫无争议的情感源泉。

母亲常常被描绘成"我们的温暖阳光""一束燃烧的火焰""家里的明快之灵"。以下两个例子，一位部长妻子，一位经理妻子，就是这种容光焕发的母亲典型：

妈妈掌握上千种技艺，是最通晓一切的人。我们很少看见她在忙碌，但她把许多事情安排得井井有条。一般既能干又勤快的人常常会焦虑和急躁，但母亲从没有这样的情绪。她温柔而善良，富有幽默感，传递着温暖与平和。我从未在母亲的眼里看到冷漠或敌意，没有听她讲过一句草率或难听的话……我和三个兄弟围绕着亲爱的母亲，这些时光仍然留存在我记忆中，家庭如同阳光下柔软而温暖的小巢和避难所。（Gawell-Blumenthal 1946: 43）

尽管我们有一位管家和五个佣人，母亲依然无暇顾及家庭以外的事情。这里是她的世界，她用结实而温柔的手悉心照料着世界。虽然那时还没有所谓的"社会工作"，但对母亲来说，那就是凭借她的美德，将壁橱填满必需的食物，为孩子缝补出干净的衣服。（Göransson 1946: 88）

母亲的形象总是与父亲的角色相关。如果父亲是个"火药桶"，母亲就是家里的"磐石""家庭堡垒"（Blumenthal-Engström 1947: 41，48）。她是中介者、调解员。父亲在餐桌上发脾气，母亲则承担起既定的责任：

她引起愉快的谈话，用机智开朗的性情鼓励餐桌上其他客人，尽快扭转和消除产生"敌意"的气氛，从而使晚餐成为一天中最愉快的时刻……

尤其在日常生活中，主妇的这种职责不可忽视……她必须避免任何可能激怒丈夫的事情，保证他的命令得到执行，意志被遵守，总之一句话，她必须维持家里和平。(Langlet 1884: 99ff.)

在家里，劳动分工赋予母亲战略家的角色，她处于两难境地，既要当好丈夫的贤内助，又是孩子的同盟军。如果夫妻之间年龄差距比较大，比起与丈夫的距离，如同女孩子般的母亲与孩子其实更亲近。父亲与母亲既对立又互补的角色在这种家庭结构中建立起来。

## 隐形的父母

在中产阶级儿童的记忆中，母亲和父亲似乎遮蔽掉了世上其他一切事情，但孩子也会不经意间瞥见家庭世外桃源生活的幕后现实。

几位作家热情洋溢地描述完容光焕发、深受爱戴的母亲形象后，又觉得与母亲的接触其实很有限，身体接触尤其被严格控制。一位女儿写道："我几乎不记得母亲爱抚过我，最多也只是拍拍肩膀。"(Wahlström 1946: 241) 20 世纪初的一些回忆录也有同样感慨 (Quensel 1958: 65)。

母亲与孩子在一起的欢乐时光其实少得可怜，以至于这成为孩子的一种期盼。在中产阶级上层家庭中，作为女主人的母亲极少有时间陪孩子。但孩子在正式社交场合具有一种展演功能，如同舞台上的道具,他们被抱到餐桌前,穿戴整洁可爱,向客人索要一个晚安吻,或是家庭郊游时被带去炫耀一番。而日常照顾和抚养孩子,全是育儿专家、乳母、女仆和保姆的工作。[1]

英语世界的人类学家已经注意到这样一个现实:维多利亚时代,中产阶级中母亲的角色常由雇用的人扮演,这在其他文化中较为罕见(Boon 1974;Gathorne-Hardy 1972)。虽然保姆在当时的奥斯卡还不普遍,但模式大同小异。孩子跑到仆人那里擦鼻涕,从仆人那里获得安慰、关注甚至责备。孩子吃住都和仆人在一起,与他们有最多的身体接触。[2]

奇怪的是,这些母亲角色的代理人在当时孩子的回忆录中占据很少空间。弗洛伊德也讨论过母亲 – 父亲 – 孩子这个三角中常被忽略的事实,即孩子早期与成人的亲密接触实际要复杂得多(参见第六章"下人"一节的讨论)。

仆人在孩子日常生活中的重要地位是这一矛盾的起因。父母的社会等级越高,与孩子的接触反而越少,代之以仆人这些低等级的人。回忆录表明人们清楚地意识到这个问题。有些人不禁要问,如果孩子每天都受仆人的影响,父母和学校精心设计的教育

---

[1] 有关瑞典中产阶级奶妈角色的讨论,可参考 Jacobson 1977。Nolan 1979、Davidoff 1979, Martin-Fugier 1979, Müller 1981 等从瑞典人的角度,对孩子 – 父母 – 家中女仆这一问题三角做过研究。

[2] 这个主题在很多回忆录中都可见到。例如,August Strindberg 对童年时代的描述(1967b: 37f.)、Edholm 1919:41ff.、Holmgren 1926: 107ff.、Hägglöf 1976: 9 也有相关的描述。

计划究竟有何意义？（Leman 1961: 164ff.；Stiernstedt 1947: 28ff.）

孩子在女佣和保姆房间见识到不同的文化，不同的教育方式，这些并不如父母期望的那么高雅精致。玛葛丽莎·珀斯由庄园里的一位保姆、一位贴身女仆还有一位女家庭教师抚养。这位保姆常用自己的方式迫使孩子就范。一个年龄更小的婴儿拒绝吃麦片粥，她就用幼儿园里使用的德雷斯顿晚宴服务哄骗他，这个孩子惊奇地张大嘴巴时，她赶紧塞进一勺麦片粥。同时，她还唱着"被禁止的、低俗不堪的歌曲"。（Posse 1955: 52）

"迷信的女仆"是家长的心病，却是孩子日常生活的一部分。许多传记作者都记得坐在女仆膝上，或从厨房中无意听到的秘密，这些对儿童心灵的影响，比低俗歌曲等更大。孩子沉浸在一个民间信仰的世界里，因为大多数女佣来自农村，农民生活中充满了各种超自然存在——可怕的神神鬼鬼。[1]

19世纪初，中产阶级意识到应该限制孩子与仆人共处，否则仆人会在儿童道德教育中越俎代庖。最好的解决办法，是连资历最老的忠诚奴仆都开始将自己定位得与中产阶级的目标和理想相符。最糟糕的是那些粗鲁无礼、极不可靠的仆人们。到20世纪，主人对他们的愤怒演变成一个阶级话题："今时今日，已经难以找到好帮手了！"

---

[1] 在 Leche-Löfgren 1949:146、Svedelius 1889:29、Quensel 1958:130ff.、Lindström 1964:16 等处都能找到类似例子，还可参考 Rehnberg 1969 一书中的讨论。

## 家屋

除了夫妻关系和父母－子女关系，家屋是构建中产阶级家庭的第三块基石。第二章"自然如何成为自然而然"一节，已经涉及与家屋概念相关的道德内涵，例如要有舒适的居家环境、热爱它，家庭自制的东西承载重要意义，等等。从一本礼仪指南《家庭》1930年起的条目中可以瞥见这些道德价值："精美家具和昂贵装潢并不是创造一个'家'的必要条件，只有当屋里的家庭成员彬彬有礼，举止得体时，它才是一个温馨美好的家。"（*BVT:s lexikon* 1930: 86）

中产阶级文化中家屋的角色涉及理想和标准的问题。房子和公寓的实际布局、室内装潢、家具，这些都是把中产阶级对家的理想转化为现实的方式。房屋设计因此成为理解近百年来家庭变迁，以及其观念如何付诸实践的关键。

## 公共和私人——家屋作为舞台和庇护所

19世纪下半叶，瑞典中产阶级家庭变迁迅速。19世纪中期，其居住环境依然以简单朴素为特征，家里只有很少几样靠墙摆放的家具。一间房有多种用途：吃饭、工作、娱乐、睡觉。这种传统模式在19世纪中期开始变化。一个崭新的世界在四墙之内被创造出来。朴素被代之以华丽，甚至伴随着对空白的恐惧。地板被鼓鼓囊囊的沙发和椅子占满，门窗被裹上厚厚的丝质天鹅绒，墙壁被点缀着图画和装饰品。空洞的空间被填满植物、小摆设、纪念品。流苏和蕾丝无处不在。

1860年到1910年间，各种装饰风格大胆混搭，主题依旧不变：浪漫、感伤、梦幻是室内装饰的主旋律。

这些夸张的室内装饰极具审美冲击力。家庭在室内各个房间的装修上投入前所未有的时间、金钱和强烈兴趣，创造出令人目不暇接、过目难忘的环境和特殊氛围。[1]

这些展演和兴趣当然需要一定的物质基础。崛起中的中产阶级财富日益增长，他们有财力投入更好的住房，更夸张的室内装潢。同时，技术革新让房屋设计更注重舒适，家具和装饰品被大批量生产。瑞典社会变迁也为奥斯卡房屋设计创造出另一重要资源：不断增多的农村无产者，他们成为房屋装修招募的廉价劳动力。甜美的家居环境有赖于无数雇工的苦力劳动。

对资产阶级来说，房屋既是向外界展示的窗口，也是抵制外部世界的庇护所。房屋是家庭对外炫耀财富和社会地位的舞台，这成为它的重要功能之一。但同时，房屋也具有私人领域和庇护所的重要性质。掌管资本主义新生产体系的中产阶层，创造出一个个私密、舒适、温暖的小天地。奥斯卡的小房子成为中产阶级对抗充斥着理性与效率的外部世界的堡垒。我们应该重视这种文化冲突。

---

[1] Paulsson 1950: 2.307ff.,326ff. 和 523ff. 对家庭内部装饰做过详尽探讨和说明，也可参见：Stiernstedt 1946:190ff.，Gejvall 1954，Thue 1975。

奥斯卡的房屋设计印证了家庭既作为舞台又作为庇护所的双重功能。入口、过道、门、房间安排制造出无数界限，把公共空间从私人空间中分离出去，把仆人从家庭中区分出来，把孩子与父母分隔开来。人们开始随手关门，以保护个人隐私；不再从别人卧室中穿过，或窥探他人隐私活动。人们从他人的陪伴中解脱出来，可以独自行动。

安排更多私密空间，这在上等阶层中兴起更早，到 19 世纪迅速流行开来。[1] 这股对私密性的兴趣高涨的标志之一，便是中产阶级抱怨农民缺乏对个人隐私的保护。在农民的房子里，客人们可能遭遇尴尬。博雷柳斯医生指出了农民与中产阶级的此种差异，根据他 19 世纪初在偏远北部旅行的回忆，他发现：

> 农民没有公共和私人的区分——并没有私人的家庭生活，一切都是公共的。偏僻村庄夜不闭户，人们串门时也不用敲门。一个夏天的晚上，我来到一户好客的农场。农场正门大开，前门也是，但一个人影也没有。直到我穿过整栋房子，才看到这户人家正在最里面的屋子里熟睡。女主人醒来，从床上坐起，我告诉她我是谁，请求在这里过一宿。当然没问题！于是她起来为我铺好床。

---

[1] 哈贝马斯对私密空间的发展做过理论性分析（Habermas 1965，特别是第二章）。Paulsson 指出了私密空间在瑞典家庭中的具体发展（1950）。Gösta Arvastson 研究了 18 世纪神职人员中这一过程的发展（1977: 106ff.），而 Löfgren 讨论了 19 世纪农场中这个过程的铺陈（1974: 25ff.）。

> 像我们这样普通的阶层,并不介意就餐时有陌生人进屋。真正传统的农民不会担心这个……
>
> 我们不喜欢在陌生人面前穿得规规矩矩。我在这里谈的这些并不会使农民感到窘迫,他们也不能理解不同阶层的人的感受。(Borelius 1936: 39f.)

有一次特殊的经历,对他来说记忆犹新:

> 那是1902年饥荒期间,一个特别高大的女人来到拉普兰北部,帮助缓解当地人事组织上的压力。当时已是秋天,她到达寄宿农场时,天色已经很晚。旅途使她劳累不堪,很快就上床睡觉了。但农场里的人从来没见过这么高大的女人,这种奇异感应该与别人分享,于是消息很快传播开来,传遍了村里大大小小的角落,每家每户:无论父亲、母亲,还是仆人、孩子。每当农场里有新访客,人们总是点起半截蜡烛,在角落的睡床旁,和访客们兴致勃勃地聊些奇闻逸事,直到半夜,女人们不得不大声抗议,这才结束掉一天。(Borelius 1936: 41f.)

19世纪早期,瑞典人尚没有私密隔绝的卧室概念。农民早已习惯和别人共睡一张床。即使在上等人家的住宅里,卧室也常用作娱乐和日常生活场所(Paulsson 1950: 1.121ff.;2.353ff.;Gejvall 1954:198ff.)。随着对已婚夫妇隐私和亲密的日益强调,中产阶级以前睡觉的地方转变成了专门的卧室——这是社会空间重新布局的典型例子。在奥斯卡中产阶级的房屋里，卧室通常位于离住宅大门最远的地方，是家里最私密的区域，仅对丈夫和妻子开放。老古董似的家具常常烘托出一种神秘气氛，访客不可得见。19 世纪末，新卫生观念对这种隔离有进一步争议：卧室应该通风良好，干净卫生（Stavenow-Hidemark 1970: 47ff.）。雪白的墙壁，锃亮的铜器，闪闪发光的红木双人床，都昭示这里是所有社会关系中最为亲密的夫妻关系的密室。它是发生合法性关系的唯一场合，能保证其绝对私密地进行；它也是已婚夫妇晚上的退避之所，在这里他们才能无拘无束地谈论每天发生的事情。

父母的卧室如果布置成这样没什么大惊小怪。首先，成人们不必担心家里其他人睡觉的地方。在大公寓里，女仆们有单独卧室，但她们常常睡在厨房或和孩子一起睡。19 世纪末新修的房子和公寓，专门为仆人辟出一间房。它通常位于厨房旁边，屋内仅有一张床、一个衣柜、一扇窗户。在中产阶级家庭里，仆人没有很多隐私可言。

在奥斯卡，孩子在家庭的房屋安排中地位也不高。直到 1870 年代末，单独的保姆房还很罕有，孩子一般与仆人睡在一间狭小、黑暗、陈旧的屋子里。对多数孩子而言，父母的卧室是禁区，一个奥斯卡人回忆说："除了餐厅，别的屋子我都没进过，但我认为父母应该有他们的房间。"（Hägglöf 1976: 11）另一个人回忆说，他与仆人一起住在父母卧室楼上的小空房，对楼下发生的事情，"既不可知，也无法理解"（引自 Gejvall 1954: 216）。在上等中产阶级的家庭，只有在某些场合，家里才能听见孩子欢快的脚步声。

为孩子争取宽敞明亮、拥有儿童风格的保育室的战役始于19世纪末，这是由于对童年及孩子在家庭生活中角色的看法发生了转变。[1] 也正是在这一阶段，父母开始为孩子和仆人之间过分的亲密接触而感到担忧，这是从前的贵族们从未考虑过的问题。在很多中产阶级家庭里，主人和仆人这两种社会类别之间必须划出界线，无论是文化的还是身体的。

卧室与保育室的重要转变，表明中产阶级对家庭私密与亲密的日益强调。私密空间是一片外人禁止入内的领地。同时，随着家庭幕后生活的发展，其公共部分被精心区隔开来。客人被按照等级分类，一些人甚至要走小商小贩的入口或是厨房门，另一些只许进入门厅或是在门阶上候着。一些大公寓或房子开始具有错综复杂的社会分流系统：入口、门厅、休息室、会客室等等，逐步朝向房屋的核心。进入各个房间的仪式越发复杂。瑞典礼仪书中有关做客艺术的章节在19世纪末猛增。

客厅成为招待（有良好社会地位）客人的主要场所，因此对它的装饰格外讲究。以下是当时一本室内装饰手册制定的规则：

> 客厅是招待客人之所，是家庭和外部世界开展社会交往的地方；它代表整所房屋，因此必须展示出最光鲜亮丽的一

---

[1] 在瑞典，这种新态度的先锋是艾伦·凯（Ellen Key，参见 Stavenow-Hidemark 1971:192ff., Ambjörnsson 1978:62ff.），也可参考 Gejvall 1954 关于幼儿园发展过程的考察。

面……没有摆设的桌面，裸露的不加装饰的墙壁，没有比待在这样的客厅更令人无法忍受的了，这种环境散发出一股股寒意，抵消了主人热情洋溢的款待，因为谈话的话题总是从周围环境中寻求灵感。(引自 Paulsson 1950: 2.524)

家庭中这有意无意地充满戏剧性的一面，正契合 19 世纪中产阶级世界观的一大主题：作为一个久经打磨、精于世故的演员，"文明人"应该时刻保持自我控制、令人愉悦、彬彬有礼的面孔。

人们也强调家庭居所庇护和休息的功能。柔软的填充物、无数的垫子，把客厅和卧室变成一个温暖舒适的小世界。柔和的灯光、恬静的气氛，从温暖色调、圆润棱边、柔软材质中散发的静静感性，溢满了屋子。房屋不仅是家庭展演的舞台，更像是一个舒适隐蔽的剧院包厢，家庭成员从这里观看外面的世界，家的感觉就在此种对应中油然而生。

## 家庭的核心

"热爱家庭的人如同太阳，无论面带和蔼笑容静静坐着，还是走家串户，他们都散发出温暖，但这些人更经常待在舒适安逸的家里。这样的人是所向披靡的。"(Wahlman 1902: 17) 这是一位瑞典顶级建筑师对爱家之人的定义，更确切地说，对爱家女人的定义——因为家庭感的营造主要是主妇的工作。在奥斯卡，考察家庭生活的质量变成考察主妇的质量。家庭观念与女性、私密、多愁善感等交织在一起。

家庭具有不同于公共领域的经济和道德准则。家庭象征安全、和睦、舒适与温暖。如果维多利亚时代的男人是通过生产领域的理性与效率来定义的话,他的妻子则应该充满爱与关怀,相比男人的积极,她可以说更为消极。在建构新的性别区分时,以职业为导向的经济人角色和以家庭为导向的女性角色产生对立(Cominos 1972)。

主妇是家庭及美德的卫士。在维多利亚时代孩子的记忆中,家庭和母亲显得不可分割。一位文职官员的女儿说道:"什么是妈妈毕生的事业?——她为我们营造的家庭。在这项事业中,她投入最辛勤的劳动、最强烈的爱。这是她的天职。"(Krook 1946: 117)另一位作者抒发了同样的感受:"家庭,最重要的是母亲。"(Beskow 1946: 22)

主妇主内的理想状态由男人定义。他们认为女人应该待在家里,承担繁重而脏乱的家务活。她们的女性角色通过努力营造家庭氛围,而不是生产性工作体现。一个女人在自己家里,自由创造出一个美妙的世界,她能画画、刺绣,也懂园艺、装饰。她应该用优美的钢琴声和温暖的笑容填满整个家。书架、壁炉上精心摆设的小玩意儿象征新女性的身份。她们总有无数办法打发日复一日的时光,一边做白日梦,一边等待男人从外面世界归来。

女性的雄心应该集中于如何将家庭营造得更美好,让它成为脱离压力重重的社会生活的一个世外桃源,正如下面这本新家政指南里写的:

> 男人每天大部分时间花在家庭以外，他不得不在外面工作，因此渴望回到家后，享受放松且充满活力的氛围，乃至一份惊喜。一个好男人不仅挣钱养家糊口，更期望时不时享受生活的美好。如果他的收入允许，他有这样期待的权利，而他的妻子有这样的义务，不负丈夫的期待。她必须使出浑身解数，使丈夫待在家里时尽可能愉快；这样，她才能保住在丈夫心里的地位和他的爱。（Grubb 1889: 13）

要理解中产阶级对家庭生活的新构想，不得不考虑中产阶级的性别重构。例如，较之瑞典传统农民文化中的性别概念，这些新概念基于情感结构的互补。对于操控公共领域的理性、自律的男性想象，恰恰依赖新的女性特质。一位可爱的妻子，一个美好家庭的贤内助，变成企图征服世界的男人的宝贵财富。但家庭不仅是女性的领地，更是男人的文化喘息空间，在家里，男人们可以更感性，甚至表露出他们文化个性中女性化的一面。在家里隔绝的私密空间里，男人由最亲近、最喜爱的人陪伴，他可以很随便，展露在公共领域禁止流露的情感。

新的性别两极分化并不是一系列固定的男女角色，男性气概与女性特质这两极充满辩证关系。女性主内反衬出男性在公共领域的雄性特征，同时也针对外部世界，营造出一个内部的对立空间，使男人在社会生产之外，也能待在女性创造的家庭文化空间里。

在奥斯卡时代，男人对女性特质的想象和理想，也许与女人每天实际做的事情有所出入。绝大多数中产阶级主妇其实把多数时间花在别的事情上，而不是练习钢琴或做针线活儿。作为家庭主妇，她们干的活儿更实际。那个时候，经营一个家庭是一项复杂的任务，尤其要达到体面、井井有条、仪式般精细的家庭理想。即使是城市家庭，主妇们也得把心思用于维持生计而不是弹钢琴。公务员、工厂主、小职员的妻子们几乎没有闲暇做白日梦，乡间牧师和庄园主的老婆们空闲时间更少。这和其他奥斯卡文化一样，理想和现实存在着明显的矛盾。

## 家庭课程

> 是的，家庭真是一个微缩世界——它难道不就是一切么！有快乐，也有失意；有紧张，也有放松；有压抑，也有解放。
>
> 总而言之，美好的九十年代，在诺贝尔的炸药、汽轮机发明之前，在大规模罢工、停工到来之前，在所有的"主义"、通货膨胀、无线电台、声名显赫的慈善人士、汽车等进军之前，家庭，尤其是中产阶级家庭，在过去的美好时光里，意味着一种完全不同于今日的精髓、力量和安全感。

以上是多斯敦·唐格纳根据童年家庭得出的结论（Tegnér 1947: 205）。对同时期很多奥斯卡孩子来说，家在日益滋长的怀旧情绪中悄然改变。

但家不仅仅是儿时记忆，它更是一堂课。对这一时期的回忆录研究表明，孩子从家庭陈设布局中学到很多社会关系和文化准则，这是他们潜移默化地社会化的组成部分。家里的墙壁等似乎在对孩子言说社会关系，例如，一份对斯德哥尔摩一个商人家庭的描述称：这个家庭在客厅餐桌上摆放最为经典的插画版瑞典名著，从而展示主人的文化品位：

> 整个客厅装饰都是红色和红木。布鲁塞尔毛圈毯上波涛汹涌的图案是红色；编织精美的墙纸，其纹路也是红色；安乐椅、躺椅、长沙发上绣有珍珠的坐垫也是红色。这种红被镀金边框的窗玻璃、大理石的桌案、镶嵌瓷砖的壁炉，还有壁炉顶上那些洋洋自得的大镜子隔断。因为平时不准入内，我喜欢偷偷潜入客厅，站在两面镜子之间，看着手指被无限反射，直至消失在镜子边缘。我可能明白其中奥妙，但从不认为它很神秘。我依然这样想……
>
> 餐厅摆放着高高的窄背藤椅，挂着蕾丝边的、有纹路的窗帘，一张奢华的藤编雕花桌摆在正中的窗户前面。女孩儿的房间通常为蓝色调，男孩儿房间却有些凌乱，尽管有张漂亮、奢华的活动翻桌放在沙发前面。除了女孩儿的房间，每个房间都有一些特色物品，比如时报，黄铜底、陶瓷或铁心的痰盂，这些痰盂里装着干净白沙，每日清晨被清理得干干净净，也许只是作为一种传统摆设。至少在我的印象里，它没被怎么用过。
>
> 斯德哥尔摩的公寓——毫无疑问这是中产阶级的寓所，总是很安静，鲜有娱乐；住在公寓里的人偶尔会去歌剧院、剧场

或音乐会，这便是我的印象。晚上围坐在客厅灯光旁才是全家人团聚的传统方式。父亲阅读着《瑞典晚报》，如果没有外面传来的小商贩议论罢工的声音烦扰，他有时会大声朗读一段。母亲在缝补袜子，姐姐们做着手工活儿，我和哥哥看书或画画，这一定是一幅最完美的家庭画面。可惜，我入画太迟，我是最年幼的孩子，比哥哥整整小六岁，所以，我并没有长期享受这幅画面的机会，等我的姐姐们都出嫁了，这个圈子也就瓦解了。（Swensson 1947: 182ff.）

第二个例子来自一个庄园主家庭：

大客厅呆板得像等待检阅的士兵。我们平时不被允许进入，到晚上，它笼罩在一种诡异的黑暗里，使人不敢潜入。父亲的书房紧邻门厅，那里是召开家庭会议的地方。到了晚上，一家人都聚集在一个小房间里，一座漂亮的白色老爷爷造型的闹钟——它是我们的传家宝，现在放在我的房间——发出滴答滴答的声音，时间随之一分一秒地流逝着……当一家人结束一天功课和游戏后，大约五点钟，聚在这个小房间里，仆人端来咖啡盘，点燃火炉，母亲、家庭教师以及一位按摩师围坐在桌子旁——父亲不久前在工作中弄伤了肩膀，所以请来一位按摩师。这时候，小房间开始变得热闹起来。父亲喜欢玩牌，总是玩一种牌，女人们缝缝补补，多半织着哥白林风格的毯子，上面有狐狸、鸟和其他可爱的动物形象。我们小孩有很多事情做，做陶器、画画，或在秋天的时候为圣诞树制作丝纸装饰品。仆人会送来水果，这个小房间充满宁静、祥和的舒适氛围，远离一切争斗和矛盾。这使我们对家产生一种喜爱之情，成为我们愿意铭记的东西。那些在夜晚灯光下流逝的时光，如何才能倒流？（Wallquist 1947: 218）

记忆充满选择，被它筛选留下的东西恰好反映出人们期望记住什么。夜晚团聚的场景如此频繁地被描述成家庭生活的中心，这令人印象深刻。当时一位工业家的家庭所展现的场景，呈现出家的感觉是如何被创造和仪式化的：

> 我对童年最为生动的记忆，便是一到晚上，一家人围坐在餐桌旁，每个人都静静地看书，有时父亲或母亲会大声朗读……滋滋作响的煤油灯灯光笼罩着整张餐桌，周围是浓重的黑影；相邻的客厅，门微敞着，一片漆黑。哎，可怜我们必须得穿过这间黑屋！每晚的读书时光多么宁静愉快，任何其他时刻都不能够与之媲美，它使我们有一种彼此依恋的感觉。这便是"家"，在煤油灯的灯光里。现在年轻人大多没有这种经历了，家只是一个住的地方，没有这种彼此依恋的感觉。（Boberg 1949: 35）

此时的重点不在于父母和孩子在一起的时间长短，而是这些时光承载的象征和道德价值。很多成长于一战爆发前十年的孩子，并没有与父母在一起很长时间，但在他们的记忆里，家庭的凝聚力以及核心家庭的印象却最为深刻。

哈格洛夫写道："无论怎样强调我整个童年对家的感情都不过分……我童年时代最重要、最核心的部分是家庭。"哈格洛夫的父亲——一位巡回法庭的法官说道："我深信，唯有家庭才是文明社会的基石。"而这位父亲，在儿子上幼儿园期间，只去看望过他一次。但正如哈格洛夫指出，对家庭感情的强度并不与在一起的时间成正比，一种精神上彼此从属的感觉更为关键（Hägglöf 1976: 178, 202）。

家庭这种默默的、间接的社会化，也许比言辞教导、行为规矩更为重要。父亲书房严肃、古板的色调，一丝不苟摆放的书籍，抛光的书桌，他对认真工作和男人责任的说法，等等，恰如孩子卧室的色调和家具选择，无时无刻不在传递性别的主张。

家里到处都是镜子，好让其成员随时关注自己的言行举止，也提醒他们，懂得如何使自己具有得体的仪表和举止是多么重要。

最重要的是，家庭这种默默的社会化，无疑是用中产阶级文化的基本准则炮轰之前的传统，这项基本准则就是：万事皆有时宜。人们必须学会如何区分人，知道什么时候该干什么事，而后一项要求被家庭日常生活中结构化的空间和时间仪式教导。孩子要懂得遵守家里区隔出的不同空间边界，未经允许，不得跨进父母卧室；必须意识到他们在幼儿园和在家里客厅的举止表现应该是不同的。儿童们察觉到，相比客厅令人窒息的行为规范，厨房的气氛就轻松得多（常常是仆人们定下谈话的基调）。

每一次家庭聚餐都成为一堂课，由家长教会孩子必要的规范和自律："准时来吃饭，上桌前先洗手，管好自己的肘，只在被问到时才讲话！"餐桌的直背椅也能防止孩子勾腰驼背。

这些奥斯卡孩子长大成人后，不断在自己的回忆中认识和再阐释过去。这种田园诗般的理想化过程，表明真实的经历往往被压制或被再阐释。如果把人们期望记住的东西，与文化模式对家庭聚会和父母之爱的形塑方式做一番比较，将会很有意思。尽管父母在现实中总与子女保持距离，做出一副合乎礼仪的样子，但全家人围坐在夜晚灯光下，母亲如同温暖、散发光芒的太阳，这些记忆却保留下来，它们更大程度上其实是对家庭生活应该如此的一种象征性描述。

## 家庭的演进

成长于19世纪、20世纪之交的瑞典孩子对怎样才是基于婚姻、父母和住房的家庭生活，具有成型的想法。这些孩子的世界观和他们的家庭仪式，是19世纪瑞典经济发展与社会变迁的产物，他们的很多价值观和习惯在百年之后的今天依然是我们的无形遗产。我们很多观念，比如性与爱、家庭与隐私、男性与女性等，也许更多受到奥斯卡时代所建构的文化之影响。这些概念被人们内化于心且当作一种自然而然的东西，因此他们很难理解人际关系结构之中不同的文化、历史现象。

何种程度上，可以说中产阶级的家庭观念在 20 世纪初的瑞典社会中占据文化主导地位？奥斯卡代表一种殖民文化，肩负向低等阶层灌输高等阶层理想型生活观念的使命。在谈到 20 世纪理想型家庭的发展时，人们常常用"资产阶级化"一笔带过。但这个词不能解释文化新浪潮如何席卷乡村和各阶层，上述问题也不能轻易消解为新兴经济和政治精英把自身意识形态强加给无助的工人阶级。有必要更为仔细地审视中产阶级理想与工人阶级互动的多种方式，以及前者如何转变为工人阶级的梦想和渴望。

19 世纪末，瑞典旧有社会结构日益瓦解。等级、效忠及社会控制的传统规则已不再奏效。迅速崛起的工人阶级被视作对社会稳定的一种威胁。价值观冲突造成一种紧张气氛，使处于社会顶层的人感到恐惧。如果旧有秩序无法重构，那么势必需要一种新的道德黏合剂，否则社会就会分崩离析。这个问题的答案之一寓于美好家庭生活的重要性之中。如果工人阶级能够被驯化，如果他们的躁动和雄心能够被导向内部，导向家庭与家人，那么许多问题将迎刃而解。但这种改变发生在道德层面而非经济层面。

政府委员会强调，国家贷款给梦想有一所小房子的工人阶层十分重要。他们的报告陈述道："毫无疑问，自己拥有一所房子，有助于加强工人阶级对他们社区乃至国家的感情。"（Egnahemskomitén 1901: 14）一本业主期刊卷首题有一句箴言："目标：在这块土地上拥有自己的房子。手段：勤勉，节俭，圣洁。"很多组织为保障家庭价值，增加社会对家庭的关注而工作，其中首推 1910 年一位热忱传教士的期望：

> 所有好想法汇聚成一股强大的力量，以此拯救我们的家庭，保卫我们的民族。
>
> 为了我们的家庭更幸福美满，为了我们的民族更强大健康！这将指引我们前行，保护我们远离邪恶，避免危险，这将是每个家庭的新年愿望。让我们携起手来，组成一个紧密相连的圆圈，它象征着我们的团结，我们的力量。（Törne 1910: 28）

议会论辩、报刊文摘、宣传手册不断提及"稳定的家庭生活是一种美德"。理想型家庭生活通过多种渠道，诸如家庭和教育改革计划、福利机构、工薪阶层妇女为更好经营家庭而开展的运动等等，传播开来。各种广告、流行印刷品、廉价小说，甚至动物学的插图，都充斥着幸福家庭的微笑。

但这些现象其实并不是蓄意计划好用来安抚无序的工人阶级的。很多社会改革家自认为是倡导"好生活"、现代化和发展的传教士。他们试图改善人们的居住环境、日常饮食及儿童教育。他们中的很多人并没有意识到，自己的改革行动承载着深厚的道德寓意。许多改革家抱怨工人阶级对改革的怀疑态度和忘恩负义，但工人阶级真正抗拒的正是这些改革中蕴含的道德寓意。

### 工人阶级的家庭

20世纪初的瑞典工人阶级生活到底怎样？这个混杂的社会阶层有许多种不同的生活方式，但有一点是共同的，那便是其生活风格很接近农业社会。这些世纪之交的工人们,其实都是农村底层人民——诸如农场雇工、伙计等的子女。他们出身的家庭,并不是家庭成员的汇聚之所,而是把家里人送出去挣钱的一个平台。孩子很早离家,先是和农民们一起找份工作,之后成为产业工人;父亲常年在外漂泊流浪,四处找活儿干;母亲几乎没有时间照看孩子,她们得洗洗涮涮、缝缝补补、照料少得可怜的土地和家里仅有的几只鸡。这样的生存条件不允许人们在家庭的怀抱中享受稳定生活。

在 20 世纪早期,同样的生活模式也存在于城市。对中产阶级孩子而言,工作是一个遥远的世界,父亲晚上从那个世界返回家里;但工人阶级的孩子却懂得,工作是一个长期伴侣,一种经济的必需。在中产阶级家庭里,职业也许是一种道德教育,而不是一种需要。为了将来的工作和职业,青年一代要先从一个有教养的好孩子做起。可是对工人阶级孩子来说,工作既是一座监狱,又是一种自由。他们不得不在放学后、周末和暑假找活儿干,要么帮父母,要么打零工。直到 20 世纪 30 年代,很多城市家庭还过着采集渔猎般的温饱生活。高失业率和低工资意味着家里所有的额外收入都是必需的,哪怕再微薄的资源也得竭力争取。额外的工作虽然占去孩子们大部分休息时间,但也给了他们一定的自由,教会他们自己挣钱、自己养活自己,而不像温室里的中产阶级孩童。

工人阶级家庭生活的一大显著特征便是房屋拥挤。20 世纪 30 年代晚期,多数瑞典工人阶级家庭依然挤在只有卧室和厨房的小房子里，甚至没有厨房，只在房间一角摆个小炉子。无论乡村还是城市，居住环境都非常简陋，房屋短缺导致房租相应攀升。

这些条件使工人阶级家庭生活呈现出与中产阶级家庭完全不同的特征。20 世纪 20 年代，一户中产阶级人家搬到一片工人住宅区，这家男孩儿惊讶地发现，当地的孩子在玩扮演家庭成员角色的游戏时，常常出现一个单身汉的角色。他逐渐明白，寄宿者是工人家庭常见的组成部分。这些单身汉不得不依附别人的家庭，因为他们需要省下房租（Nystedt 1972: 68）。中产阶级非常讨厌这样的居住方式，古斯塔夫·阿夫·格伊杰斯坦记录下了这种厌恶：

> 居住环境是一个家庭内在和实际的基础。没有干净、卫生的居住条件，家庭不成其为家庭；不应因租住房客而破坏家庭的舒适，家庭成员不应遭受阴冷潮湿。从道德角度而言，没有什么比清洁、卫生更为重要，它却是工人阶层家庭生活中的顽疾，如同租住制度一样。它导致道德上的粗鄙，精神上的野蛮，这些是统计数据无法呈现的……
>
> 到最后，家屋——这一残存的被"家"这个字眼唤起感情的场所，变成一个住的地方，男人和女人像动物般同睡同住，没有任何对未来的期望……
>
> "给我们最好的工人分配房子吧！"一位慈善家曾这样呼吁，"那样在未来的 20 年里，斯德哥尔摩将出现更好的工人阶层。"（af Geijerstam 1894: 52）

工人阶层居住环境里家庭成员过于亲密的接触，招致社会的担忧、中产阶级的反感以及有关性方面的焦虑（关于英国的类似情况，请参见 Wohl 1978）。

1910—1940 年代，斯堪尼的兰斯克鲁纳小镇上典型的工人阶层城市住宅，能让我们更好地审视中产阶级对家庭生活的理想。[1]

公寓小单间意味着床和其他家具已经占据掉大半空间。这样的家并不是人们在空暇时喜欢待的地方。社会化过程一定发生于别处。

二战以前，工人阶层生活的一大显著特征，便是家庭成员是否聚在一起并不重要。男人们大部分时间在公司，女人们互相走访，孩子们自己照看自己，在后院玩耍或在周围闲逛。当时既没有物质条件，也没有文化传统，使人们过上以家庭为核心的生活。[2] 母亲通常是家庭的核心人物；父亲在情感距离上更远一些，他承担养家糊口的重任，经过一天辛苦工作，每天回家时已疲惫不堪，要么倒头便睡，要么出去串串门，和朋友们打发晚上的时间。母亲是把一家人聚拢在一起的力量，她也是一个中介人，担负养育孩子的主要责任（EK 1982: 111ff）。孩子打零工挣的钱常常交给她，因为她掌管家中财政，她的工作就是为家庭量入为出。

---

[1] 对兰斯克鲁纳工人阶层的访谈材料所做的广泛探讨，参见我们正在进行的文化与阶级研究（Frykman and Löfgren 1985: 109ff.）。

[2] 许多学者都注意到在工人阶层家庭中的性别隔离和相关细节，例如：Erixon 1949:135ff.，Paulsson 1953:225ff.，Daun 1974:218，Ek 1982:120ff.。

这一时期，工人阶层孩子成长的社会环境并不以家庭为中心，不像中产阶级的孩子。正如在农民社会，"我们"可以比"家庭里的我们"意味更多东西，它们可以是"公寓里的我们，大街上的我们，街坊四邻中的我们"。

很大程度上，人们的社会认同被框定于这些社会单元之中。"我们"和"他们"之间存在许多界限，从邻里绰号到结伙斗殴。地方团结通过互惠和共享机制得以维持。哪家临时缺糖、面粉或其他必需品时，别家、别院或别巷的邻居会及时提供。这种家户之间的互通有无，兼具经济和象征的意义。不像中产阶级家庭，工人阶层家庭既没有足够资源，也没有足够空间维持独立的家庭收支。这种往来互借是工人阶层生计经济的一部分，就像每周去一趟典当行。进入一张互惠之网同时也是找到一种社会归属感。

但有关邻里网络的回忆，充满了矛盾的语调。人们谈论起主妇间的互通有无时，往往会加上一句："在我家里，总能自给自足"，或是"我家能够自力更生"。能够自己养活自己，既不依靠邻里接济，也不依靠福利救济，这是工人阶层社会地位高低的重要标志。

大多工人阶层家庭都处在经济的边缘位置，不得不一直努力使家里的日子能够过下去。过着这种日子，他们会始终提醒自己，离正统的、主导的文化标准还相差甚远。成为一个令人尊敬的男工人或女工人，被认为是对中产阶级道德入侵的抵抗，也是与那些穷困潦倒之人划清界限，与那些无力自力更生，任由福利机构摆布，或不得不屈从于官方机构的规矩和规训的人划清界限。人们持续担心自己无法在社会上立足，因为他们的社会位置极不稳固。失业、疾病、开始酗酒的丈夫、惹麻烦的孩子，这些都可能毁掉一个家庭。

只在周末才喝点小酒的丈夫与那些夜夜都在酒馆里挥霍微薄收入的丈夫泾渭分明；周末里打扮得漂漂亮亮的主妇与从不收拾自己的主妇，把家里收拾得井井有条的主妇与家里乱七八糟的主妇也对比鲜明。这些有关社会地位的标准更是一种文化抵御，而非一种中产阶级化。工人阶层家庭在两条阵线上展开战斗，既反抗中产阶级，也反对穷困潦倒的无产阶级。在这个文化营造的过程中，一些固定仪式和社会生活原则得以确立起来，诸如男女两性角色、吃喝举止、社会化形式等等都被明确定义，这也使中产阶级知识分子和进步改革家感叹工人阶层的墨守成规和冥顽不化。

大量细致调查向公众揭露了19世纪至20世纪工人阶层困难的住房条件。无论保守还是进步的评论家都同意这个问题的严重性，但他们就此问题的分析和所提议的解决办法却大相径庭。

拥挤不堪的住房到底是一个经济问题还是一个文化问题？1933年在哥德堡进行的一项官方调查认为，拥挤的住房条件并不总是由经济因素导致的，一些家庭"更倾向于把钱花在别处……这样的举动从社会价值角度看是不对的"。作为一种对社会有害的事物，这种自甘堕落的低住房标准被认为"由工人阶层不重卫生及不良住房习惯导致"（SOU 1933: 14.25）。这种充满道德意味的态度,在中产阶级对工人阶层生活的话语传统中一以贯之:鼠目寸光、轻重倒置、对家庭缺乏关爱。他们不理解工人阶层的文化及物质现实。

这一时期有关住房问题争论的另一种论调,是认为工人阶层错误地利用了居住空间。这种错误最为鲜明地体现在客厅。1920年代,兰斯克鲁纳一个箍桶匠的儿子描述了一幕典型的家内场景:

> 我们主要住在厨房。父母用来充当客厅的房间主要接待外人,我们只有病得很厉害的时候才躺在那里,因为医生总不能来厨房给我们看病。我们5个孩子都住在厨房,这里不很宽敞,也就8乘11英尺左右,成天被炉子熏得热乎乎的,当日子真的很难过的时候,我们便在炉子上面装一个小型炉嘴。这里很温暖,我们有一个幸福的家……在这些日子里,5个孩子挤在一张床上。当我长大一些,父母给我特制了一张小床,搁置在一些箱子上面。我们都睡在厨房里,另外一间房得保持整洁。

"另外一间房得保持整洁"这句话出现在很多回忆录中,"我们也有一个客厅,但它如此整洁以至于连门把手都不能碰……不管屋里空间多么狭小,客厅总是要有的"。但用中产阶级知识分子的眼光看,这种安排很奇怪且浪费居住空间。他们很难理解工人阶层的主妇们为何拼死拼活需要一个客厅。为了拥有一间安静的、收拾得干干净净的房间,哪怕一家人挤在狭小的厨房里睡觉也值得。整个客厅的陈设——绿色植物、壁炉上的座钟、蕾丝边的沙发等等,并不是她们对中产阶级生活风格的拙劣模仿,相反,这些布置有工人阶层自身的文化象征意义。它是从每日劳苦工作中剥离出的一个文化空间,进入这间屋子就意味着一种仪式般的转换。它有自身的氛围。

许多工人阶层主妇开始接触中产阶级家政标准,因为通常她们的第一份工作就是家政服务。这并未导致她们完全被中产阶级价值观和习惯同化,而是有更为复杂的反应。一方面,工人阶层主妇在经营自己家庭的时候,显示出与中产阶级妇女在家庭有序看法上的共同之处;但另一方面,当她们打入中产阶级家庭内部,这种内部观察又使她们看到中产阶级理想和现实的矛盾,进而鄙视这种表里不一,因为双重标准如此露骨地掩藏在这些陈设背后。

因此,需谨慎对待任何有关中产阶级意识形态霸权般传播的讨论。总存在将城市工人阶层生活浪漫化的风险,其实艰辛的物质条件并未创造出田园诗般的家庭环境,还存在过于强调中产阶级文化霸权的风险。在讨论工人阶层挪用中产阶级生活风格时,有必要区分一下形式和内容。虽然某些因素可以被工人阶层借鉴,但却被赋予了完全不同的文化内涵。

**受威胁的家庭**

"我们似乎生活在一个家庭危机四伏的时代——离婚率暴

增,新生活风格涌现——如果它能够被称作风格的话:父母打桥牌,去电影院,去海边,把孩子交给幼儿园或寄宿学校。"这段话摘自一本儿童回忆录集的前言(Söderberg 1947: 1),这与对家庭衰败日益增多的抱怨相符。但让我们听听来自1940年代激烈争辩的声音,以下这段话摘自一本33位作者审视瑞典家庭问题的集子:

> 我们社会近来的飞速发展带来很多麻烦。这个过程破坏得最厉害的组织是家庭:有关它何去何从的讨论不仅为学界关注,也与我们每个人息息相关。同时,家庭存在的基本条件——生活空间被破坏,家庭成员的工作撕裂了家庭,特别是年轻人受外界强有力的诱惑而离开家——所有这些都让我们更深刻地意识到,家庭是人类快乐和健康发展不可或缺的基础。
> (Hedström 1947: 9)

哀悼家庭之死、家庭解体的文学作品,与瑞典社会以家庭为中心的生活方式一样久远。但在19世纪末20世纪初,它成为一种公共话语般的文学类型。

这些焦虑和关注的理由究竟为何?如果回溯至1940年代,人们会争辩说,瑞典历史上没有任何时代像当时那样,家庭成为社会景观中如此浓墨重彩的一笔。在这一时代,工人阶层传统上的邻里联合开始解体,一种更小家庭化的生活方式逐渐渗入工人阶层。一桩维系了16年的婚姻的破裂会引起当时社会深深的忧虑,但今天，瑞典社会的离婚率为四分之一，人们对这些数字已不以为然。

如果看看瑞典历史上的家庭形式，家庭解体就会变得更难理解。在 19 世纪初，43% 的孩子是非婚生子，在斯德哥尔摩，只有 26% 的适龄女性结婚。这些数字引自一些欧洲的记录。[1] 在城市里，核心家庭已不再是占主导的文化形式。

很有必要问一句，为什么在每个特定时代，家庭都被描绘成一种受威胁的组织，究竟是谁在威胁它，又是谁认为它受到威胁？为理解 1900 年到 1940 年间有关家庭未来的大讨论，一些关键概念，例如家和家庭，必须被当作强有力的象征和隐喻。我们也许认为家庭是一种很稳固的社会组织，至少相比于一百年前。家庭崩解的想象应该是其他社会忧虑的隐喻。它其实映射出中产阶级的自我忧虑，在一个迅速变迁的社会，工人阶级日益崛起，中产阶级感受到威胁。家庭变迁并不如整个社会变迁那样迅猛。同样的讨论也反映在奥斯卡有关家庭的看法中。

不同社会群体或阶层有对家或家庭的不同想象，他们把这些想象作为各自的文化武器。在这个过程中，过去常常为现在而被重构出来。奥斯卡中产阶级颂扬传统农民文化中家庭生活的种种美德。它们呈现出一幅幅父慈子孝的家庭生活画面，这其实更多是中产阶级自身对理想生活的渴望，而不是历史的现实。他们对

---

[1] 这些数据来自 1850 年代。只有维也纳的非婚生育率比较高，女性结婚的比例在巴黎为 51%，伦敦为 46%，相关讨论可参见 Matovic 1984: 73。

传说中"扩展家庭"的推崇，无非是想在这个迅速变动的社会里，寻找一种更稳定的父权制家庭生活模式。

1940 年代对福利国家的批评也体现出奥斯卡中产阶级宁静而愉悦的家庭生活构想。他们以此证明，家庭正在迅速走向衰落。这一时期的一些激进分子却朝向历史的另一个方向，他们大谈奥斯卡家庭生活的虚荣、做作、表里不一。

一种历史的眼光也许能帮助我们理解有关家庭命运的持续论战。家庭历史学家们声称，核心家庭并不是工业社会的发明，在此前它已很普遍（Löfgren 1984b）。在 19 世纪的瑞典，发生改变的不是家庭和家户群体的组成，而是家庭关系中情感和心理结构的变化。这一时期，家庭开始从社会景观中脱颖而出，建立在一个三角基础之上——恩爱夫妻、慈爱父母、美好家屋。在中产阶级家庭中，父亲－母亲－孩子这个三角关系作为一种理想而被加以发扬。而在 19 世纪的中产阶级当中，孤立的核心家庭还很少见，他们的家庭里常常还有许多仆人、亲戚、寄宿在此的姑妈，或是来访的侄儿。

关于新家庭理想的讨论简化了中产阶级的复杂现实。在中产阶级这个标签之下，其实混杂有不同的文化群体，他们的家庭生活各不相同。此处无非是想归纳出一些一般特点，或多或少指出一些明显的文化遗迹，这些文化遗迹依然镶嵌在今日家庭生活的理想、惯习及公众讨论当中。

这些讨论充满矛盾，有的其实是中产阶级文化营造中关于家庭理想的矛盾。一方面，强调私人家庭生活和公私界限分明；另一方面，又主张更严厉地监控家庭内部生活。美好、健康的家庭生活成为中产阶级疗治社会疾病的重要途径，但家庭生活是如此神圣的社会活动，因此它应该完全属于个人。家庭也成为民族建构的基石，但父母在培养孩子成为好公民时需要外界帮助。私人化既被鼓励，但也渗透着社会的规训。现在已经说不清楚母亲是否是最洞悉一切的那个人了。[1]

---

[1] 对于这些矛盾的不同看法，可参见：Lasch 1977，Foucault 1978，Berger 1983。

# 洁净与得体：
## 农民与中产阶级眼中的身体和灵魂

乔纳森·弗雷克曼（Jonas Frykman）

**穿着不合身的衣服和鞋子的少年**

照片摄于1902年，现存斯德哥尔摩北欧博物馆。

# 第四章　身体嫌恶的文化基础

今天的大多数瑞典人的祖先都来自乡村社会，这是常被人提起的实情。今天的城市居民的祖先可以在19世纪的农场主、佃农、农业工人和手艺人中找到。但近年来人们对这个社会的想象却逐渐开始转变了。

人们曾为瑞典人的贫穷日子已一去不返而松了一口气，这很可以理解。许多人都能证实，乡村生活更多的是悲惨而不是幸福。19世纪被看作这样一个时代，那时人们不得不忍受饥饿、疾病和糟糕的生活条件，以额头上辛勤的汗水换取每日的面包。与这些人最接近的后代可没工夫去思乡怀旧，搞纯朴的浪漫主义或"回到自然"的运动。但是在今天，那些能从自己的亲身体验中知道"美好的过去"真正是怎么回事的人已经越来越少了。没有了祖父或父母来讲述过去的事情或是纠正今天关于过去的认识，于是美好的梦想和渴望开始盛行起来。如今生活在这个福利国家的儿孙辈们对逝去的情形有着玫瑰般的想象。往昔被看作一个人们彼此接近、亲近自然和动物，人人各安其位、老有所乐壮有所用的时代。

为了理解我们对于过去的观点的变动，我们必须熟悉它出现的背景。面对未来的悲观主义以及被汽车、水泥、柏油包围而产生的幽闭恐怖感,使得关于农民社会的梦想显得格外诱人。

这个美梦经得起与现实比较吗?假如我们能够真正地"亲近自然",去体会过去日常生活的消极面,我们大概会发现它并没有那么美好。人、动物的污秽和臭气可不会出现在电视、书籍、音乐或歌曲里,但脏污就在那里,不断让人感觉到它的存在。

在 1960 年代末录制的一盘磁带中,一个石匠的女儿讲述了她 1910 年左右在布莱金厄省的雪尔克岛上的童年生活。她说起清洁这个主题,还给出具体例子说明日常存在的问题。他们住的小屋有几个固定的藏污纳垢之处,如灶台下有个泔水桶,厨房门口放着个盛满烟渣的痰盂,床底下还有个便盆。除了这些永久的藏污纳垢之所,还有些临时的地方,一个是父亲通常喷鼻烟的沙发后面,另一个是年轻人的手帕,他们把它放在床上,每个人都用。墙纸后面有臭虫,孩子们浑身都是虱子。大人也长虱子,但他们常常仔细地篦头,这样就把虱卵从头皮上篦走了。虱子泛滥是因为人们很少洗头。屋里有个盆,星期天和宗教节日前大家用它洗脸洗手,但其他时候就不怎么洗,洗澡更少之又少。不过婴儿总是很干净,人们甚至还会给他们洗澡。有几回圣诞节前,就连大人们也在室内洗澡,但这不是常态。报道人回忆说,待在木屋里总能感到个人卫生的缺席。汗水、尘土以及没洗的生殖器散发出味道。衣服和身体的气味弥漫在空气中,还混合着做饭的油烟味、烟囱向下排出的烟气和那些藏污纳垢之所发出的臭味。

听着她的故事,我难以抑制对这种面貌的人类生活的深恶痛绝,我为清洁的环境,卫生学的一切进步,淋浴、香体露和真空吸尘器这些事物而感谢上帝。与今天如此相背离的卫生标准实在令人难以接受,它们触发了我们头脑中潜藏的恶心和反感。这些恶心和反感显然存在于我们头脑中,只不过在我们干净整洁的日常生活中很少需要将它们直接表现出来。如果这些臭气也能像那些登得上大雅之堂的事物一样被深入地记录下来,也许我们关于过去的想象会更接近真实生活。

现代读者会因为生活的某些方面而感到不快,这件事本身就很有趣,因为它同时检验了现代的洁净观。现代的瑞典人变得深受卫生学之困,相信保持每样东西都干净整齐很是重要。比较而言,过去几代生活在乡下以及城里的工人区的瑞典人却没有这个担心。就算这点不成立,当时实际的清洁状况还是比不上今天。

过去的一百年里这个领域发生了彻底的变化,这正是本书这一部分关注的焦点。我们看到19世纪的农民文化中的洁净观念,与乡村社会中没有土地的贫困群体的生活环境有关,它们应该放在一起讨论。接下来,我会把他们的态度和城市中产阶级中盛行的态度做一下对比,后者出现于19与20世纪之交或稍早一些,它与今天的关系十分密切。

如果不仅仅是为了猎奇,现代的卫生概念、"恶心"的文化史和对不快的描述,一定是更大语境的一部分。那些我们以为自然和本能的感觉其实与文化紧密相连。"恶心""肮脏"等概念及诸如此类的描述并非事物的固有特性,正是我们赋予了痰盂和沾满鼻涕的手帕以恶心我们的能力。厌恶固然是作为一种情感而存在的，但我们必须了解是什么东西唤起了这种感觉。

情感可能实际上是在保卫特定的社会秩序。人们或显或隐地感到不快都部分出于其社会身份，这些不快大抵可作为社会阶级之间的藩篱而发挥作用。农民与中产阶级对待污秽的不同态度就很有启发意义，但对它们的研究先要做两个铺垫：对一般认为的究竟什么是污秽的态度进行反思；对已有证据的性质做出说明，以防止误解。

**受抑制的证据**

要描绘出19世纪农民和中产阶级如何看待污秽的图景是个困难的任务，因为研究材料比较分散。民俗生活档案中充斥着更"体面"的主题，如民间服装、房屋建筑、节庆、谜语、传说、歌谣、游戏之类；而一旦涉及污秽，研究者就必须仰仗每一处零星的证据、描述及阐释了。这是因为清洁、身体各部位以及与之相关的活动不在恰当的研究主题之列，这些内容只体现在做爱、排泄这样固定的身体程序中。过去的学者们不经意地在这个领域内执行了审查制度，农业工人们所谈论的话题及其语言也仍然只限于其工房之内。

必须重申，学者们对特定主题的忽视是无意识的。许多田野工作者和民俗生活研究者很少有机会摘下他们的有色眼镜。在他们自身的文化中——往往是中产阶级文化，人类生活中的下流内容绝对是禁忌。这些人有一套特殊的观念认定什么东西才适合被记载下来留给子孙后代做纪念,正是他们做了筛选,而不是他们访问的那些男女。

大量的民族志记录都不合规,因为其中记有脏话或因悖礼仪而处于大众禁令之下的物事。我有一本书写的是乡村社会中未婚妈妈的地位,研究中也不时会遇见上述这类材料(Frykman 1977)。在学术圈中如果有人特别关注清洁、卫生和性,大家总是会对他抱以怀疑。

至于研究中产阶级文化及其对污秽的态度,原始资料的情况同样不怎么乐观,部分原因是这个社会群体不像较低阶层那样接受过同样的系统研究。这并不是指关于中产阶级文化的资料不足,但这些信息都是用报道人自己的语言提供的。为说明这个论断,可用一种重要的原始资料——自传文学来举例,叙述者本人筛选了在他的回忆录中要纪念什么、隐瞒什么,并没有一个刨根问底的田野工作者坐在沙发上,手拿笔记本,像最高法院大法官一样询问他旧时代的生与死、饮食与餐桌礼仪、衣着与节庆。尽管回忆录可以很好地服务于研究,但它并不是主要为了研究而写成的。

在奥斯卡时代,人生的很多方面都不能作为恰当的话题,自传作者自然不会把他一生中被教导应当压抑和隐藏的东西写进他的人生故事里去。因此,在自传中看到的往昔总是带有强烈的田园牧歌风味——完全看不到臭味、欲望和身体。

不过,在晚些的文学作品中也有零星的例子——这在后面章节的引言里会看得很明显,但我们几乎不得不通过暧昧的暗示、插科打诨和对当时物质环境及服饰的说明，去描绘现实的图像。

分析的正确性不能仅靠原始资料的丰富性来评判，同时要靠推理的逻辑来评估。因此有必要陈述笔者的理论出发点，也就是描述我透过什么镜头去看这个问题。

## 污秽即混乱

社会人类学家关于禁忌和仪式中不洁的理论为分析洁净观念提供了很好的基础。以人类学家用来研究非欧洲人群——有时被称作"原始"人群——的观点来看我们自己的文化可能有点牵强，从作为"文明"人的高等地位来看，我们可能很容易发现其他人群的文化和我们不是同一类，但禁忌、不洁这样的概念是人类思考和观察世界的普遍方式。[1] 简单地说，可以把我们的智能比作按二元原则设计出的电脑，我们始终在区分对错、好坏、好恶，我们拒绝的东西就被说成是肮脏的、恶心的、不洁的。一个人的电脑如何编程取决于他在何种文化中成长、过去有何种经历、吸收了何种知识。由此可知，我们的干净/不干净概念与19世纪瑞典农民和新几内亚部落民的观念遵循着同样的原则，只不过以别

---

[1] 这项研究极大地依赖于玛丽·道格拉斯关于洁净与肮脏的理论，参见 Douglas 1966，其理论又在 Douglas 1973 和 Douglas 1975 中得到了进一步发挥。对笔者来说，同样重要的还有 Leach 关于分类和禁忌的理论，尤其是他在一篇开创性论文（1964）中所做的勾勒；后续的讨论，参见 Leach 1976。这些理论初次在斯堪的纳维亚人类学中的讨论，可见 Hastrup et al. 1975。

样的方式表现罢了。再打个比方,我们可以说污秽、不洁的观念是我们头脑中的警察,所有与我们的世界不合拍和违反现存律法的东西都被抓起来关进监狱,围在由我们自己的禁忌和污秽观念筑起的围墙里。不同的文化认为该抓起来的东西不同。玛丽·道格拉斯说,没有绝对的污秽——只有看到污秽的眼睛(Douglas 1966:2)。

我们因某种原因而认为有些人是危险的,于是把他们与不洁联系起来。让我们来考察一下瑞典农民社会中最被人瞧不起的工作人群——屠马者(rackare),这就是一个例子。屠马者看管死马,给它们剥皮,还处置马尸;此外,他也常被请去杀马。他是人们从乡村社会的人渣中找来的,被认为不干不净。正经人不肯在他面前吃饭,出于众所周知的原因,人们都避着他;当他进屋时,不被允许走到一根叫作"乞丐梁"的梁柱以内的地方;他不能和正派人在同一个圣餐杯里领圣餐;他的孩子受洗也在和别人不同的时间、做不同的仪式(Egardt 1962)。

不洁给屠马者打上了污名,将他有效地隔离,令他不能获得完全的社区成员资格。同样形式的隔离还涉及乡村社会中的许多边缘人。一个放荡的女人或未婚妈妈也被赋予某种类似的特质,令人不可接近她们。另外,人们还认为她们只要看一眼小孩或进了他们睡觉的房间,孩子就会得软骨病(Frykman 1977)。

还有些人,比如吉卜赛人或流浪汉也被这样看待,轻则被讨厌,重则被认为他们简直就不吉利——但无论如何总是被认为很肮脏。这些人的共同点是他们在社会之外,要么因为犯了什么罪，要么因为他们的社会或种族渊源。这里不洁的标记起到了警示的作用，保护正人君子免受奸猾之徒骚扰，保护既成社会体制免遭外人破坏。

一模一样的社会机制今天仍在运行。有些个体因为种种原因处于我们生活的边缘位置，他们被划为"肮脏的"，或许是"可憎的"，反正总是"形迹可疑的"。主要的不同在于我们没有农民社会中普遍存在的固定的、制度化的不洁概念。现在人们一般不再认为吉卜赛人会让孩子得病，与亚述人一起吃饭是危险的，或波兰人特别脏，等等。但这些观念就像火种一样潜伏在许多人的潜意识中，一遇狂风助势就会轰然燃烧起来。这种态度造出一系列关于移民的笑话来，比如说他们在浴缸里种土豆，在厨房炉子上建桑拿浴室，在厕所里存肉，以及阳台上放羊。污秽观念常常令我们将偏见加诸有这样那样特殊之处的人们身上。

在封建社会农民的生活中，不同人群之间有清晰的界线。贵族、教士、市民都是天赋的阶级，各司其职。不合这个模式的个体就处于社会阶梯的下层或干脆最底层，他们被甩得老远，似乎在仪式上是不洁的。

然而到 19 世纪末，社会阶层之间的界线变得更具流动性，特别是一个新阶级——工人开始崛起。同时，中产阶级也日益壮大，感到必须凸显自己的特色，在等级秩序中把自己与之上和之下的阶层都区分开来。结果，对各种不洁观念的运用增多了，这构成了当代文化的重要部分。值得考察的是这些观念在奥斯卡文化中是如何被表达的，以及一代代底层儿童如何被灌输了不安和羞耻感。

主流人群习惯认定只有某种秩序才是唯一正确的，若人行事触犯了这个秩序，就会被贴上肮脏的标签。最近瑞典教会中关于将圣职授予女性牧师的争论就是一个例子。斯德哥尔摩地方教会的教区主任牧师就在电视辩论中申明，他绝不可能允许女牧师在他的教会里供职，因为《圣经》的教诲不允许她担当这些本是委派给男人的职务，这样会玷污他的教会。社会的规范是通过人来象征的，如果教会能被女牧师给玷污的话，它会透露宗教系统受到入侵者威胁的详情。不洁或肮脏来自对界限的逾越。这个例子证实了玛丽·道格拉斯的洞见：哪里有肮脏，哪里就有一个系统（Douglas 1966: 35）。犯忌之人激发其他人发出"不洁！"的怒吼，揭示出边界划在何处。

系统不一定基于宗教。泥巴沾在客厅地毯上就是尘垢，但在花园地里就不是。没洗的饭锅放在厨房里、炉灶或滴水板上可以接受，但若放在卧室里大概很多人就会发现它令人恶心了。内裤躺在抽屉里表示是干净整齐的，但如果在沙发或钢琴上找到一条内裤，就别有一番含义了。只要每样东西、每个人都各在其位，人们就几乎不可能想起污秽这一范畴。当人对世界进行分类，根据自己学到的系统来组织它时，就已经剔除了那些无法归类的事物。因此污秽是上述系统分类的副产品，每次整理都会有些事物落在系统之外。

再稍稍逗留在家务情境中一会儿，有了这些泥巴、饭锅、内裤的例子，我们就可以从一个新的有趣角度来看打扫卫生的行为。打扫卫生是为了重建秩序，我们通过它重新组织我们的切身环境并且按我们想要的样子规定世界。因此，打扫卫生具有实用和象征两方面的功能，满足了我们对于存在的确定性需要。人们常常清理桌子、搬走堆积的报纸、把书本归位、吸尘扫灰，以此抵制私人生活和工作中不时出现的不安定感。只要世界上为自己所控制的那一小部分是干净整齐的，就足以带来某种安全感。对个人卫生有把握也能带来类似的安全感，所以要修剪好头发、胡须和指甲。向污秽、不洁和无序开战，就是在重复反对混乱的斗争。

## 禁忌理论

关注污秽可以认识整个系统、社会或者说文化，是它们将不洁的特质赋予特定的行动、人物或事物。埃德蒙·利奇正是从这点出发来进行研究，展示我们如何用污秽这个概念来想事情。他用禁忌这个词语来总括污秽及其相关概念。根据他的理论，要把语言范畴划分为定义明确的单位，就必须有禁忌。换句话说，我们周围的所谓客观的现实实际上是极端主观的。借助词语及对它们含义的一般共识，我们给世界命名，把它分成各个单位，判定每一类范畴包括什么。范畴或系统本身当然并不存在，只是由于我们的命名它们才存在，如什么东西叫椅子，什么叫桌子、花、男人、女人、孩子、富人、穷人等等。范畴必须是一致的，所以我们不会把花、桌子和女人归为一类，而把椅子、男人和老人归为另一类。椅子属于家具的范畴，人则不同于植物和牲畜。交流的前提条件就是，对词语意义及他们代表的实体持有共识。

禁忌的观念在这种分类过程中最为有用，滑落在词语或范畴之外的事物就成为禁忌。据利奇说，儿童的社会化就是一个很好的例子。儿童还没有学会按照成人确立的方式划分存在物，但成人会把用来划分的语言教给他们。存在物本是一个不具备清晰界限的连续体，一开始，在孩子的嘴巴和母亲的乳房之间、乳房与身体的其他部位之间、儿童自身和周围的世界之间并没有清晰的区分，儿童并不知道书、饼干和香烟之间的不同，也不知道妈妈和爸爸、兄弟和姐妹、朋友和亲戚之间有什么不同。这些经验都在等待他去积累。

在发现世界的过程中，儿童不仅借助自身的体验，还借助学来的关于人和物的词语。他被教导要把存在物看作由清楚区分的实体构成，每个实体对应着一个词。世界包括不同名字的物体，没有名字事物就不存在，于是它们成为禁忌。所以，禁忌就是所有掉落在已经建立的范畴之外的事物，所有在词语和概念体系中找不到位置的事物（图1）。

有些禁忌比较强，有些却不怎么被提及。最强的禁忌是有关人区分自身和世界的界限的，因此众多禁忌都聚焦于身体的界限上。试想所有本属于身体但又要离开它的东西：头发要不时修剪，指甲要短才不会参差不齐讨人厌。在涉及个人与外部世界之间的界限的时候，禁忌尤为密集：屎和尿、血和汗、口水和鼻涕、乳汁和精液，这些东西被认为可憎且令人恶心，被指控为拥

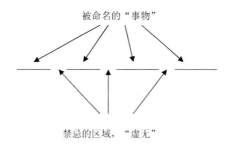

图 1 禁忌理论的扼要展现。文化为我们提供加诸我们世界的栅格。世界分为被命名的事物和虚无,后者是禁忌。要指代这些事物就用别称或婉称,也就是禁忌语。根据 Leach 1964; 参见 Hastrup et al. 1975。

有力量与危险,因为它们处于禁忌的边界上。它们一旦被排出,我们就必须将之视为"非我"的。其他人排出的这些东西同样如此。

要考察禁忌与不洁如何起作用,就要看什么被排除在外、什么处在范畴之间了,这特别有趣。它可以解释某些事情,如为何所有文化都不约而同地认为血液中蕴含着特殊力量,毛发有强烈的性的象征含义。被贴上不洁标签的人也不只是遭受鄙视,人们还把特殊的力量赋予他们。吉卜赛老妇懂得怎么治驼背——这病也叫 horeskäver("花柳驼背"),她们认为从妓女的鞋子里喝酒就能痊愈(Frykman 1977: 33)。危险、刺激、不可思议的力量混合在一起,这种矛盾情感今天也很常见。在异性恋文化中,同性恋是个刺激性因素,特别是女同性恋,因为人们一般认为女人是男人的性目标才合适,而男人是我们社会的支配者。

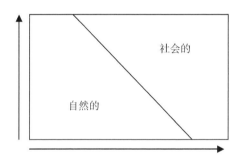

图2 物质的身体是个人与自然的联系,社会的身体则是由文化和社会塑造的。增加对个体的社会和认知的控制,造就更加努力地规训肉体的自我。图中水平箭头表示自然与社会的比例,而垂直箭头表示对社会和认知控制的程度。

人们的禁忌、厌恶、恶心的感觉越强烈,所感受到的肮脏和不洁也就越厉害,这可以说是一个普遍规律,使我们能够更清楚地看到一种文化和社会中的基本价值。有些禁忌涉及与动物和自然界的关系,例如,有人生来就把大自然看作一个可供休闲娱乐的地方,那里住着友好而有用的生物,这样蜘蛛、虫子和老鼠对他们来说就很可怕。其他一些禁忌与我们作为社会生物的角色有关(图2)。

## 身体作为桥梁

从孩提时起,我们就知道把"我"与"非我"区分开来的重要性,做出这种区分的方式之一就是将生理机能、排泄、流汗和快感都列为禁忌。

但是,这种界限并不是在所有情境中都一样重要。不用说,我们在家庭的领地内比在外面觉得更自由。必要时一个人可能使用配偶的牙刷,但使用同事的牙刷这种事一想起来就有点不对头。在家里,饭后打嗝可能没什么问题,即便引起一点嘲笑或温和的抗议,也仍是被允许的,但在公众场合这就十分尴尬了。另外一些自然发出但却更难隐藏的声音就更是如此了。

家里的生活要求没有那么严格,可以有身体上的亲密,还能摆脱像警察一样巡查着公共生活的道德和礼仪,但在公共及社交场合中,身体必须按照有教养的规则来表现。在家中禁忌少些,引起恶心和不洁的危险也更小,这标示了家庭生活和公共生活的界限。

家庭在一般社会等级中也有相应位置,一个人在家中能获得的自由度也是不同的,这取决于你生活在城堡中还是茅屋里。控制身体的程度视一个人所出身的社会阶层及那个阶层的文化而定。因此我们可以得出这个稍微过度概括的说法:对身体的想象,以及这种想象如何起作用都是社会的反映。若经过足够深入的分析,我们可以把对身体的观念回溯到社会因素上去。

一个人爬到越高的社会位置、感到社会把他裹挟得越紧,他就越需要对自己的身体施加严格的控制。玛丽·道格拉斯称之为"洁净原则",这是一种身体本原的距离原则(Douglas 1973: 12)。

社会中的哪些成员被迫要严守规矩、忍受最大的自我控制、最小心翼翼地遣词造句,以及控制笑声以防显得愚蠢和粗鲁呢?谁最像挑帽子或领带一样小心地斟酌用语,最懂得怎样在与他人共餐时表现得体呢?谁最能成功地控制自己天性中粗野的一面并学会有教养地行为举止,以文雅的语言和姿势与人交流呢?

这些问题的答案无法指向任何一个具体的群体,这种控制的程度与一个人在社会阶梯中位置的高度呈正比。但这种增长并不是线性地上升,一个自信足够精通社会法规的人可能会故意无视礼仪规矩,以此彰显他的地位。

自我控制在初级社会化时期就内化了,换句话说,在人一生的最初几年就内化了。它的发生过程不是直接而有意识的,几乎不能被理智认识到,它是通过身体的控制而推进的。这就是为什么阶级差异能如此明显地被人感觉到——因为它深入骨髓。

不洁的观念捍卫着现状。学不会自我控制的生活方式和法规的人就要冒着被取笑和流放的危险。来自上部阶层的蔑视和来自下面阶层的羞辱分别从两个方向固守住社会的界限。为了说得更清楚些,要补充说明的是,这并不是说这些禁忌导致了社会分层,它们的作用只是维护已经存在的分层。个人在社会阶梯中的位置当然主要是由经济因素决定的。

我们必须认识到身体与社会在潜移默化地相互作用。社会塑

造我们关于身体的想象,它反过来又巩固了我们对社会的印象:

> 社会性的身体限制了人们感受肉体的方式。人们通过社会的范畴认识肉体,身体的物理经验总是受到社会范畴的修正,它维护了特定的社会印象。两种身体经验之间有着持续的交流,因而相互巩固了对方的范畴。这种互动导致身体本身成为一个极为严格的表达媒介。它采取的动静形态以多种方式表现出社会的压力。对它的照料、修饰、喂养和治疗,关于它需要何种方式来睡眠和锻炼、要经历几个阶段、能够忍受何种疼痛、一生有多长之类的理论等,所有这些属于文化的范畴都一定与另一些范畴紧密相关,后者之中可以看到社会,而社会与身体靠同样的文化观念运行。(Douglas 1973: 93)

## 自然与文化

清洁卫生的规则含有一个简单的信息:它们涉及文化对自然的胜利。这种思维方式遍及各种社会,并且每一个人都能直接感受到。

人类把自己存在的终点设在自然的掌控中,它规定了存在的永恒框架:生与死。我们把自己的思维方式加诸自然之上,试图在自然中创造出秩序来,林奈的植物学分类法就是这种努力的绝佳例证。秩序是文化的创造,我们试图通过仪式和宗教实践去直接影响它。

养孩子就是把他们自然的动物性改造到有教养的人性的水平。驯化的过程包括不让他们像动物一样行为，教导他们不要流口水、打饱嗝、放屁或是狼吞虎咽地吃东西。

过去在上流人家里，小孩子不能和大人在一张桌子上吃饭，除非他们被训练好了，具有文明行为所要求的进食技巧，这一般在 7 岁时，在此之前他们只能和仆人一块吃。

正如儿童服从于成年人，比较接近自然的人就服从于较为文明或有教养的人。文化（也即人为）与自然之间的专制关系曾被用于解释世界范围内的女性对男性的服从。

女性的生理机能使男性认为她们更接近自然。女性通过身体必然与种族繁衍相联系，每次经期都提醒了她的生物自我，每个孩子的生育和哺乳都是她与自然的联系。男人在种族繁衍的生育过程中却只扮演了间接的角色。女人普遍地从事自然和文化之间的转换活动：把生的材料变成食物，把儿童养育成人，并清扫家中自然性的无序痕迹。她被界定为比男人更情绪化也更"自然"，诸如此类。人类学家谢莉·奥特纳说，女人作为自然和文化之间的媒介占据着过渡位置，这可以解释女人的"第二性"角色（Ortner 1974）。[1]

---

[1] 自然－文化二分法引起了不少争论。奥特纳宣称性别的两极化是普遍的，这在 MacCormack and Strathern 1980 一书主编所撰导言中有深入讨论。亦参见 Ardener 1975。笔者在考察妇女受制于其生育功能方面，从 Simone de Beauvoir（1952）那里受益良多。

女人的角色同样可以用来体现自然和文化之间的专制关系。以"文化"的方式行事的人比那些看上去更"自然"的人在社会中的地位更高。通过驯化内心的"动物"——情感、生理机能和性,一个人被教化了。

# 第五章　农民眼中的洁净和肮脏

我们很难从这样的坚定信念中解脱出来，即认为19世纪生成的洁净观念是理性的。过去的一百年不仅见证了技术和经济的革命，也见证了卫生和医疗的突飞猛进。医生及公共卫生部门努力与那些原先会导致终身残疾或早夭的疾病做斗争，这些疾病中有许多都直接源于个人卫生不佳和环境普遍肮脏。

消灭肺结核就是启蒙和卫生学取得成就的明确例子。过去，工人和农民们习惯用妈妈的"唾余"来喂养孩子——妈妈先细嚼食物，将其与口水充分混合后，再喂给孩子。如果她感染了结核菌——这在当时的艰苦条件下并不罕见，孩子也会接收到细菌。让妈妈知道传染机制，这至少足以拯救孩子的生命。由于较好的生活条件、定期洗浴和强化的医疗控制，结核病被消灭了。如今此病已极其罕见，几近绝迹。

但是，如果相信仅仅是关于疾病起源知识的增加导致了洁净的观念，那就太天真了，同样天真的是相信对细菌开战也仅仅是出于医疗的动机。关键的问题实际上是农民与中产阶级、工人与教授在对世界进行分类，划分自我和他人的界线时具有深层的差异。

首先要紧的是考察那些代表不同文化的人的不同社会地位，以及它如何影响了他们根据干净/肮脏原则来划定界线的方式。流行的观点认为农民是肮脏的，而中产阶级是干净的，这个观念不仅存在于较为严肃客观的描述中，在各种价值判断中也同样如此。18 世纪的学者珀·霍格斯特姆（谢莱福特奥城的座堂牧师）就说上层与下层阶级"都觉得对方难闻"（Wikmark 1979: 285）。19 世纪致力于改革与进步的上层阶级却不这么看。1850 年，挪威的艾勒·桑德就写道，下层农民的肮脏有损德性，并加深了上下层阶级之间的鸿沟，"因为一个习惯了较好环境的人不愿逗留在他肮脏的邻居的家中"（Sundt [1869] 1975: 25）。

因此，干净成了道德问题，是平等和进步的阻碍。同样的态度在将近一个世纪后还十分明显，这时路德维希·诺斯特朗姆进行了他著名的瑞典之旅，要找出乡村残留的肮脏，试图给它致命的一击。那是在 1938 年占领新瑞典（现在叫特拉华地区）三百周年庆时，他发现，瑞典已经文明化，但还有一丁点瑕疵：

> 阳光明媚，照耀着舞动的鲜美芳草和果树上欢歌的粉红、洁白的花朵；大海一直延伸到美洲，就像铺满了无边无际的国家银行最近发行的三百周年纪念银币一样。我把这看作对我们的财富、模范社会、模范人民和模范制度的歌颂，整个大自然就是在为特拉华举行伟大庆典。
>
> 在所有景物的中心——就像字母 i 上面那一点一样——是产业工人们的现代房舍。那是功能主义风格的明亮房屋，门廊

上嵌着板，书房和起居室装着大窗子，可以容纳全世界的光线，以及蓝天、花香和大海的波光；盥洗室、集中供暖设备、不锈钢水槽应有尽有。卧室在二楼。这简直与政府官员的别墅无异。

我看到了，我找到了我过去寻觅的答案。关键是，文明的瑞典和卑陋的瑞典之间存在区别。那是什么呢？答案是在厨房一边有一个小房间，它是一间起居室，一个用来什么都干的房间。

而且——它还——臭烘烘！它——臭烘烘！！

这是那个卑陋的瑞典的最后遗痕。从卑陋的瑞典前进到文明的瑞典的历程经由穷人们所谓的客厅，它是这个民主的工人国家变得贵族化的许可证。瑞典的劳工阶级穿过这里，就变得高贵了。

这种即将到来的高贵性并非基于出身或财富，而仅仅出于一种东西，它可以强大到足以摧毁过去所有隔离开各阶级的壁垒。它就是洁净，绝对的洁净。

只有当厨房外这种臭烘烘的房间永久消失时，那个卑陋的瑞典才会成为记忆。因为只有到那时，文明的瑞典才会取得最终胜利，达到最终目的。（Nordström 1938: 172f.）

洁净带来解放。远离阶级区隔的旧瑞典、到达无阶级的新瑞典这条道路也可以说是远离肮脏的道路。使瑞典农民和工人文明化的重要一步，就是让他们省悟自己生活在龌龊之中，缺乏适当水平的个人卫生。

一个世纪以来的清洁训练的结果已经很明显,现在可以明智地事后质疑那些曾经被认为理所当然的做法。医疗专家们开始谈论人们抵抗疾病的能力下降,是由于更少暴露在细菌之中。在一本叫作《不计代价的清洁?》的小册子中,瑞典国家消费政策局呼吁人们减少清洁,指出有点儿脏东西并不损害健康。不能想当然地认为干净整洁的家就是幸福的家。在个人卫生领域,人们也开始接受这种想法,即人可以闻起来像人的味道;然而,直到不久前,人们还认为最好不要有味道,或要有香体露、润肤霜或牙膏等"好闻"的味道。或许现在再回头去看卑陋的瑞典及其肮脏的农民时,人们可以不像前几代人那样带着那么多厌恶情绪了。

有必要深入考察过去,考察农民怎么看他们自己和他们的环境,考察他们如何根据自己的洁净程度划分事物、人群和行动。在 19 世纪,乡下人遭到有计划的狂轰滥炸式的宣传,旨在教给他们更好的道德和卫生习惯,把他们教化成身心和语言都纯净的市民。这些信息来自学校、社会机构和大众传媒。此外,越来越多的乡下人直接接触到了城市的生活环境和卫生习惯。有了可以生根并壮大的环境,关于洁净的信息才能广为传播。农村的阶级分化令许多人看到,他们可以更加接近城里的更体面的人,而不是他们的乡下邻居。

要想弄清旧的清洁观念占主导时的情况,就要找到这样一个环境,在那里有产者和无产者之间的阶级差异还很小,阶级边界也还没有依据新的洁净准则来划定或加强。幸运的是,20 世纪初还存在这样一些旧式地区，它们提供了很多材料，使我们的知识得以基于其上。

为简明之故，我们将暂不考虑许多地区性差异（就像其他问题一样，在这些问题上，南部斯科讷省的农民与北部耶姆特兰省的农民极为不同；同一片海岸地区的农夫和渔人往往也有差异极大的污秽观，特别在认为其他群体是污秽的这一点上）。此处关注的主要是原则，而不是精确的民族志描述，因此，关于农民文化的表述会十分粗略，我们的意图在于突出两种文化的对立之处，以展现它们最根本的不同。

1970年版的《法塔布勒》（位于斯德哥尔摩的北欧博物馆的年报）包含了大量对我们实现当前目标颇为有用的记述，涉及卑陋的瑞典这个不落俗套而有意义的主题。另一个精彩的描写来自莱维·乔纳森的口述，关于他位于耶姆特兰省的弗罗斯特维肯的家中旧时的日子。这份描述不可多得，因为它直陈其事，不遮不藏。因为刚好披露出来的是耶姆特兰的农民，或许会使人认为那里的人们比瑞典别处的更加邋遢，但其实并不是这么回事。或许正相反，越往南走，肮脏程度越甚。在斯科讷这个有阶层分化的封建省份，情况貌似更糟。路德维希·诺斯特朗姆写道，斯科讷的农民"是些伪君子，掩饰着各种邋遢行径"（Nordström 1938: 164）。相反，耶姆特兰以社会同质化著称，很可能正是这点使得那里成为更严格的生活清洁标准的发源地。

## 人与牲畜

牲畜也是农业生产资料之一,它们产出肉和奶,牛和马还产出劳动力。不管在身体上还是象征意义上,农人的生活都与牲畜接近。牲畜是有用的,要让土地产出食物来,牲畜是必需的资源。

今天的农场主一定让过去的农民大吃一惊,因为虽然他们可能依靠自己的牲畜生活,但却一定不会和它们住在一起。为了不让衣服沾上牲口棚的气味,今天的瑞典农夫要套上他的尼龙工装,戴上保护头发的檐帽,还要穿上木屐。他在干脏活、臭活时专门穿一套衣服,在屋里穿另一套,这种仪式性的更衣突出了人和动物的不同。18 世纪的农民在屋里和牲口棚里都穿一样的衣服,当时主要是女人负责挤奶和打扫牛棚,她们可能会把裙子提起来免得弄脏,但若是和牲畜在一起就穿专门的衣服,那就会显得做作而招人笑话。人们一直穿同一双鞋子——如果有鞋子的话,还是打赤脚比较省钱,姑娘家只有参加舞会或去教堂做礼拜时才舍得穿鞋。

如今,我们自然而然地把住房和牲口棚区别开来,但这事儿对一个世纪前的农夫来说却是出奇地不切实际。住在牲口棚旁边的好处显而易见,既省得走路,又充分利用了牛棚发出的热量。至于闻着旁边的粪臭会引起不快,那根本不算什么,粪便不是脏东西,而是一种财源。

斯科讷的传统建筑是把农舍建在一个方形院子中的一角,院子用作关牲畜的围圈。人要进入房子必须穿过院子，母牛每天也在那儿生活。院子中央耸立着这个农场的骄傲——粪堆。农人会心满意足地看着它，认为它保证了未来的好收成。

在斯科讷，马夫也和牲畜睡在一起，冬夏都睡在马旁边的畜栏里，夏天还可能睡在干草堆里。冬天里，一定要借用马身上的热量，睡觉的地方才不致太冷。

在瑞典中部和北部，答拉汾河以北的地区，也有人睡在户外牲口棚里的习俗。睡在牲口棚里既不是什么不得已的麻烦事，也不是被放逐到了农场中比较脏的地方去，实际上那儿比闷人的室内还要舒服一些。屋顶下面有一个足够人平躺的宽大架子，也可以很暖和，如果牲口棚里有壁炉更是如此。这个睡处还有一个吸引人的地方是：它给了年轻人在屋里和长辈共处时不曾拥有的自由，没人逼他们早早上床睡觉，也没人管他们在干什么。长期以来，乡村中的这个地方还是上演夜间求爱、和衣共眠的场所。在牲口棚的架子上，小伙子和姑娘们比在屋里有更多的自由来熟悉彼此。[1]

在达拉那，牲口棚还用来纺麻。安德斯·倪曼曾举例说明"围坐消夜"的场景是怎么一回事，这种活动在村中不同农户轮

---

[1] Erixon 1947: 125f.; Sundt [1857] 1968: 63ff.。"和衣共眠"是民族学中一个令人喜爱的话题。Wikman 的论文（1937）对此做了详尽的描述。亦参见 Sarmela 1969。Anna Swang（1979）分析了作为"宴会"的求爱，这项研究运用了 Edmund Leach 在 Leach 1961 中所刊的论文"Time and False Noses"提出的模式。Löfgren 考察了从共眠到青年文化的瑞典求爱模式（1969）。

流举行。女人们腋下夹着纺车前来,边干活边闲聊,就这样度过夜晚。这时的牲口棚是经过仔细打扫并装饰了的(Nyman 1970: 146)。如果人们能够晚上和牲畜睡在一起、白天还和它们一起干活,那就没有理由不能在牲口棚里做特定的家务活。

农人关心牲畜的安全,保护它们免受任何可能的危险袭击,但这危险可不包括牲畜周围的脏污。农人对牲口棚和农舍以外的世界小心翼翼,但对牲畜的身体本身的问题却不甚讲究,这两种态度一定要特别地对照起来看。牲口棚门口要埋条死蛇,保护里面的母牛远离外界的邪恶力量;门上面还要放只死鸟,好吓走噩梦。那些被认为有"邪眼"的人,如吉卜赛人、屠马者,绝对不准进牲口棚,因为人们认为他们会摄走牲畜的勇气,使它们奶水枯竭或是害病。当春天牲畜放养在外时,它们必须跨过一块尖利的铁皮,从而能够经受住超自然力量或心怀嫉妒的邻人的伤害。

另一方面,人们却认为给牛梳毛纯属浪费时间。冬天牲畜是圈养起来的,喂养也差,它们因难以保持清洁而变得毛发蓬乱,里面满是寄生虫和脏东西,乳房上还结了一层粪壳,但没人来打理它们(Szabó 1970a: 164)。人和牲口的关系主要基于实用,其间没有清晰的界线使人觉得牲口特别脏,或觉得它们的粪便不干净。人们关心的是保护牲口免受超自然力量或邻居邪恶巫术的影响,却不那么在乎保护它们避开污秽。就农民来看,惧怕超自然力量比惧怕细菌或脏物来得合理。用一个已经过时的价值判断来说,这里存在"迷信"与"知识"的差别。

若是断言自然和文化之间的界线可以解释人们为何毫不在乎牲畜身上的污秽，可能有点过分推论了。一下子就可以想到的解释是，如果人们自己都不卫生，他们就不会管牲畜脏不脏了。尽管如此，前一个论断仍有其合理性，为表明这点你应当看看在农场里马匹受到的照顾。生活中人们并不像依赖母牛、绵羊和山羊那样依赖马，马肉不能吃——这是禁忌，而且屠宰并处理马尸的人还是贱民（Egardt 1962），瑞典农民的食物中也没有马奶。马能干活，能把犁或干草车拉到田里，还能用来公开展示，它们被套上挽具，拉着人去教堂或去城里购物。马和男人相联系，母牛则和女人相联系。马属于公共领域，用来在邻居面前骄傲地炫耀；而母牛却是家庭中私人空间的一部分，那是女人的世界。

马跟文化比跟自然更接近，处于这个位置的结果就是它被仔细地梳理，吃最好的草料。

> 拥有一匹精心梳理的马是地位的象征。马得到最好的草料，尽管它不如产奶的母牛有用。马吃最好的牧草，而牛只能得到莎草料或沼泽地里的草，甚至只是麦秆、树叶或其他次等草料。从牲畜被照顾的方式也能看出它们价值的差异。常言道："马儿梳洗好，省一半草料。"这个说法在瑞典和欧洲其他地方都广为流传。一匹精心梳理的马是农夫的荣耀，特别是在坐着马车去教堂或其他庆典的路上。马儿要润泽光亮，一尘不染地整洁和健康。（Szabó 1970a: 156）

对马和母牛的不同照料体现了农民对待洁净的典型态度。与牲口的关系越是实用性的——也就是说，它们离自然越近——对它们就照顾越少；牲口越是与公开性、声望和文化相连，保持它们的整洁就越重要。精心梳理的马匹和乱蓬蓬的母牛，有趣地展现了这一区别。

当动物退出生产领域后，人和动物之间才第一次有了清晰的分界，这相应地发生在中产阶级文化中。18 世纪时，许多城市居民为了维持生活，不得不在城里开辟农场以供应猪肉、奶牛、马和家禽，这群人就是 åkerborgare，意为"农民－市民"。但到了 19 世纪，中产阶级逐渐远离这项营生，开始对那些使人有别于动物的东西发生兴趣。借助污秽观念的形式，他们开始在（文明化的）人和（与自然接近的）动物这二者之间树起了藩篱（参见第二章中"我们的动物朋友"一节的讨论）。

## 室内

房屋不仅住人，还是农庄里许多小动物的栖息场所和育种室。这种人和家畜之间的亲近之举当然要早于给牲畜盖专门的牲口棚的做法。

现存最好的对瑞典农民生活方式的描述出现在 16 世纪，来自乌尔姆的德国商人萨缪尔·基耶舍尔笔下。1586 年的冬春之交，他旅行穿越瑞典南部直到斯德哥尔摩和乌普萨拉。他留下了对农民的生活情境非常杰出的叙述，值得详细引用。在前往赫尔辛堡途中他在北斯科讷的"鲁伊"过了一夜，看到了如下的室内情景：

> 该睡觉了，我们在地板上铺好床。冬日里，不仅男人和他们的妻儿睡在屋子里，还有狗、猫，以及小家畜（禽）如羊羔、小牛、山羊和鸽子。最讨厌的是小猪，它们散发出强烈的气味，还往往躺在屋中间，夜里跑来舔人的脸。结果，你只付出了一丁点儿钱，就换来了满满一肚子比最好的饭菜还要味道浓烈的臭气。(Kiechel 1866: 58)

在向南的回程中，他又有一次机会重温这种生活方式。离开瑞典之前，他汇集了如下的印象：

> 一开始，房屋往往建成方形，只有一层高，角落里堆着没劈的圆木，屋顶也千篇一律地盖着圆木。至于内部，屋子内侧根本没有面板，梁柱之间的空间满是灰尘或牛粪。屋顶覆着草皮，牛羊夏天能在这里吃上几口，而这屋顶的内面就是房间唯一的天花板了。屋里往往只有一扇小窗或天窗，有半平方厄尔大，蒙着羊皮纸或玻璃，没别的窗子了。房屋的门如此之小，必须把腰弯得很低才能通过；同时门槛又那么高，很难通过，就像走进一个牛棚——这是为了小家畜（禽）们而设的（后面将会谈到它们）。
>
> 另外，屋子里有桌子，它通常和屋子一般长。冬天，这间

屋子同时是厨房、卧室，也可供所有其他家用。他们没有壁炉，只有个火炉，大概天亮前三个小时会生起一大堆火，这样屋子就很暖和。即使外面还那么冷，牲口在棚里冻得不行，家中的妇女却可以整天待在屋里，整整一个冬天都只穿着亚麻制的宽松连衣裙，儿童和仆人也一起待在屋里，因为大冷天里仆人在外面也没什么可干。

至于睡觉，每个人都有自己的地方。桌子旁边往往有睡觉的地方，铺着很薄的褥子，褥子大多由稻草制成。火炉边比较舒适温暖，孩子们在这里睡。那些太小以至于还要睡摇篮的孩子就放在一个空心圆木做成的圆底小箱子里，箱子用一根绳子悬在梁上，离地约半厄尔，可以摇来摇去。长凳上铺着稻草，睡着农场雇工和女仆；客人睡地上，但如果主人想显示特别礼遇的话，客人可以睡在桌子上。

至于小动物们，除了猪、猫、母鸡和那不甚要紧的鸽子，他们房间里还有牛犊、羊羔、山羊甚至小猪……

此外，通常是一家之主最先坐下来吃饭。他坐上座，妻子坐在旁边，而且用餐时他可能会打出个大饱嗝，或是一串嗝，他的妻儿们也是如此。我想这是为了逗乐客人，而不必和客人交谈了。如果一个来访者带了吃的喝的，而且足够招待主人的话，他会很受欢迎。此外，农人们会向客人要一点肉豆蔻、肉桂、胡椒和姜一类的难得之物，但你几乎不可能从农人那里要到什么，即使付钱也不行。放在桌上的饮水器皿是一个又大又宽的木盘子或碗，要双手才能端起来。

至于妇女，她们天生美丽、苗条，皮肤白皙，衣服干净整齐而端庄。我相信她们整整一季都穿同一条连衣裙。若不是因为她们内在的德性、贞洁和美丽的话，她们就跟吉卜赛女人差不多了。农人们也一样，他们这里那里地住在森林和荒野中，从没去过别的地方。在城里倒是不缺美貌的女人。(Kiechel 1866：81ff.)

　　萨缪尔·基耶舍尔描述了一种16世纪生活文化的状况，其用来划定自然与文化之界线的原则与他所熟知的原则不同，当然也不同于我们今天使用的原则。此种生活状况一直到18世纪初都几乎没什么改变。座堂牧师奥勒尔描述了布莱金厄省的耶姆绍教区的居民们在家里养猪的情形，"它们引起的恶臭和脏污让人难受极了"（Öller 1800: 120）。小山羊、绵羊羔、母鸡和小牛都与人共处一室。在室内饲养家畜（禽）的习俗不光是出于传统做法，同样也有经济上的原因。"闻不得猪粪臭，吃不成香猪肉"，这是1770年巴拉的座堂牧师在斯科讷记录的谚语（Lönqvist 1924: 6）。看来从南部的斯科讷到北部的拉普兰，让家畜待在室内是普遍情况。然而，到了19世纪，破例情况就逐渐多起来；到该世纪末，原先的做法已极为少见了。这种做法在较为贫困的人口中存在得最久，他们还有人和动物共处的内室。

　　与动物共同居住还有地域方面的原因。在萨缪尔·基耶舍尔的时代，他到过的地方——瑞典南部刚好盛行这种做法。在瑞典北部和中部，种种因素使人们更加急于把人和动物分开。[1]

## 打扫房间

打扫清洁可是一项创造性的行为。首先，要保持椅子、桌子、墙壁和地板的清洁，你就定义了它们应该是什么样子的。打扫清洁的目的是物品上不能有其他活动留下的痕迹，也不能显出任何分类不成功的迹象。灰尘、油烟和污垢让我们有无穷的机会在混乱中创造出秩序。打扫还意味着把每件东西都放在它自己的位置，按照事物之间的恰当关系来组织它们。不管什么样的打扫，它们都一定是按照有文化意义的模式来安排的（Douglas 1966: 2）。

对世纪之交的中产阶级文化来说，擦、扫、洗都是日常仪式的一部分，但 19 世纪前半叶的农妇却毫无兴趣主动对灰尘开战。首先，她缺少必要的动机。灰尘到处都是，牲畜和人身上都有，它是日常生活的一部分，从未被看作任何威胁。不管怎样，农妇有其他活儿缠身，不能扮演家庭主妇的角色。家庭的生计需要她，生产劳动才是她的首要职责。如果这家农场足够大，需要

---

[1] 在瑞典南方地区，人们会在冷天里将小家畜抱进屋里。在更远的北方，由于牲畜棚中生着火，就无须将它们养在屋里了。相反，年轻人们在谈恋爱的季节里会跑到牛棚里面。在许多情况下，人们会仔细打扫牛棚，以备过夏天，人们都从屋子里搬出来；不过，这是在有牲畜季节性迁移习惯的地区。见 Szabó 1970b; Erixon 1947: 117ff.; Nyman 1970。

同时也请女仆的话，她们就要去牲口棚或田里劳动，有时也做家务。她们的主要职责是协助生产出生活必需品，而不是负责环境的美观。

家庭生活要运转，就有必要让每样东西各归其位，但人们极少打扫房间，不是因为懒——妇女们整天都要干活——而是没有兴趣。房屋是做饭、吃饭、睡觉的地方，也是牲畜跑来跑去、孩子们玩耍的地方，冬天里还是工作的场所，晚上人们围火而坐，借着火光做些可以在屋里做的活。

一年中人们只在两个重要节日——圣诞节和仲夏节时才扫地（Sjöqvist 1970）。地面缝隙间的灰是重要的隔缘材料——这样地板就不怎么漏风了。列维·约翰逊叙述了耶姆特兰冬日里的如下情景：

> 在乔穆的一家农舍中，有一回，尽管还在寒冷的冬天，主妇却觉得该把地面洗干净，因为有客人要来，她觉得地上看起来太脏了。她刚洗完，附近一家的老人刚好路过，他看到新洗的干净地板，脸上露出十分担心的表情，说道："现在你可洗完了！从现在起你们要在冷地上过日子了。"地面没铺地板，现在填在地面缝隙间的灰没有了。（Johansson 1927: 133f.）

打扫房间意味着繁重的工作，可不只是每日为了灰尘而无谓地瞎忙。打扫清洁是更大工程的一部分，是要把屋子从日常状态转化成节日的样子。圣诞节要装饰墙壁，表明这是神圣的时节。在瑞典南部，这种转化体现在整个屋子内部，墙和天花板都要盖上布，挂上画。有一大群瑞典南方的画匠来满足这项需求，为圣诞节而装饰房子。挂画以《圣经》为题材，这个神圣的日子以各种方式在房间里显示它的存在。[1]

打扫农舍固然有其实用目的，但它首先标志着中止了一周中常规的生活，打破了世俗生活。保持房间整洁不是出于卫生考虑，而是仪式性的行动。当打扫清洁变成更加常规的活动时，它仍然是属于周末的任务。要过星期天，必须把屋子打扫干净、收拾整齐。

## 对身体的态度

描述农民看待身体的方式就是描述在当时社会中身体的角色，并揭示农民的世界观。农民生活和工作中的核心价值表现在一些重要特质中，比如体力、耐力以及忽略小病小伤的能力等。人们关于自身和他人身体的每种理论都包含着社会的维度，它或多或少都是社会的模糊反映。身体能够忍受什么、如何得病及治疗、如何通过锻炼和保健来照顾身体，这些观念都是经个人的社

---

[1] Nils-Arvid Bringéus 对瑞典南方地区的室内墙壁装饰做出了最为详尽的研究（1978a 和 1982），他还考察了民间绘画艺术的解释和功用（1981）。达拉那的民间绘画是 Svante Svärdström 的博士论文的主题（1949）。关于斯堪的纳维亚总体情况的调查，请参见 Svensson 编的文集（1972）。

会经验过滤而成的（Douglas 1973: 93）。

农民是如何看待身体的自然运转过程——那些司空见惯的物质生命现象的呢？基耶舍尔写到了主人打嗝，说明在这种情况下对待身体的态度是十分随意的。但怎么个随意法呢？

洁净原则包含着一个简明的信息，那就是一个人试图对自己的感觉、身体施加越严格的控制，表明他被社会夹得越紧。如果他感到自己处在封闭的、正式的情境中，或者他的社会地位是被限制的、暴露的或是受到了威胁，他就越急于清楚地界定自己的边界。为了满足这种分清范畴并清楚标明边界的需要，众所周知的常用办法就是保持个人的清洁。

不用说，在当今，清洁与卫生是紧密相连的。19世纪的农民却很难相信不洗手、不洗澡会有危险。直接从牲口棚走到餐桌边不会引起反感，至少不会因为卫生原因而引起反感。人们衣服上、身体上带着干活留下的明显痕迹，就这样走来走去，渔妇带着鱼味儿，农夫带着牛棚味。污垢甚至被看作积极的，脏兮兮是好事。不常洗澡代表你不会轻易感到冷；污垢和分泌物为身体提供了额外的保护。农夫相信污垢孕育着生命，从西约特兰地区搜集到的一句俗话说："农夫的手应该脏到下粒种子都能长出来。"（Eriksson 1970: 10）

于是，农村人总是显示出他们的工作的痕迹，看得见、闻得到的脏污，准确无误地、无法掩饰地展示出他们身体的自然生活形式。他们几乎没有现代人那种对带臭味的呼吸、体味、脏衣服味的恐惧，也没有以洗澡、洗衣等来祛除人身上的动物痕迹的需要，或从未想掩藏或除去那些使人想起自然生理的臭味或分泌物。

对农民来说，洗澡具有仪式的性质。男女老少只为特殊场合才洗澡——但不是出于卫生的要求。"人们洗澡的规矩是一星期一次，通常是周六洗［瑞典语叫作 lördag（'洗澡日'）］，或在周日早上去教堂之前洗，"马里亚纳·埃里克森写道，"任何人要是洗得太频繁，会被看作傲慢。而且，人们习惯上只洗脸、手、臂、脖子、耳朵，很少洗生殖器和脚。"（Eriksson 1970: 10）

人们只洗身上露出的部位，而且只在要于公共场合露脸时才洗。在这里，我们看到，和打扫房屋同样的原则又起作用了：为神圣的日子做清洁。其中的部分原因也与农民的时间观和一星期的工作节奏有关。艾勒·桑德在他的描述中提到 19 世纪中叶的挪威乡下人的清洁状况。一个星期相当于一个工作"班次"，在这个班次中，人们一直穿同一件工作服，几乎不换洗，直到星期六晚上才脱下来，洗洗手脸，再换上他们星期日穿的最好的衣服（Sundt［1869］1975: 290）。瑞典农村人也是如此。下文的叙述说明了这种观念是多么根深蒂固，即清洗是为了把神圣的日子从日常生活中区分出来：

> 在 1890 年代，还有许多人认为，一周洗澡一次以上差不多就是发神经。一位老人在沼泽草地里割了草，比平常多出了些汗，他闺女叫他脱掉衣服洗洗，他又惊又怒："怎么啦！竟然在一周过了半截的时候洗澡！那星期天怎么过？"因此他拒绝如此。（Johansson 1927: 122）

圣诞节期间，清洁的仪式标志出了神圣的时期。除了打扫和装饰房屋迎接圣诞，人们还要洗浴一新，据说不管需不需要都得进行圣诞洗浴。

萨缪尔·奥德曼留下了对于18世纪维斯兰达教区的圣诞沐浴的经典描述：

> 下午2点，浴室用桦木烧热了，要洗真正的芬兰桑拿浴。农场雇工最先洗，这第一股热气被认为不怎么健康。接下来是座堂牧师和他的助理牧师，还有我，我们脱下全部衣服，放在门外的露天场所。我们每人拿条凳子放在热气里，位置以自己能够忍受的热度为限。一桶桶冷水浇到红红的热炉子上，生成滚沸的蒸汽，最猛烈的西罗科热风与之相比都算得上是清新的和风了。几分钟后，我们摊在光板上的赤裸身子就大量出汗。接下来，每个沐浴者得到一根带叶子的桦树枝，蘸上温水，拿它鞭打自己——比托钵僧鞭打自己还要厉害，直到皮肤红得像熟透的龙虾。然后，我们走过去坐在一块木板上，一个小伙子用他粗糙的手从头到脚为我们搓洗，最后拿长柄勺从头上淋下一勺温水，就算完了。这不像土耳其浴那样有著名的镇定和舒适感，倒真真切切是鞑靼人的沐浴。最后，有人把我们的衣服从冷天里拿进来了——一般是12—16［摄氏］度，我们穿上衣服也没有丝毫不舒服。我们回到房间，铺好床，和衣而卧。后续反应就是有点儿出汗，但喝杯用蜂蜜和茴芹籽调味的陈年春啤酒就好了，佐酒饭是圣诞面包。最后，家里的女儿和女仆又

用同样的方式洗一遍。(Ödmann [1830] 1957: 21f.)

当叙述人们的习俗时,奥德曼强调了奇异性而非日常性。圣诞节前的桑拿浴并不是普遍的习俗。中世纪城镇中桑拿浴很普遍,但后来它被视作传染性病的途径,就消失了。桑拿浴看来只在芬兰人定居的乡村才常见。伊尔玛·塔拉夫写到,桑拿浴有一种中世纪的特质,但它不一定是普遍的洗浴方式。通常的圣诞洗浴更可能是在木桶里进行(Talve 1970: 58f.)。

维斯兰达圣诞洗浴时的先后顺序显示了家户中的界线是怎样划分的。最先进入危险的热气中的是农场工人,接着是教长和他的助理牧师,还有萨缪尔·奥德曼——他是一名学者,这家的亲戚,最后洗的是妇人和女仆们。在和衣睡觉前,掌握圣言的人要被下等人的粗手搓洗。

据艾勒·桑德所述,挪威人洗澡时通常也有这种性别和等级的区分。他描述了森讷约的情况,那儿习惯用澡盆。人们按年龄和地位顺序洗澡,最先是一家之主,最后是仆人。在最开始时要洗头、梳头,女人们帮助家中和她同等级的男人洗:女主人帮男主人,姐妹帮兄弟,女仆帮农场工人。但当爬进澡盆后,人们之间的界线就没有严格到必须换水的程度。水一定会变得很脏,特别是距离上一次大洗已经过了一年(Sundt [1869] 1975: 318)。无论如何,大家在一年中的其余 364 天都保持着亲密接触,和其他家庭成员共用洗澡水怎么都不奇怪。一个有趣的问题是,圣诞洗浴能否扩展到把家庭之外的人包括进来?划分哪些人可以、哪些人不可以用同样的浴盆和洗澡水的界线在哪里呢？现存的记述只提到家庭内洗澡的情况，有用的信息不多。

艾勒·桑德记述了非常私密的洗浴活动，家庭成员一个一个地进浴室洗澡，这说明那已为我们熟悉的亲密关系还没有到令人们不为自己的身体害羞的程度。事实上，全裸被看作十分羞耻的。"连夫妻也不会裸体相向"，列维·约翰逊说。这种羞怯解释了为什么弗罗斯特维肯的人们一个一个地在外面的牛棚中洗澡，而不在屋里洗，因为在屋里比较难避开他人（Johansson 1927: 122）。

对农民来说，洗澡是一种体现自然和社会的界线的方式。清洁并不是日课，个人身上的污秽绝不是要与之持续奋战的敌人，所以也不容易感知到其他人身上的污秽。在日常的工作中，显露出你还有自然的一面是允许的。干活留在身上的污迹可以一直留到神圣的节日到来。

对大多数人来说，神圣的节日是社会化的时刻，也是神圣的休息日。本教区的教堂就是听新闻、会朋友、谈婚论嫁以及做生意的地方。平常日子和神圣日子之间的界线就是私人与公共之间的界线，人们自然在公共场合最需要显得干净。

## 排泄物

在我老家——西约塔兰的金德县，直到最近，人家的墙边还有……一块木板。我的表兄弟埃斯吉尔·奥隆马克出生于金德县的奥尔萨斯教区，他告诉我他1953年在安约玛尔普教区遇见来自波特内波的爱玛·安德森的情形。话题从一个怪老头开始,人们管他叫"阿尔福沙特的卡勒",他本名叫卡尔·安德森,1818 年生于阿尔福沙特,在那里度过了一生,虽然穷困潦倒,却几乎活到百岁高龄。当问起爱玛是否还记得他时,她答道:"我当然记得那个丑陋的老家伙,蹲坐在他的板子上。"很显然,当那位老人方便时,蹲坐在板上被邻居看见并不是被冒犯或尴尬的事。(Tilander 1968: 16f.)

这段引文来自冈奈·狄兰德的一本流行著作,其中他告诉我们许多例子,表明"公开"的原则主宰着旧时的厕所。人们想都不想就直接在粪堆上、牛棚里方便,或是蹲坐在从屋墙伸出的或在两间房之间的一块木板上。这些设备在农民眼里极其自然,在中产阶级或学术界的来客看来却显得恶心了,他们不肯用那块厚木板,而农舍里的人们觉得它已经够可以了。

对路德维希·诺斯特朗姆这样的叙述者来说,这种肮脏的入厕习惯把乡下人与文明人区别开来。在他看来,墙边的木板象征着受压迫的底层阶级被迫接受的低等生活方式,与之相联系的还有社会适应不良、贫穷和道德放荡。他还留下了在西布莱金厄一个渔村的如下画面:

"这地方最不得了的东西就是厕所!"公共卫生委员会主席说。

"怎么说?"我问。

"嗯,你简直没办法用它们。"

"为什么不能用?"

"不能,简直不敢蹲坐在上面。你知道,瑞典有三种厕所:盥洗室式、传统的后院小屋式、墙边的木板式。"

"那这里是哪一种呢?"

"墙边的木板式。更准确地说,单单一块摇摇欲坠的厚木板,污迹斑斑,没有哪个文明人敢蹲坐在上面。我曾见过穿着高跟鞋、丝袜和绸裤,涂脂抹粉的年轻姑娘竟也用它!接着她们就去跳舞。我想知道她们怎么能——?"

"你的意思是:出没于这样两个地方?"

"呃,我们知道她们在舞池里如何举止,我们在地方议会上听得够多了,特别是谈到住房贷款的时候。你看,这里有两种人,而国家对他们进行评估的方式令我感到诧异,至少是诧异。那些足够正直的人在结婚前就准备好了自己的房子,他们每天都举止得体,他们有来寻求贷款吗?没有,先生!为什么?他们只是还不起贷。但还有另一些人,他们游手好闲,直接从厕所跑到舞会,像兔子似的大量繁殖,没有一点长远考虑,在厕所和舞会这两个地方都是得过且过。为什么他们得到了贷款?因为地方议会非常关心他们,给他们奖赏。对此你能说什么?长远来看,这会造就些什么样的人?我们真的该让道德也有点发言权了。"(Nordström 1938: 145f.)

这是几个世纪以来农民典型的入厕习惯,没人为此担忧,也读不到对此的道德考虑，人们对待排泄的态度更多是实用主义的而不是道德上的。人们认为人的粪尿不是太好的肥料，所以它们不如牛马粪受重视。农民在这个问题上的看法又一次出于实用考虑。例如，当布莱金厄群岛的秋阔小岛最初开采石头时，农民很欢迎采石工人，他们增加了当地人口。除了转让开采权得到的收益，大量的采石工还为原本短缺的粪肥带来了可观的增长，原先有限的牲畜并不能提供满足需要的粪肥。为此，当农夫们出租给采石工人房子时，他们要在合同里确保他们有权使用屋外茅房里的粪尿。采石工人和他们的雇主可不像农民一样觉得这东西有用，也就不会争抢。

人们对待便后的清洁也像对待粪尿一样稀松平常。列维·约翰逊记载，在耶姆特兰，便后擦屁股是手边有什么东西就随手用什么东西，用草、苔藓或雪来擦，或用木片刮，全看这个季节有什么了。"这个老妇人才去世没几十年，当年她听到这个领域繁缛的现代习惯后，夸口说她这一辈子从来就只用过她的食指。肯定不是只有她一个人这样做。"（Johansson 1927: 132）

在诺尔兰，许多农家门口都有一个小垃圾堆，家庭生活垃圾就扔在上面。小孩把这垃圾堆当茅房，大人们也在那儿小便。春天就用车把它拉走，因为已经堆得太高，而且太阳一晒就会开始发臭。光天化日里使用这种垃圾堆甚至令列维·约翰逊这样有经验的田野工作者也感到震惊。在一次旅行中，他得知这种行为并不仅限于他所在的教区，也知道了人们对把自然和社会混在一起是多么无所谓。他们一点也不在意有人看见他们在方便：

这种 lillkasa（小垃圾堆）并不只是弗罗斯特维肯才有，直到 1918 年我还在北安戈尔马曼看见许多同样的垃圾堆，有的是精心照料的堆肥，上面盖着新鲜的云杉枝，但其他的就纯粹是粪堆了。这地方把这叫作 brokasa（门口垃圾堆）。在我住的那家，一次他们的女儿蹲在门廊边被我不小心撞见了，她是个十七八岁的姑娘，这时粪堆才被车拉走不久。那女孩一点也没不好意思，她平静地起身，用与弗罗斯特维肯的老妇人一模一样的方式擦了屁股，就进屋了。我不假思索地跟着她进屋了，因为我怕我刚才的出现令她尴尬，但她脸上一丁点儿尴尬的表情也没有。(Johansson 1927: 132f.)

同一位叙述者还记载到，成年人撒尿时也一样毫无羞愧之感：

我记得女人们不论冬夏都不穿内裤，但穿着又厚又暖的裙子和结实的长袜，这样穿在许多方面都很方便。我想起，一个老太婆熟练而自在地蹲在院子中央。如果她肚子没那么大的话，没人会注意到她在干什么，但她肚子太大了，只好把裙子提起来，这可露出马脚了。接着，她把裙子夹在两腿之间，擦干屁股，结果她身上好长时间都带着股尿骚味儿。(Johansson 1927: 126)

这个身上有臭味的老太婆不大可能被当作社会之外的人来对

待，她周围的人很可能对那种味道没什么反应。

尿还能治病。人们根据经验得知，如果朝伤口撒尿，伤口就愈合得快。尿能消毒，因而是合适的清洁剂，代价就是要忍受那气味了。赛尔玛·甫洛德-克里斯登森讲过，她小时候在贫穷的斯科讷的奥斯特伦地区，人们常常用这种办法洗伤口。有一次，她帮妈妈收甜菜，11月里甜菜茎冻上了，割伤了她湿漉漉的手臂：

> 我们不懂得戴手套这样的奢侈品，不管怎样，那样显得傻里傻气……奶奶和我冷得可怜，我们的手臂都发红发痛。
>
> 我们能怎么办？涂护肤霜？当我回想起来时，都觉得这个念头显得可笑，没有人用这种玩意儿，也没钱买。啊不，我们有珍贵的药物来医治皮肤的疼痛：热热的尿液！没别的。我们一回到家就洗伤口，直到真的洗干净为止，然后出去"干点事儿"，把尿撒在手臂上。有点儿刺痛，但很管用。（Frode-Kristensen 1966: 18）

直到19世纪，农场中才普遍有了专门的房屋或特别的房间供人方便，它们专为此功能而设，能保护隐私。但是早些时候城乡绅士们已经有了茅房，瑞典历史上最有名的茅房在达拉纳省的奥尔纳斯村，是古斯塔夫·瓦萨在逃亡时用的（这位国王1523年把瑞典人从丹麦人手中解放出来），其时他正绝望地被丹麦人追赶着（见Tilander 1968: 103中的照片）。中世纪的城堡有茅房，从墙上伸出来或在墙里面，有排水道通到一个收集污物的地方。但在乡村，这种茅房出现得较晚。要说这种新鲜的发明有什么重要的社会意义的话，那就是茅房反映了乡村生活和家庭关系的结构变迁。比较富裕的家庭率先使用这种洋玩意儿，正好在那些家庭中，人们开始认真地划分他们和牲口之间以及不同等级地位的家庭成员之间的界线。当农场主从分担集体劳动的工人变成了主人，当仆人不再能和男女主人在一张桌子上吃饭，还有单独的卧室取代了共同的睡眠区域，生理机能变成私密的事也就十分必要了。

不过，需要强调的是，农场里的私密程度从没有达到中产阶级文化中那样完美的高度。茅房是集体出工盖的，而不是一个人建的。通常有两个坑，但较大的家户会有更多。有一家挖有20个坑给家里的大人用，外加一个单独的台子上有一排坑给小孩子用。[1]

如此公共的茅房提供了一种诱人的亲密性。在这里，人们可以在他人面前更接近自己的身体。或许儿童更容易养成这种共同体的感觉，因为他们还没有学会应当将自然的与社会的东西分开的观念。在我妈妈长大的罗斯拉根地区，小孩子们彼此常用的邀请就是："上茅房不？"由于孩子们也不是完全不懂得庄重和羞耻感，于是这句"粗俗"的问话被文饰成隐讳的缩写"CTTC"（即"Coming to the closet?"的缩写）。这样的邀请总是会收到肯定的

---

[1] Erixon 1970: 19f.; Rosén and Wetter 1970. 在一家医药公司 Ferrosan 最近出版的关于私密性的书中（1984）有很多这种集体设施的照片。

回应。茅房有三个坑，有个窗子可以看到外面的田野，墙上装饰着从书刊上剪下来的彩色花样。那些装饰意在使人想到美好的大自然，同时促使一道来蹲坑的人相互交谈。像这样的乡下茅房无法被改造成今天的临床卫生中心，受过良好清洁训练的人会私密地送走自己排放的废物。

19世纪的乡下人没有受过系统的清洁和卫生训练，这一点从他们毫不关心幼儿的大小便问题就能看出来。在中产阶级文化里，早期的排便训练是养育儿童的必要部分。如果我们追随西格蒙德·弗洛伊德的幼儿发展阶段理论，排便训练同时也是使人文明化并同时为社会奠基的途径。第一个阶段是口唇期，婴儿与母亲亲近，吃她的奶，并与其他人有所接触。婴儿几乎没有条件在自己和他人或自身和物质世界之间划出界线，他生活在一个连续体中。幼儿在口唇期结束时开始划分界线，这时他已断奶，进入肛门期。在这个阶段，幼儿学会了把自身客体化，其中排便及与之相伴随的排便训练发挥了重要作用。孩子发觉排便令人舒畅，而父母因为他们在便池里排便而高兴又加强了孩子的快感。而当儿童因为这个表现得到嘉奖后，他必须学会把自己和排出的产物区分开来。躺在便池里的东西突然变成"非我"的了，而且被禁令和厌恶的藩篱隔开了。儿童学会了在自我和肉身之间拉开距离。这个发现产生在儿童学习走路和说话期间，他就这样以多种方式积累关于世界的知识。

这种关于清洁技艺的初级教育在农民那里却找不到真正的对应。农民确实使用便池（参见 Lindström 1970），但要说这些器具跟中产阶级用的是一样的,那就错了。儿时的入厕教育从没有被赋予强烈的情感寓意。小型木制便桶是常用的家具,但主要是因为它很实用,可以把婴儿放在里面,免得他们在地上到处爬,弄伤自己或他人。这就是农民让孩子保持在原地乖乖不动的丰富武器库中的一样。

一旦孩子可以自己走动,他们就被套上一种袍子,穿上它的好处是可以随意排泄,而不会弄脏衣服。但家里还包括其他四条腿的成员们,很难对它们进行清洁训练,所以,很显然实际上地上总会有点粪便。如果房间是泥地,许多脏物就会被踩进地里。木板地上有洞和口子,这至少消化了液体废物。地板上小孩子的粪便可以用两根棍子夹起来扔到火里去——除非太稀了,那样的话就用一把干草揩下来扔进火中,即使火上正在煮饭(Johansson 1927: 132)。当然,家里没有哪个大人会有和小孩子同样的行动自由。

儿童的排泄物问题不像成人那样受到关注。母子之间的接触,使得母亲可以用自己的嘴巴擦干净孩子的鼻涕。"擦了之后是吐出来还是吞下去呢?我没有得到确切的答案,但吞下去并非不可想象。"(Johansson 1927: 123)孩子一长大,这种照料自然也到了尽头,儿童常常被告诫要自己保持鼻子干净。可以用手擦,也可以用大拇指堵住一个鼻孔把鼻涕擤下来。如有必要,还可用袖子擦鼻子,手上的鼻涕可以在衣服上擦去。也有用手帕的,但它仅作装饰而已,不用来擦鼻子。艾勒·桑德记述了在挪威森讷约地区的教堂里一群坚信礼候选人用手帕的情形:

坚信礼仪式的另一阶段里，我看到一队美貌的姑娘处在非常激动的状态：有些人在抽泣，所有人都在流泪。她们用身上的土布束腰外衣来擦眼泪，脸颊给染成了蓝色。她们用手指擦鼻涕，小心翼翼地不擦在崭新的衣服上，于是抬起一只脚，把鼻涕擦在鞋底。所有人都虔诚地捧着一本赞美诗集和一块方格手帕，但没人用手帕，她们没这习惯。（Sundt［1869］1975: 305）

我们现在挖鼻孔可是件要避着人的事儿，如果在人前干了那一定是疏忽所致。这项私密在一个世纪前的农民世界中可不算什么。吃掉自己的鼻屎并非禁忌，看见的人也不会觉得恶心：

鼻屎用食指指甲硬挖出来，然后——吃掉它。或许并不是每个人都这样，但许多人这么干。作者就记得不少吃鼻屎的人，在当时这也被认为有点龌龊。尽管只是过去人们才这样做，而且只在高度私密的情况下，但现在这个习惯仍然没有根除。在过去，人们对在他人面前挖鼻孔不会感到丝毫不安。（Johansson 1927: 123）

他们对待其他的身体排泄物也是这样实用主义的态度。和中产阶级认为的一样，流汗是自然的、健康的，而且当然是无害的。人们设想，流汗从内部清洁身体，所以让人像洗过澡一样干净。同样，月经也让女人洁净，这种保健没有羞耻的隐秘可言。与此非常不同的想法是认为女人在月经期间极其不干净,例如,她们会给猎手带来霉运,让啤酒变坏,或让面发不起来。把女人与不洁联系起来可能是因为她们这几天在社会和文化上是反常的。一个已婚女人在育龄内的理想状态是怀孕。无论如何,月经看起来没有被从卫生或清洁的角度来考虑。月经标志着一个女人可以怀孕了,如果长期哺乳,她可能会推迟恢复月经,结果延长哺乳期被当作控制生育的形式,存在大量关于哺乳具有避孕作用的民间信条。不管效果如何,与对待其他身体分泌物同理的公开性原则在这件事上也起着主导作用。可以随意选择长期给婴儿喂奶,而没有中产阶级妈妈们被灌输的那些感受,即认为于社交中这样照料孩子并且暴露母亲的身体显得唐突。世世代代,母亲们都有点儿反感这围绕着母乳的禁忌,而农民社会却没有这样的禁忌。事实上,母乳还有药用,用来洗儿童的伤口和皮癣。

## 性生活

人们可能会认为,在农民文化中,肉体之爱是个百无禁忌的领域。在维多利亚文化中,一切与性有关的东西都是严格的禁忌,但农民的态度却更加直接简单,忌讳较少而自由程度较大。现代学者把农民描绘成更感性、更开放,在肉体欢乐方面更加自然的群体。世纪之交一种广为传播的农民性生活理论认为,夜间的求爱活动是原始杂交的遗存;另一种理论则认为,他们是要测试姑娘的怀孕能力。[1]

关于乡村性生活有如此多的思考，这毫不奇怪。虽然学术界的兴趣是如此之浓，性生活的一般理论又是如此众多，但很少见到传达确切信息的可靠描述。直到维克曼（Wikman 1937）描述了乡下人的文化和社会结构中的婚前习俗后，人们才明白，他们的性生活并不是无忧无虑的放荡淫乱。相反，它是高度制度化的，由共享的规则和仪式主导着。不过，虽然大家发现了目前看上去毫无规矩的现象中其实存在规则，仍然不能改变一个事实，那就是中产阶级和农民对待性的态度极其不同。

人们常说，乡下每个人都有机会通过个人观察来洞悉生殖的奥秘。人们生活的环境中常常可以见到授精和生产。农场里的母牛和母马如果发情了，人们就要把它们保护起来。家畜的繁殖能力是全家关心的重点，即使在孩子面前也可以随意讨论。如果孩子大些，他会帮忙捉住母牛，或牵着缰绳把它引到邻居的公牛那里。鸡槽里、绵羊圈里，特别是山羊群中，处处在发生授精，毫无尴尬。于是我们自然会得出结论说，孩子们能从中得知人类生殖过程的起因和效果。这个结论完全正确，但只有当孩子们有兴趣把他们了解的动物行为转换成人类的术语时，它才成立。1960

---

[1] 在对 Ploss, Bartels and Bartels（1927: 2.223ff.）关于"女性"的著名研究（*Das Weib*）进行修订时，von Reitzenstein 提出了一种观点，夜间求爱是年轻人找到合适的性伴侣的习惯方式。一旦两人情投意合，他们就可以沉溺于不受节制的性爱，他们相信，婚前的时间可以检验新娘能否怀孕。这种看法太不合理而不值一驳。一桩婚约不会由于新娘没有怀孕就解除的。见 Frykman 1977: 181ff.。

年代末瑞典的一项性知识调查显示，乡下人的性和生殖知识比城镇要少得多（Zetterberg 1969: 32）。

但把 1960 年代的乡下人和世纪之交以前的乡下人放在一起，并不足以令我们得出可靠的结论。后者的知识不大可能比城里人少，但这不是指乡下人实际上懂得的数量。现存的信息强烈暗示着，人们比较忽略生殖之事。在人们显而易见的有关动物生殖的丰富知识和他们关于人类生殖的基本信念之间存在着巨大的鸿沟。

母牛一旦显示出发情的外在征兆就被牵走了，但男人怎么让女人怀孕的呢？曾触及这个敏感话题的报道说，让女人怀孕的最佳时间是月经期间。"在女人经期性交很有效，"据来自韦姆兰的见证人说，"但必须频繁，每天行房。完事后，女人必须把大腿夹紧。"（EU 51278）

农民关于此事有大量的常识。女人的经期被认为是一个有特殊潜能的时期，可能因为如此人们才推崇月经期间行房。不管怎样，这是一个常见于记载的传统，反映了农民对于怀孕的认知和态度。布莱金厄一个小农家庭的女人说（LUF 13449）："如果想要小孩，最好是在女人的经期，这时她最适合怀孕。"据一位拉普兰报道人说，如果一桩婚姻被诅咒了而不能生育，最好的破解办法就是月经期间行房（NM 51414）。

农民们不完备的知识还体现在记录里那些可以决定婴儿性别的方法。据一份西约塔兰的报告，月经结束后 5 天内行房可怀男孩，15 天到 18 天内行房则生女孩（ULMA 1991）。另一位报道人说,月经结束后几天内行房可怀男孩,月经周期的最后几天则可以怀女孩(LUF 13037)。这些表述可以进一步说明人们的世界观和两性观。那么你可能要问,为何他们懂得这么少?

人们要建立起一个知识库的话,得满足一些简单的前提条件,其中重要的一条就是那些知识能够传播。换句话说,就是人们可以谈论它。如果没有这个可能性的话,一个人就只好自己观察了。从这方面看农民的情况如何呢?他们谈不谈论性?他们有条件做出自己的观察吗?

大家常说农家孩子早早就接触到生活的真相,只要够留心,他们就能听到或看到父母行房。毕竟父母、孩子、仆人都睡在同一间房,这间房还是厨房、饭厅和工作室。人们在这里怀孕、生产,又在这里死去。这全然是过于简单化的想法,没有看到路德会的道德已经深深地影响了人们对婚姻中性生活的看法,即认为应该避开家中其他成员。资料显示农民的性活动是发生在户外的:牛棚里、干草堆上、地上,或是其他方便的地方。人们普遍认为,若想要孩子,最好是在春、夏季交合。有人说,躺在硬质表面上交合会增加怀孕的机率;也有人说,躺在干草上好。人们观察到自然现象,从中得出有些时间最好怀孕:杜松林或黑麦蒙上花粉的时候,赤杨叶子长得小小的像老鼠耳朵似的时候,新月时,等等。交合很少被描述成室内的活动。

麦兹·瑞伯格曾说起1930年代某些电影在乡村放映时引起了惊诧。当瑞典农民看到本土或进口电影中在卧室里笑闹的场景时,他们就被那些发生在床上或床边的噱头搞得十分惊讶和困惑。对他们来说，卧室没有与之紧密相关的情爱寓意。"瑞典农民在床上睡觉而不是交合"（来自个人交谈）。

因此，性活动是藏起来做的事，不能粗心大意地在人前进行，即使在亲密的家人面前也不行。这么说，父母行房不会让孩子看到，但至少会和他们谈论吧？关于性教育这个主题，所有搜集到的资料都表明，实际上人们很少谈论。就算是关于生孩子的事，他们也尽量不让纯真的小孩子知道真相。斯科讷的报道人埃里达·奥尔森说，所有与性有关的事情都是禁忌。母亲们可能坐在一起交流自己曾遭受的阵痛或听来的别人阵痛的事，但她们却对孩子说是鹳鸟把他们带来的："才三岁时我就不相信鹳鸟的事，我还记得，邻居家生了孩子，几个本地妇女试图哄我相信是鹳鸟从泥水沟里把婴儿叼起来的。'不，'我说，'那是假的，因为是林道夫太太（接生婆）把婴儿包起来的，她自己跟我说的。'"（LUF 12981）包括生孩子在内，整个生殖过程都要对儿童保密。母亲躺在床上分娩被解释为她需要躺下来暖着小婴孩。尽管生孩子是妇女之间可以接受的或许还是热门的话题，但夫妻生活这个主题却似乎还是禁忌。同一个报道人还告诉我们，老一代的妇女从不提起与性交有关的一切。"那只是配偶间的事儿，他们就算在对方面前也十分怕羞和保守。我敢肯定，过去很多男人从没看过妻子的裸体。"（LUF 12981）

一位来自韦姆兰、生于1844年的报道人在一次访谈中，证实了过去的孩子们对男女之间的性关系一无所知，大人们对他们能瞒多久就瞒多久（IFGH 2310）。"少女开始怀春时还以为自己只是'有了某种渴望'……过去你不能谈论这类事情。"生于1855年的另一个韦姆兰人说（IFGH 2305）。

农民的性是直接的，大概并没有现代文化教给我们的那种与性活动相联系的感官刺激。爱抚和拥抱发生在与性无关的关系中——父母和小孩之间；吻也是留给孩子而不是成人的。乡村里从来见不到公开的爱抚，两性关系缺乏肉体接触（参见第三章，"相亲相爱的夫妻"一节）。

要理解为什么性在儿童面前要如此保密，先要理解上述被严格规制的性行为。言语中可不会因为羞耻而忌讳。农民们和以前一般的工人一样，骂起三字经来毫不脸红。就连日用的工具及物品也被冠以土话中的性器官名。

生殖器名称经常被用来骂人。一个石匠有偷懒的名声，就被人喊成"拖拉球"；一个工作轻松的人会得到"粪球"的绰号；洗完澡最后一个穿上衣服的人是"澡盆屁"（LUF 10600, 6710, 8515）。这些名词是他们日常生活中不可分割的一部分。人们常常可以听到这些名词，要么是提到谁的绰号，要么是形形色色的生殖器叫法。就连通常来自村外的接生婆也得到"鼠妈妈"和"长洞大婶"的昵称。

收割是一年中的大型集体劳动，它的普遍特色就是充满性暗示，暧昧的笑话和别称满天飞（Eskeröd 1947: 156f.）。迟至20世纪初，做血肠时还要念口诀，用淫秽的明喻来象征香肠皮的强固。（Bringéus 1975: 41）

人们一边尽可能向孩子们隐瞒性行为的秘密，一边却又公然谈论生殖器，这两者并不矛盾，而是一体两面的。农民对性事的关注是出于生殖的实用功能。未婚成年人和已经性成熟的年轻人可以允许有性行为，只要他们订婚了或者有结婚的打算。既然性是专门留给这些人的，它就与孩子无关。他们不能生下孩子，这是性行为的关键。

进一步澄清农民们的态度：既然正式的要求已然满足了——两人已经结婚或订婚，性行为就是合法的。所以，对于性几乎没多少羞愧或自责的迹象，除非未婚姑娘生了孩子；也没显示出对性交或性冲动有何羞愧。这就难怪教堂征收的未婚性行为赎罪罚金会带来逗乐和骄傲了，人们乐意支付"臀税"。

## 富裕与穷人味

农民的洁净观念以美观为中心。遇上大节日或在别人面前，他们就要收拾得干干净净，穿得齐齐整整。有句俗话表达了这种农民式态度："干净健康最好看。"

这一时期农民与中产阶级的洁净观念最关键的差异在于对卫生的概念。对农民来说，污秽是可耻的，邋遢的人遭到怀疑；但污秽却不危险，你不会由于挖鼻子、上桌不洗手或找了教区里的妓女而损害了身体。这些行为可能有损尊严和体面，但不会危害健康。

当新的卫生观念在乡下生根、被农民采用后，它立刻遇上了温床，繁荣发展。与当时的中产阶级造访者比起来，农民不像他们一样因周围的泥垢而备受折磨，但他们对被苍蝇、虱子及其他虫害包围生活绝非高枕无忧。与低劣的卫生和住房条件相伴随的是霍乱、肺结核、风湿、疥疮等疾病，它们像折磨城市居民一样折磨着农民，或许还更厉害些。他们不知道，环境卫生的基本改善可以消灭多数折磨人的疾病。

此外，清洁成了时髦。一个没有气味的世界是优雅的、贵族式的。"你鼻孔里有一个世界。"大警官对李耳瓦特奈的狄里克说，后者是萨拉·李德曼的小说《你听话的仆人》里一个农夫的儿子。

"鼻孔里的世界？"他疑惑地说。

"这是个隐喻。当我说'世界'时，我指的是不同于虔信派教徒所说的有'罪'的'世界'。当我说'世界'时，我指的是瑞典——我们的祖国，你要说王室也行，就和你提起铁路时指的一个意思。你只需看点报纸，就能感到瑞典的气味在你鼻孔里。但别人就不同了！比方说来自瓦灵特拉斯卡、布兰科瓦特奈或泰勒海顿的男孩，他们一定要鼻子里真的有气味才能激发头脑中的想法，彻底改造他们的头脑。"

狄里克已经明白，铁路意味着这个深处瑞典北疆内陆的教区在 19 世纪晚期所取得的进步，他将进入一个新时代。他嗅闻着大警官家里可能有的气味。

在大警官的客厅里，狄里克最喜欢、最着迷的一点是这里除了烟草味儿外，没有别的气味。老百姓木屋里弥漫着羊、马、母牛、毛皮、干草、草灰、婴儿屎、沥青等气味儿混在一起的臭味，教堂里也有，它好似祥云一般飘在会众头顶。在冬日里，这种味道是美妙的，如果两个小时不见人烟，你就会想念它；但在 7 月，苍蝇嗡嗡逐臭，这些味儿就不那么讨人喜欢了。在这个时代，这种远离了牲口棚的房子干净得开风气之先。(Lidman 1977:217f.)

很多农村姑娘都可以接触到别的文化中其他人的生活方式的第一手资料。中产阶级家里有许多工作要做，就必须请仆人来干，大多数乡下姑娘在从坚信礼到结婚之间的几年里，必然要在大农场或城市家庭中当女仆。一个年轻时花了好几年时光在城市家庭中洗洗涮涮、大扫大擦的姑娘，自然会把整洁的观念带进自己家中。如果她曾为中产阶级孩子擦鼻涕、教他们饭前洗手，并且监督他们的表现，她显然会学到一些养育孩子的理念，将来她自己养孩子时就会凸现出来。

也有很多乡村家庭与中产阶级文化有更紧密的联系：绅士及牧师、军人、实业家等有地位的人家。"人们从绅士邻居家中学来清洁。农夫的儿子、女儿服务于这些豪门，他们回家后就模仿豪门的方式处置自己身边的污秽。"(Sjöqvist 1970: 135)

在关于卫生和清洁对健康有益，也令家居舒适的新观念变得普遍之前，必须要有适当的经济条件。最重要的是，它们必须与人们的社会经验相关。当时有没有自我规训并在自身与世界之间划清界限的理由呢？如前所述，把人作为社会存在的要求日益增强,更敏感地关注清洁和规训就是这一要求的表达(参见第四章"身体作为桥梁"一节)。

19世纪是瑞典大规模产生农场主的时代。土地改革、新的耕作方法、新的作物以及充足的劳动力共同破坏了农村的同质性,催生了一个富裕的地主阶层。在村庄整体层面,特别是单独的家户层面上,有必要在不同出身、不同经济背景的人之间划清界限。从农场里新的生活习惯中可以推断出社会的分化(参见第五章"排泄物"一节)。主人和仆人不再睡在同一间屋里了,旧式的多用房间消失了,取而代之的是一系列单独用来吃饭、睡觉、社交、煮饭的房间。以前仆人和主人一起用餐,而在这个世纪中的许多富裕农场里,他们却惯常各自在单独的区域吃饭。"再没有比农民的餐桌更富于公共精神的例子了,每个人都从同一个盘子里取食,对事物有平等的权利……用单独的盘子装食物表明这种原始共享必须为新时代的个体主义让路了。"(Bringéus 1970: 17f.)

家户中的角色也要重新分配。主人远离繁重的体力生产劳动,扮演起组织、管理农活的"地主"角色。较大型的农场里还任命了监工,他将主人的命令传达下去。农场主的老婆担任家庭主妇的角色,负责照看家庭、指挥女仆;她自己不再参与生产劳动了。1880年代的"持家宝典"就是写给"城里和乡下的家庭主妇"的(Langlet 1884)。为室内家务活专门雇女仆,就使得主妇更有机会圆一个家里美好、干净、井井有条的布尔乔亚梦想了。

当乡下人接触到城市里的中产阶级生活方式时,他们开始对清洁产生兴趣。牲口棚里的污秽被分配给生产领域,因而不能再带到室内；养在屋子里的动物都是作为宠物而非家畜；通过日常的打扫和每周一次的大扫除，灰尘和泥土被清扫走；极度的个人卫生标出了个体和周围的人群之间的界线。

不管是上层还是下层、城市还是农村的孩子，学校都一样教给他们清洁的观念。孩子们必须学习这些规则，而能不能在实际生活中执行，那另当别论。孩子们努力学习《小学读本》，里面强调干净的衣服、清洁通风的房间、适度的休闲都有利于健康。书中第 11 条规则教导说："愤怒、嫉妒、憎恨等暴烈情感对健康是危险的，放荡淫乱会极大地损害身体和灵魂的力量。"前一条规则写道："应当一丝不苟地保持皮肤干净，污垢是众病之源。要每天用冷水洗手洗脸，夏天勤洗澡，但注意绝对不要在上气不接下气或过热时洗，剧烈活动后或刚吃完饭时也不要洗澡。一天最多洗澡一次，而且不要在水中待太久。"（*Läsebok för folkskolan* 1901: 89）

在拥有土地的农民财富增长的同时，还有大量无地农民生活贫困。19 世纪是快速无产化的时代，在农业进步及其带来的副作用的影响下，越来越多的农民被迫靠日益缩小的土地谋生。在瑞典乡下，正是这些饱受贫穷折磨的居民最难转变洁净观。污秽和贫困如影随形，与之相伴的还有恶劣的住房条件、疾病、高婴儿死亡率以及没有盼头的生活。

迟至 19—20 世纪之交，没有土地的劳工和雇农还继续和他们的小牲口住在一起（Erixon 1947: 118）。斯科讷雇农和那些只有小型农场的农民的房子——就是那种被人叫作"牛屋"的房子——

往往带有牲口棚。这些没有文化、生活困难重重的无产阶级并没有显出和有土地的农场主同样的警惕性，要去维护人与人之间和人畜之间的界线。19 世纪二三十年代，当来自农业劳工工会的鼓动者环游瑞典时，他们遇见的是一个广大的贫民阶层。当时社会民主党政府的财政部长冈奈·斯特朗回顾了伊瓦·洛－约翰森的无产阶级小说《青春期》，他回忆了无地劳工的悲惨状况：

> 多年后，那臭气还顽固地在作者的鼻孔中盘旋。他闻到了老一辈逼人的腐臭。长年的辛勤汗水渗透了地板和墙面，日常与家畜的接触将它们的特殊气味通过衣服、鞋子带进屋里，又与烟汽相混合。无地劳工一辈子就生活在这种混合味道造成的气氛中，我作为一个入户鼓动者可以见证这一点。（Sträng 1979:11）

当 1937 年路德维希·诺斯特朗姆访问斯科讷一位劳工家的小屋时，那灰暗、单调又令人麻木的无助感令他震惊：

> 在我的整个旅程中再没有看到比这更龌龊、邋遢、无助和令人心碎的房屋了。他们甚至没有一间会客室。厨房就是一间旧门廊，连个像样的窗子也没有。和门廊一样，门两面除了一面一块板以外什么也没有。烟囱特别像铁匠熏得乌黑的炉子，紧挨着的是一些没有窗帘的小房间，7 个病恹恹、脸色苍白的少年聚集在那里，在污秽、破布还有剩饭中爬来爬去。他们都咳嗽得很厉害，弄得我的肺也不舒服。人们常说起战时的加农

炮弹，而眼前的污秽情景就是"卑陋的瑞典"发出的加农炮弹。他们生来就是农业大军中的廉价劳动力……还有气味！那臭味！还有母性——那位一直在挣扎的妇女！她脸色铁青，哭肿了双眼，眼睛再也不愿向前憧憬生活，只是向后、向内盯着；她的牙齿腐坏，双手瘦削粗糙，指甲脏而烂，手臂只有皮包骨头，她把最小的孩子强按向干瘪的乳房，这个动作仿佛耗尽了她所有的力气。（Nordström 1938: 172）

路德维希·诺斯特朗姆喜欢浓墨重彩，而且无疑怀着极大的悲悯之心写下了这段文字，但有一个事实是不容置疑的，大批的人们都在定居的社区及其土地之外生活。这些人搬来搬去，他们的悲惨一再重复，改变并不意味着改善。仿佛有一条锁链将他们永远固定在社会最底层，污秽和寄生虫就是这条锁链上的一环。

产业工人也是从无产阶级中招来的。诚然，工人阶级的男女也能感受到"鼻孔中的世界"，但他们几乎没有机会把他们遇到的理想付诸实现。他们住的房屋往往过于拥挤，而且缺乏社交。最重要的是，他们几乎没有可能逃离贫困的臭气，他们就像住宅墙上该隐的记号[1]一样无法抹去。古斯塔夫·阿夫·格伊杰斯坦描述了1890年代斯德哥尔摩一些工人阶级的居住条件：

---

[1] 该隐杀死兄弟亚伯，上帝发现了他犯的罪，但上帝想让该隐经历苦难而悔改，不想让别人惩罚该隐而杀死他，于是在他身上做了一个记号。——译者注

> 在那些更为贫困的工人阶级房中,第一个要提的就是腐臭的空气,似乎不只是由于房间过分拥挤和不通风。在楼梯上、过道里和地下室——总之,所有地方,即使是没人的地方都充斥着这种空气。一个炎炎夏日,我坐在马车里经过其中最糟糕的一幢房屋,我注意到,就在我经过它附近的仅仅半分钟里,整个穷人的简易工房隐约散发出一种令人讨厌的恶心气味。它带着赤贫和悲惨的气氛,从一整幢装满人的工房里散发出,那房子从地基到椽子都透着穷酸。(af Geijerstam 1894:57f.)

此处因农业工人的生活条件和斯德哥尔摩工房中臭气熏天的贫穷而产生的愤慨,来自代表着中产阶级文化的人们,但过着这种悲惨生活的人们怎样看待自身的状况呢?

研究早期产业工人世界观的学者指出了工人阶级对清洁和卫生固有的不信任。人们客观上知道了那些规范,也从《小学读本》上读到了,他们已把中产阶级关于清洁和秩序的价值内化了。但同时,他们发现在他们生存的环境中这种生活方式很难实现。他们的经济和外部条件被证明是个障碍。有一种看法认为,工人们像牲畜一样生活,穷人的世界是混乱和肮脏的,凡是努力进入上流社会的人都会抛弃这个世界。"[工人]认为贫穷……会削弱人理性行动、进行自我控制的能力。因此一个穷人就得要向上爬,要建立自己生活的尊严,而尊严尤其意味着他达到一个位置,在这个位置上他能以某种可控的、节制情绪的方式应对世界。"(Sennett and Cobb 1972: 22)在普遍提到的驯化工人阶级的历史进程中，清洁、自制和规训是合为一体的重要工具。工人阶级通过卫生观念接受了中产阶级的价值观，并把它应用于自己的生活。这项进程并不仅仅使他们意识到自身的失败，更教给了他们自我控制的技术。如此一来，他们变成了有一套新规范的工业国家中更好的工人。肮脏的人是反叛的，不便管理，而干净健康的人鼻孔里有世界的味道，他们变成了体面的社会成员。从工人自己的角度来看这一进程，工人阶级为了尊严和社会承认而进行的斗争离不开肥皂和水的帮助。他们知道只有靠有秩序、有纪律和无可挑剔的干净，他们才能成为中产阶级。

# 第六章　中产阶级的纪律

农夫家中使用的语言出现在等级高于他们的人的客厅中被认为是令人尴尬和不得体的。在一个环境中不值一提的个人卫生习惯出现在另一个环境中时，可能会引起反感和厌恶。

在前一章中，我们已经讨论过采石场居民的生活环境，在那里，日常生活被描绘为充斥着垃圾害虫、气味难忍、卫生状况糟糕。采石人家庭对这一纯粹的自然情况的漠不关心也表现在语言和思想上。同农民一样，他们用专有名词称呼所有东西，没有什么委婉曲折的说法。

在同一时期，一个来自中产阶级家庭的描述为我们展示了所有在工人阶级家庭中被允许的东西，如何在这里成为禁忌，然后消失：

> 我们，爸爸，妈妈，以及所有我们认识的人，都是过分拘谨的，而这种拘谨在今天已经十分罕见了。这意味着，首先要禁止谈论所有与身体和性有关的问题。我们在非常小的时候就必须了解这种禁忌，小到我已经记不得这是什么时候的事情了。我想自己一定在什么时候问过我的妈妈，为什么男孩和女

孩不同，她也一定推托着，含糊其辞地回答了我，而且从此这类问题就被遗忘和回避了。但是拘谨并不仅仅是两性上的，它还影响了很多事情，使它们成为令人不安的敏感话题：人们的性格、行为和感受，上帝、爱和死亡，生命的意义又或者它是否毫无意义。使我惊讶的是，生育及其所带有的温情产生了巨大的效力，使我出于自然和本能的羞怯而无法公开提问或质疑太多的事情。或多或少让大人陷入沉默的恐怖、担忧或害羞的感情，很快就被孩子接受和实践下去，因为孩子既要避免使父母由于自己的行为而蒙羞——他们为自己的孩子感到焦虑和担忧，也要尽量避免令他们惊讶、痛苦和恼火。

举一个可笑的小例子：妈妈认为梭鱼的尾部是最好吃的部分，所以她总是把它分给我和爸爸。有时候在这个过程中，她会为自己的直言不讳而骄傲："是的，我叫它'尾巴'。你能想象吗？我有一次听到一个阿姨叫它'尾端'，真的很恰当。"这个故事使我很担心，原因有两个：一方面我觉得妈妈的话太随便了，另一方面我却禁不住想，到底是什么使一条"鱼尾"如此神秘和危险呢？但是我从没有问过这个问题，因为这是超过准许界限的。这条界线同样存在于拉拉阿姨的事故中，存在于萨拉尔叔叔的自杀中，为什么卡莱尔叔叔的离婚这么可怕，孩子从哪里来，为什么我们会死，上帝和耶稣的关系是什么，这条界线统统存在其中。（Tingsten 1961: 56ff.）

赫伯特·廷斯顿在这里描述的"拘谨"比人的身体及其机体

活动更深刻。对廷斯顿来说，鱼尾巴的婉转说法中包含着在哪里划界的信息，什么可以被接受，什么不可以，什么是体面的，什么又是不体面的。他的这些经历在奥斯卡的孩子中非常典型。人的身体经常被作为社会、家庭、同其他人的关系以及生命中重大问题的隐喻。它似乎还从来没有像在中产阶级社会里那样扮演隐喻和关联的中心角色。鱼尾巴的命名遭到指责的危险很显然与小廷斯顿之间存在着一系列的关联。

在接下来的几页中，还将看到源源不断的类似的身体隐喻，它们之间的关系和彼此在社会结构上的依赖性将得到更详细的阐释。作为一个初步的讨论，重要的是在一个更有力和更全面的经验基础上来建立理论。

从广义上概括，可以说中产阶级的文化就像一个拥有着隐藏的身体的有机组织。身体确定无疑就在那里，但是它的存在却受到思想的坚决否定。中产阶级的文化是精神层面的，而非肉体上的。即使是男人和妇女，儿童和成人拥有和其他动物或低阶层的人群一样的身体这个令人尴尬的事实，也被在语言允许的范围内尽可能地掩盖了。这些显著的情况为这个时代的学者和人们带来了挑战和阻碍。一旦身体被隐私化，并排除在公共领域之外，诸如此类的信息的数量就自然减少了。一个人遇到的话语，尤其是委婉话语，就变得格外有趣、珍贵，当然有时候也是娱乐性的。以下是一些典型的委婉话语的例子。

人们没有身体，但是拥有"形体"，一个更中性的词，暗示身体的功能就是一个衣服架子，而不是一个有机的存在。形体的各个部分，包括上面的和可见的部分都是可以提及的，就像头部、前额和双手。而任何在这些之下的东西都是可疑的。我父亲的一个叔叔有个异乎寻常的大肚子，他把自己的畸形叫作"高胸部"。高胸部的称谓赋予了他的大肚子所不能带来的更多的个性。女人也有胸部，这个胸部（breast）是单数的；它的复数形式暗示的就不仅是身体的轮廓了，因此不能用于医学描述之外。要达到完全的安全，可以使用一个中性的词汇：胸膛（bosom）。

下肢也同样遭到了禁忌。一个人不能承认自己有脚（feet），虽然提到单数的脚可能是允许的。在安妮特·库伦贝尔格对瑞典的上层人物的采访中，一个贵族讲到他的一个熟人的经历：这个人伤了双脚，却不得不说自己伤了"左脚和右脚"。复数形式太粗糙了，双脚最好不要同时提及。

在女人穿长裙的年代，作为绅士，甚至都不能想象她们有腿，就好像雨果·汉密尔顿回忆中的那样。腿是不能提及的词语，注视或是展示腿部也是不适当的。在森林中漫步的女性团体不得不面对穿越围栏时可能带来笨拙而又复杂的情况："作为一个信号，年轻男人先越过围栏，女孩子爬过围栏的时候他们要自觉地背对围栏。在之后的一段时间里，我们都在沉默和尴尬中行走，因为我们知道刚刚发生了一件非常不得体的事情。"（Hamilton 1928: 157）

对一个人的胃的表述同样是不合适的。任何在这个禁忌部位的疼痛被描述为"心脏下方的压力"。心脏是身体崇高的一部分，适合用来作为参照。一个人去"小便"同样可以表述为"放松心脏"的需要。

对这些身体器官的功能的控制被中产阶级用来拉开和下层人民的距离。萨缪尔·基耶舍尔遇见的打嗝的主人当然认为这样的控制没有必要,农民也不会为自己排出的气体而尴尬——这出自诗人哈里·马汀松的自传体小说(Martinson 1935:158)中一则非常有名的文学典故。中产阶级的礼仪书籍中提到,必须掩盖身体自然地发出的声音,比如咳嗽和打鼾,但是打嗝和其他类似的声音已经沉默到从不被提及的程度。按照定义和默认的共识,它们是根本不存在的东西。只有在最亲密的情况下,一个人才可以抱怨由"心脏下方的压力"带来的这个令人尴尬的"内脏的空气"。

我们可以用自己的方式给每一种身体功能分类,然后观察它们是如何被文化禁律所限制的;中产阶级是如何被灌输约束自己的本能、情感和冲动的;语言和文化是如何成为他们的束缚,并有效地限制其生命中所有质朴和欢乐的感情。许多社会控制的例子都是可以唤起乐趣的珍贵的东西。从几代以后的人们的观点来看,中产阶级为了使自己迥异于那些坚定、脚踏实地的瑞典农民,而变得过分拘谨、保守,有时候甚至到了滑稽可笑的地步。

但是,这样的观点既误解了我们的先辈,也是不科学的。对维多利亚时代的拘谨的鄙视,同当时中产阶级去除农民的信仰体系——由于没上过学而无法知道正确的因果联系的思想的产物,并视之为迷信,两者不公正的程度是相当的。如果农民的世界观是建立在他们已有的生活条件的基础上,那么它看上去就是合乎逻辑的,有用的,并且——在外部的观察者看来——是能够被理解的。这同样适用于中产阶级关于身体的观念和对于秩序与纪律的理解。如果这些观念被视为日常生活经验的体现，它们的理性就显而易见了。

因此，必须在中产阶级的社会背景下来理解这些禁忌。这涉及了解他们是如何成为他们之所是，以及是如何在家庭和整个社会之中发挥作用的。在对文化和社会进行科学研究的基础上来理解中产阶级文化中的特性，这是一条我们要遵循的线索。

另一条线索是，将对人的身体和动物性的自我约束视为长期的历史过程的结果。每个个体在文化中受到的教育——文化适应和社会化的过程——与文化作为一个整体所经历的发展是相似的。这个过程的基本特征是自律的训练和人际关系的控制。[1] 出于当前的目的，追查 18 世纪这一进程的根源将是非常必要的。

## 合法性和生命的开始

我们已经看到农民的孩子如何被严格禁止知道成人的性行为。在中产阶级的家庭中，这种秘密性在逻辑上被进一步最大

---

[1] 见诺贝特·埃利亚斯 1939 年以来的经典著作（英译本，Elias 1978）以及一部献给埃利亚斯的论文集（Gleichmann, Goudsblom, and Korte 1977）。在欧洲文明史的持续研究中，研究者不断强调精英阶层在充当其他社会群体的模范方面所起的社会功能以何种方式发生了变化。埃利亚斯关注的是文明如何从宫廷传播到贵族阶层，以及后来的资产阶级。如果没有丰富的 19 世纪民间文化的资料，那么，我们就不可能在此处讨论斯堪的纳维亚地区的民间文化与精英文化的关系。

化。婴儿床中的纯净世界没有被外部世界污染。孩子被定义为纯洁无辜的,并且会一直持续下去,只要父母还有能力过滤暴露在孩子面前的经历。为了了解中产阶级文化如何调整和统一阶层、文化以及性别上的界限,我们应该仔细考察一种世界观是如何在婴儿期成型的。

只有在20世纪,女人在医院生产才成为普遍的事情。分娩从前是在家里进行的。如果在这个家庭中已经有小孩子,就有孩子会发现生命是如何产生的这一具体的危险。因此,怀孕和分娩引发了一系列谎言。也许可以很谨慎地暗示母亲怀孕,但是她的服饰和行为很少公开地宣布这一事实。当代的主妇咨询书籍就警告,如果孕妇炫耀自己的喜悦,可能会引起不满(Norden1913:438)。她应该谨慎而私密地等待这件喜事成真。

"孩子的出生笼罩在深远的奥秘之中",安娜·玛格丽特·霍姆格林这样写道。这位妇女参政论者提到,她的姑妈们甚至不知道她们的一个姐妹怀孕了。"她们只能从奶奶剪裁婴儿服的布料并让她们缝制来推测这一事实。但是她们并不知道究竟是给哪个姐妹准备的。"(Holmgren 1926: 78)上层人家的女儿只有在结婚后才能知道有关生命的奥秘。

孩子们被女佣告知一个弟弟或妹妹的降临。为了解释婴儿是如何降生的,她只好说它是顺着绳子从天堂降下来的,又或者是助产婆从自己的包袱里拿出来的。"在那个年代,助产婆这个词语是从来不被提及的。女士们最多可以彼此耳语的名称是'必需夫人'。"(Holmgren 1926:27)

孩子们陷入了一个"沉默的阴谋"之中（Elias 1978: 176）。很多东西的正确名称太复杂，也太粗鲁，以至于父母无法将之告诉孩子们。只有劳动者才将一把铲刀称为铲刀。父母由于缺少一种直接与孩子沟通的语言，而不得不使用医学上的术语——它们在文化上是可被接受的，虽然使用它们也并非心甘情愿。男孩子不得不等上许多年，直到年龄允许他理解父亲曾经用犹豫的和勉强的腔调告诉他的事情。对女孩子来说，必要的启示最好是在那个不可避免的时刻的前夕，也就是结婚之前——虽然在新婚之夜，丈夫将有更多让新娘处于全然的震惊之中的行为。

一种最好的家务书籍还会涉及这样的主题，即儿童在何种程度上可以被告知关于婚姻生活的事实。在那个时代的典型风格之中，女作家建议父母尝试让孩子们关于性的好奇心得到纯净化，这种纯净化可以通过使他们想象更轻盈的鸟类和蜜蜂来达到。

> 贞操是成长中的儿童最自然的感情，但必须通过强调这种感情以抵挡粗鲁、不成熟和耽于声色的攻击。最好是将众生的性关系和繁殖作为自然史的一部分，一种植物繁殖的延续。孩子们对这类事情没有任何复杂想法，就算他们听到不合时宜的提示和典故，也不会明白自己听到的是什么。（Langlet 1884: 1003）

对于诚实的要求——孩子们必须被告知人类繁衍的过程——与否认性欲和性行为之间的冲突来说，这是一个聪明的方法。

这种沉默导致了孩子们在不完整的知识的基础上，可以自由地推测生命的奥秘。优拉·李德曼-弗罗斯特森（或夏洛特，她在自己的传记中这样称呼自己）就讲述了她如何形成了自己的关于生命起源的理论。她同意婴儿从母体中出来，但无法接受它们出来的方式：

> 有一天，卜伦达讲述了孩子是如何从母体中生出来的。
> "啊！"夏洛特生气地惊叫。她退缩了，仿佛这是一件可耻的、侮辱人的事情。一想到自己也是那样出生的，无力感和难言之情就涌上来。创造万物的上帝怎么可以做出这样一个愚蠢的安排呢？
> "为什么它们要从那里出来？"她叫道，"如果用我的方法，胸口心脏的位置会打开，然后孩子就从那里出来，因为那儿才是高贵的地方。"（Lidman-Frostenson 1963: 37）

她还详细叙述了女孩子应该如何运用自己合理的无知获得成年人的肯定。知道衣服下面的人们的样子是不合适的事情，尤其是知道男孩与女孩在身体特征上的差别：

> 男孩与女孩是不同的，夏洛特当然知道。她和玛格丽特有一天坐在一起谈论这件事。当外婆走进来时，夏洛特意识到，如果不承认自己知道男孩和女孩有什么差异，就会被视为有良好的教养。

"我不知道男孩和女孩有什么不同。"她大声说。

"不,你当然知道。"玛格丽特激动地说。

"不,我不知道。"夏洛特坚持。

外婆走过来,把手放在桌沿。"冷静些,孩子们,"她说,"夏洛特是一个非常好的小姑娘,一个非常好的小姑娘。"（Lidman-Frostenson 1963: 36f.）

小孩子懂得,根据大人对世界的定义,一个小女孩知道一些事情是不合适的,虽然她并不能完全理解为什么这样。爱丽丝·昆赛尔注意到,当一个女孩的姨妈和母亲说她害怕怀孕时,母亲是如何地惊慌失措。那个女孩只有十几岁,母亲很可能陷入丑闻之中。不过,焦虑的原因仅仅是女孩早就知道怀孕是多么可怕的不合宜的事情（Quensel 1958: 131）。

关于用以保护无辜的小苗而树立起的许多堡垒,稍后再来探讨,我们先来想一想否定性行为所产生的孩子对母亲的不安全感。爱丽思·奥特森－金森,瑞典国家性信息协会的创始人,向我们展示了母亲沉默的态度可能如何导致儿童怀疑自身的合法性。当母亲否认孩子在自身内部孕育,取而代之以诸如接生婆的袋子,或者顺着云端垂下来的绳子,又甚至从垃圾桶捡来,孩子对于自己和母亲的身体关联就会产生错误的观念。她讲述了一个具有启发性的事件,关于母亲将性启蒙的知识传达给儿童的心理障碍:"可怜、笨拙的母亲们对于生命开始的完美方式常常充满焦虑和罪恶感。这种罪恶感到了一定程度,以至于当她的女儿在学校上完性教育课程后回家说'想想看,我是在你的身体中孕育出来的'时,母亲竟然回答,'你可以告诉你的老师,就说是我告诉你的,她可能是从她母亲的身体里孕育的,但是你不是在我的身体中孕育的。'"(Ottesen-Jensen 1945: 7)在她的观念中,母亲与孩子间的安全关系,可以通过拆除所有这些无价值的幕布来达到。有一个女孩的出生被解释为一个关于鹤的故事,在听完奥特森-金森的讲座时她不禁目瞪口呆:

> 那个下午,那位母亲告诉我说,当小布丽塔听完我的第一次演讲回家时,跑到她面前,搂着她的手臂说:"妈妈,妈妈,我是你的小女孩,我在你肚子里的一个小蛋壳中长大!"女孩所有关于被遗弃的担心消失了,根源就在于女孩和母亲建立了完全的信任。(Ottesen-Jensen 1945: 6f.)

与母亲的生理联系的不确定性常常在孩子与父母的接触中得到加强。母亲是一个有距离感的形象,代表着道德上的教养,而不是实际的身体存在和联系。出于性格上的原因,母亲就是一个家庭的中心,如爱丽丝·昆赛尔所说:"只有最小的孩子——婴儿,才可以被妈妈抱在怀里,而且就连那也是很少的。"(Quensel 1958:657)

提到母亲时,传记作家的描述都大同小异——她是一个容光焕发的,天使般的圣母马利亚(参见第三章,"受爱戴的母亲和受尊重的父亲")。一些作家在回顾世纪之交时,想起了自己对于失去母亲或母亲不再给自己足够的爱时的焦虑和恐慌之情。赫伯特·廷斯顿以非凡的诚实分析了自己对母亲的强烈依恋。他描述了自己如何以一个聪明的孩童所能使用的所有技巧来索取母亲的爱。她以各种方式纵容自己的长子，以行动来表示自己真的爱他。

拒绝回答孩子关于出生的真相是孩子依恋母亲的根基之一，她并不再确定无疑地作为母亲与孩子相联。然而，这还只是在整体的身体伪装下的一个细节而已。

**隐藏的身体**

我们可以再次转向农民阶层的儿童，以及他们受教育的机会，以此解释中产阶级儿童成长的环境背景。前者被潜在的信息包围着，当他们足够成熟并具有相应的接受能力，他们就可以自己获得动物繁衍的知识——可能听到一对仆人夫妇在干草堆中的呻吟声，又或者学习牛犊如何生育和哺乳、如何看管和护理婴儿这些几乎肯定会接触的事情。母亲这时总是在场的，而且可以在不同场合看到她们不同的装束。

在中产阶级家庭的文化环境中，几乎所有事情都和农民阶层是不同的。这里当然没有动物，但这并不是根本的决定因素。母亲和所有其他家中的女人的着装包裹住了牙齿以下的所有部位，就好像没有裂缝的盔甲。喂奶，这件属于母亲义不容辞的事情成了一件私密的事儿，只与母亲和婴儿有关。像农民家庭中的母亲那样公开的展示对于她们来说是陌生的，而且婴儿在几个月后就会断奶，这种纯母性的欢愉是私密而短暂的。

这或许是母亲对于刚降生的婴儿的不确定性的一种反映，而奶瓶则可以有效地缓解这种不确定性。英国人认为，奶瓶这项发明的最大好处之一，就是它可以用来训练小孩子在很小的年龄就养成好的习惯（Robertson 1974:411）。从规训的角度来看，不论是从妈妈还是奶妈的乳房吸吮乳汁，让孩子沉溺于口舌之欲都是非常危险的。允许自己的孩子由背景不清的奶妈喂养，不仅是一种不当的行为，而且直到目前，人们还为道德特性可能通过乳液传给喂养的孩子。在瑞典，对奶妈的有色眼光还表现在，母亲不能和一个花钱雇来的奶妈一起分享孩子的第一个微笑和第一个示爱的表情（Langlet 1884:963）。

很少情况下孩子关于女人或男人的样子的好奇心可以得到满足。思文·李德曼讲述了他和妈妈在浴室中的尴尬场景：

> 只有我和妈妈在浴室中。那里有一个小小的木制浴缸，顺着台阶可以走到一间只有一个板凳和一面镜子的局促的更衣室。妈妈站在最高一级台阶上，她穿着一件特殊的服装，我现在才知道那是一种典型的、标准的维多利亚式浴衣。她的头上戴着一顶帽子，脖子上紧紧围着一种短衫似的装饰，同身上的裙子一样都镶着白色的缎带，下面的衬裙和黑色的裤子长达脚踝。澡堂的木板墙对于年幼的我来说实在是太高了，而且从楼梯到那一潭深绿色的浴池的空间也太狭窄了。在被黑色包裹住

的女性躯体上，还有一些黑暗和严肃的东西。妈妈把我夹在腋下，浸泡在水里。我看到反射在水中的阳光，最后在木板条的空隙中找到自己的归宿，这是整幅暗色布景中唯一的光亮。我发出抗议的哭喊，得到的回应是被浸入黑暗、毫无善意的水中。

现在，我再也不会发出这种有意识的惊叫了。我在浴室中的哭喊早已融入了数以万计的其他焦虑的呼叫，它们共同形成一个孩子无意识的底层世界。但是我常常惊奇地问自己：她在浴室中面对只有 3 岁的儿子，身体完全隔离于公众视野之外时，都不得不穿着将自己的身体遮盖得严严实实的浴衣，那么这个 30 岁的女人在她的婚姻生活中究竟又是怎样的呢？（Lidman 1952: 62）

不仅在儿子面前隐藏自己，她还自我隐藏着。她被告知自己的身体是引人遐想的，因而也是可耻的。她自己也赞成从男性的角度看自己。浴池是个矛盾的场所，关于赤裸的谨慎规则与日益增强的清洁需求相冲突。任何对维多利亚式的拘谨有兴趣的人都会看到大量关于洗浴的伦理和技术的研究。我们将考察一些尤为困扰女性的问题。

安娜·玛格丽特·霍姆格林指出，女性被严格禁止向在场的绅士透露她打算去洗澡的意图，因为这会产生不当的联想："这种谨慎的严格程度甚至到了在一只胳膊上披毛巾都是不被允许的，我们只能把毛巾卷起来，放在胳膊下面，尽可能不引起别人

的注意。"(Holmgren 1921: 65)

旨在保护女性的森严的禁忌体系,同样意味着小孩子(像上面提到的思文·李德曼)被剥夺了了解真相和信息的权利。爱丽丝·昆赛尔向我们指出,男孩和女孩共浴时父母的警惕性会进一步提高,与此相应的是父母命令的加强。即使是妹妹的裸体也要在兄长面前隐藏起来。游泳在当时是非常私密的活动:

> 在乡下,过去我们的浴池就是一个非常小的池塘,小孩子在里面最多能游三下。在浴池之外,我们是不能游泳的,尽管在理论上我们都已经学会了这门技术。我们几个同学在一年冬天去上游泳课……有一天,我姑妈来视察我们的学习情况。她刚刚看望过我最小的还不满 3 岁的弟弟,就把他带来了。这震撼了我的兄长古斯塔,一个儿童教育的卫道士,当姑妈解释说弟弟还小时,她得到的回答是:"但是他可以宣传他在那里看到的!"(Quensel 1958: 103f)

保持身体清洁需要频繁地清洗整个身体,清洁标准是与一个人的社会等级相适应的。"文明人应该每天洗澡,或者至少一个星期洗一次澡",一本礼仪字典中如此记载(*BVT:s Lexikon* 1930: 13)。女人必须学会如何用肥皂、水和绒布清洗上半身,而不需脱掉自己的内衣。这需要一定的柔软度和耐心,同时还意味着例行的清洗不能忽视对端庄的要求。这种端庄在只有女人的热气腾腾的浴室中同样存在,不脱去贴身衣物洗澡是可能的,这样做可以避免浴室中好奇的目光。在世纪之交的斯德哥尔摩法语学校，洗澡被列入学生的时间表当中：

> 我记不起多长时间发生一次这样的事情，但仍然记得当我们走进浴室时，不能全部脱光衣服，而是穿着亚麻内衣。我不记得如何刷洗身体了，这大概需要高超的技巧，但是我始终记得，只有当我们走出水池，用某种天才的方法弄干自己，才能换上干净的衬衣。（Stjernstedt 1953: 73）

## 永恒的存在

保密的一个明显后果是对于被隐瞒的东西不断加剧的兴趣。中产阶级的社会就像一个堡垒，它的城墙将肮脏和污染隔离在纯洁之外。矛盾的是，这一意识旨在驱逐肉欲，却又反而把它植入一切东西之中，从而提供了一套系统的、农民社会无法想象的感官教育，也使性成为一门既科学又令人困惑的学科。这种受压抑的性科学走入学校，成为学习的重点，正在成长的一代在这里将受到更高的道德原则的启蒙：

> 只要浏览一下建筑布局、纪律规则和他们完整的内部组织就足够了：这里不断会有性问题。建筑师清楚地意识到这一点，组织者也永远把它放在考虑范围之内。所有权力的掌控者都处在永久的警戒之中，调整、预防措施以及处罚和责任之间

的相互作用不断地被提出来。班级的空间、课桌的形状、娱乐课程的安排、集体宿舍的分布（有没有间隔，有没有屏障）以及休息和睡眠的监督规则，所有这些都不厌其烦地涉及儿童的性。（Foucault 1978: 27f.）

因此，在文化的许多方面都有对性的压抑的象征性表现：在屋子里，在他们的计划和家具里，当然也存在于彼此的人际关系中。很显然，在一种处处受到礼仪限制的文化中，在为了避免不当的接触，连椅子腿都要用流苏披盖的礼仪环境中，总是有人不断地提醒什么是应该被隐藏的。

思文·李德曼的自传远远超过了最直率的文学作品中奥斯卡式的性教育观念，他准确地描述了父母的家庭，并以直率的、男童的眼光记录下来。关于赤裸的诸多禁忌、性的隐藏和低声的隐晦暗示只会挑起思文·李德曼的好奇心：

> 现在，我不愿再想下去了。羞耻和谨慎的感觉使我坦白的欲望受到了限制——一幅图片，一个场景，一个有意的行动，都以一种清晰的丑恶出现在我的记忆中。
>
> 我非常好奇地想看爸爸的身体。当他从工作或旅途中回到家，我经常潜入卧室，只为了看他换衣服，看他脱掉夹克、背心、长裤和衬衫。我想知道内衣下面的他是什么样子的，但是愿望从来没有得到满足。
>
> 不过现在他已经去世了——我不记得他是躺在棺材里还是

床上了,也许是棺材里,我潜入屋子里,掀起衬衫或者被单,又或者是一块裹尸布——回忆这些有些困难。看到被灰色毛发包围的细小干瘪的生殖器,我被巨大的失望之情笼罩着:难道只有这样吗?没有别的东西了么?这是我同养育我的父亲的最后告别,也是见他的最后一面。长时间被隐瞒的有关父亲性别的事情,孩子却只能向死亡和死者进行这样的报复。(Lidman 1952: 65f.)

通过篱笆上的小孔和墙上的裂缝,孩子们可以满足自己的好奇心,甚至不断积累自己的好奇心。对于中产阶级家庭的孩子来说,乡下生活是新知识的来源。暑假在很多方面都是免于强制和监督的自由时间,与之相对的则是在城里的日子。在乡下,孩子们可以有自己的体验,从观察中获得自己的论断。在阅读回忆录时,我们都会震惊于作者如此频繁地回忆起由乡村生活复制的那些神秘体验。在家里和学校他们学习蜜蜂传递花粉的理论知识,但是在课堂外亲身观察到的具体事实面前,这些都是没有任何用处的。父母当然不希望孩子吸收这样的知识,但是阻止这样的知识也是不现实的。在任何情况下,禁止只会进一步鼓励孩子更努力地去发现。伊斯雷尔·霍姆格林在赫塞尔度过暑假,住在贝格斯拉根矿区亲戚的农场里:

在赫塞尔我们过着无与伦比的生活。没有什么被禁止,只有一个例外,就是严格禁止观看马的交配,但这也最能引起我们的好奇心。通过聪明的策略安排和战术发明，我们经常可以成功地观察到交配。种马的鼻子上拴着勒马索，一端系着一根长长的绳子，这样就可以在安全的距离内控制它。种马一声长嘶，后腿高高扬起，朝顺从的母马奔去。之后，一桶水淋在母马的屁股上，使它接受到的东西得到保留。我们总是带着极大的兴趣观看这个过程。（Holmgren 1959: 18）

男性性行为永远存在。这是女人要一直对抗的，因此也是不断被提醒的。维多利亚时代的男性被认为是一群偷窥狂。女人，不论在科学还是艺术中，都是从男性的角度考虑的。男人总是那个观察者和导演，决定什么是女性气质，什么不是。同样，男性的压抑观念传递给女性，成为她们看待自己的一个过滤器。女人必须知道男性的性行为是动物性的，是她们必须臣服的自然物质。维多利亚时代女人的角色就是要"闭紧她们的双眼，然后想象自己的帝国"。

只有深沉和持久的爱才能保证性关系的正当性，伊斯雷尔·霍姆格林在描述他的母亲对这类事情的态度时写道："没有爱的性关系是令人厌恶的，是一切犯罪之上的犯罪……她瞧不起性行为和一切导致性联想的东西，这使她恶心。我有一次听到她在一场讨论中的话……中心论点就是：'女人对一个赤裸的男人的自然反应是呕吐。'"（Holmgren 1959: 39f.）霍姆格林强调他的母亲在这类问题上的观点如何在他的成长过程中留下许多蛛丝马迹。联系这个背景，他对马厩中发生的事情的强烈兴趣也就不足为奇了。所有禁忌都让被禁止的事情瞬时变得令人兴奋，引起争议，它们在成为污秽的同时也变得永恒。

## 毛毯上面的手

直到适合的年龄才能与女人发生性关系，男性的性行为借此得到了一定程度的规制。农民的初次性经验可能相对早一些，确切的年龄由他们的结婚年龄决定。加入年轻人的圈子（经历了成年礼）和参与夜晚求爱的风俗构成了性行为的合法性（Wikman 1937: 17ff.）。

在中产阶级的文化中，对男女青年来说理想的情况都是把初次性经验"保留给婚姻"。霍姆格林第一次订婚失败，到 28 岁才有了自己的第一次性经验（Holmgren 1959: 74）。在这之前，他从来没有碰过自己的未婚妻，婚前性行为是不被接受的。

这种抑制奠定了道德双重标准的基础，使卖淫成为有必要存在的罪恶。妓女给了男人定期发泄的机会，并且不会产生不良社会后果。科学话语甚至强调了定期发泄的生理好处，也就是说男人显然要么需要婚姻，要么需要嫖娼。[1] 中产阶级的女性从观念上说并没有这样迫切的需求，她们可以等到适合生育的年龄发生性行为。

---

[1] 一种从社会学角度对卖淫和性角色所做的概述，可见 Rita Liljeström 在一部论文集中发表的论文（1981），他还细致地分析了瑞典在历史上和今天的状况。另一种对 19 世纪后半叶卖淫业的更量化的研究，可见于 Lundquist 1982。

男性性行为却是一个持续的威胁，直到它被安全地引导至婚姻的天堂。这种谨慎和忌讳的最明显的证据，或许就是由自慰引起的普遍的恐怖之情。如果家长在养育孩子的过程中不够警惕，孩子就有可能变为习惯性自慰。母亲要确保孩子睡觉时双手放在毯子外面。年轻男孩在别人面前总是被教育要抬头而不能低头。

思文·李德曼在威斯特拉斯的叔叔家长大，叔叔最大的担忧就是他的外甥可能会成为一个自慰者，"光是这种可怕的和令人厌恶的声音就足以使我不愿意去想这种罪恶"。(Lidman 1952: 260f.) 小男孩第一次意识到这个词的严重性是在刚刚进入青春期的时候：

> 在最初几周到威斯特拉斯的时候，有人用一种无情的、审问式的方式问我有没有"手淫"的习惯。
>
> 花时间摆弄自己两腿间的小器官这种行为对于我来说还太过陌生，在巨大的尴尬中，我只好对这个完全没预料到的问题做出否定的回答。
>
> "不要说谎，说实话就不会挨打。但是如果你说谎了，你将为此付出代价。所有男孩都手淫，所有男孩都说谎，所有男孩都偷窃，但是他们是可以被教育好的。只要告诉我实话就不用挨打了。"
>
> 我说了实话，却因此而挨打，还是一顿暴打。他迅速而有经验地揪住我的衣领，连带着皮肤，我像小狗一样被揪起来，棒子在我的后背和腿上挥舞。在我的人生中还从来没有

像成人一样被殴打过。这是一种爆裂的、令人惊讶的、无法克制的疼痛,我在尖叫中被打得皮开肉绽。我疼到已经只能承认任何罪孽,我说了谎,承认自己偶尔"手淫",而在这个古怪和可恶的词面前我是完全无辜的!于是殴打终于在冷酷的训诫声中停止了:"好吧,你再也不会试图说谎了。"( Lidman 1952: 212f.)

惩戒由一位高中老师实行,他知道男孩子们即将做什么。他是威斯特拉斯的亚奈贝尔格公园的创建者,教育的使命以格言的形式雕刻在石头上:"消除早年的秘罪。早熟的欲望会破坏照料多年的果实。"受学校教育的下一代在这样的教育下懂得,只有规训自己的本能,才能获得奖赏。

在与孤立的自慰之罪的战争中,任何武器都是被允许的。医学书籍贡献出具体的建议给父母以治疗这一恶习,从饮食、洗浴、药物到更激烈的手段,比如用带尖的笼子和石膏模型来阻止孩子触摸自己的生殖器,甚至还包括手术方法——有记录表明医生曾为男孩子行割礼,为女孩子做阴蒂切除术和锁阴手术。[1]这种器械和手术的方法可能并不常见,最有效的防治自慰的方法还是父母的直接控制。鲁弗医生的流行医学百科全书就描述了如何发觉年轻的自慰者:

---

[1] DeMause 1974: 48f. 讨论了手术的证据,其中有一种可怕的器械,其图形可见于 Trudgill 1976, plate 5。

为了这个目的，父母、老师和教育者一定要睁大眼睛。自慰者不需要有所行动就可以被发现，有一些确定无疑的信号：当他在课堂上走神时；当他跟从前相比成绩大幅下滑时；当他频繁出入厕所，偷偷摸摸，脸色苍白，浮现黑眼圈，在床上呼吸困难，早上起床后闷闷不乐，缺乏活力的时候。治疗这种自慰者的全部疗法就是严酷的纪律。在学校，老师的目光必须一直停留在他的身上，即使课间他也要在监视之下；在家里，父母必须对他进行监控。他不能单独睡一个房间，一个不能避免的麻烦就是每天晚上都要去他的床边看几次，拉下毛毯，不论他睡没睡着。当受到这种探访的威胁时，被恶习误导的男孩就不敢再自慰了。如果他还是屡教不改，那么在夜晚，他将被粗壮的藤条紧紧捆绑住手腕，兄弟姐妹都可以去看这些惩罚的工具，但当然不会被告知惩罚的原因；他应该穿一件一体的服装，完全密封住自己的躯干和四肢，在这种衣服的帮助下，最顽固的小罪人也可以被驯服。(Ruff 1893:553)

医生提供了与手淫进行斗争的进一步援助措施，他们使自慰者相信自己的行为破坏了身体和心灵。大量丰富的非正常性惩罚内容在等待着自慰者，从掌心长满毛发到萎缩的脊髓、癫痫，甚至是完全的瘫痪。奥古斯特·斯特林堡在《女仆的儿子》中讲述了与19世纪反自慰行为最重要的著作——《一个青年朋友对青年最危险敌人的警告》的作者、德国虔信派教徒卡尔·冯·卡弗进行的论战。[1] 在乡村过暑假的时候，斯特林堡的英雄从一个年纪稍大的朋友那里学会了自慰，并将之视为自然的馈赠。但是，当他回到斯德哥尔摩，阅读卡弗的那本书时：

> 他的双眼迅速掠过纸面，不敢停留。他的膝盖发抖、大脑充血、脉搏停止。这再明显不过了：他在 25 岁的时候将面临死亡或精神错乱！他的脊椎骨髓和大脑将腐烂，他的双手将颤抖不止。太可怕了！治疗？天哪！即使耶稣也不能治愈身体，而只能医治心灵。身体在 25 岁死去，唯一能做的事就是从永恒的诅咒下拯救自己的灵魂。（Strindberg 1967b: 108）

重要的是，不能仅仅谴责医学界对手淫行为虚构的影响。当然，他们对这种道德犯罪可能导致身体和精神方面疾病的声明，给了焦虑的父母一个有力的武器，赋予他们的监管以医学上的合法性。但是这种信息为环绕在禁忌周围的保密和罪恶感提供了很好的温床，在控制孩子性行为的过程中，父母也在同自己的性行为做斗争（DeMause 1974: 43）。

---

[1] 司西特·卡尔·冯·卡弗的这本书的德语版在 19 世纪后半叶总共发行了 20 次，而瑞典语版也发行了 9 次。关于瑞典人对自慰及其危害之争论的详尽分析，请见 Nilsson 1981。只是到了 19 世纪、20 世纪之交，才开始有医生出面反驳那些认为这种习惯有害健康的既定言论，但这些新观念却被中产阶级牢牢阻挡在外面。直到 1930 年代和 1940 年代，才能看到真正的重新认识。

在中产阶级文化中成长起来的年轻人应该有健康的心灵、进取的精神和优雅的举止，而自慰者的形象则与这个理想形成了强烈的反差——自慰罪人的形象是冷漠、缺乏安全感和没有骨气的。简单地说，他缺少他所处的文化背景中最突出的特性——自律，他放任自己接受自然欲望的驱使。性行为使我们与动物无异，因此是文明生活和理性社会秩序的威胁。它被认为是反社会的力量，必须受到约束，以防止它毁灭个人乃至整个社会。社会秩序越严格，性行为越被压抑。

"无序是一切罪恶的开始"是亚奈贝尔格公园的另一条格言，鼓励年轻人严于律己，自我控制。在以后的生活中他们将认识异性之爱，并在婚姻的安全天堂里学会将性行为限制在维持物种繁衍的最小需求之内。毫无节制地遵循自然本能的自由行为会危害人的健康，就如同自慰行为那样。有一本给相爱的人和新婚夫妇提建议的书，名叫 Tyst!（《沉默!》），它有很多版本，作者在书中这样写道：

> 对于一个理性的人，性行为应该像其他事情一样，价值不在于它带来的愉悦，而是造物主为了人类物种繁衍而创造它的这个目的。要达到这个目的，适度享受性交带来的欢乐是首要条件，这不仅就其中一方而言，而是对双方都同样适用的原则。( Becker 1916: 17 )

当父母确保孩子睡觉时双手放在毯子外面，就是希望他们在将来可以实践这种有序、克制的性行为。

## 下人

圣母玛利亚式的中产阶级母亲向还在哺育中的小孩子传达了一种畸形的、发育不良的女性形象。她让女儿感到自己的从属地位，让儿子怀疑她们除了当家庭妇女还能做什么。孩子的世界观在她的照料下发生了转向。但几乎可以肯定的是，母亲的角色在维多利亚时的社会中被高估了。与此相反，是仆人不断灌输给孩子关于社会结构和自身构成的思想，而且最重要的是，仆人也灌输给孩子关于两性关系的看法（Davidoff 1976）。

家里总是有大量工作要做，不仅因为它属于像农场那样的生产领域，还因为它需要不断的清理。随着实践活动在家庭内部的消失，清洁的需要却开始——悖论式地——增长。[1] 家中的纺织品必须定期清洗，房子要每天打扫，地板要经常擦洗，许多首饰都必须除尘和磨光，直到它们光彩夺目。家庭日常生活的每个角落都被秩序掌控：

---

[1]　这个研究领域近年来已经发表了大量论著。女性主义文化理论曾经一度将家务看作女性研究的核心问题。Lissie Åström 已经研究了家务之理性化对瑞典人的影响（1985），她的博士论文（1986）考察了家务劳动逐代传承的方式。如果中产阶级的女性想要满足她们对自身、对环境以及工作条件的需要的话，那么，理性的做家务对她们来说就是一项必要的工作。

这些［家庭主妇的］义务中首要的就是秩序。如果家庭主妇缺少秩序观念，她必须竭尽所能获得它，因为没有秩序就不会而且永远不会有能力适当地处理家务。秩序不仅是保持房屋整洁，没有杂物堆积，每种家什都各在其位，这只是其中一个方面。对于日常来说，还必须有一个固定的安排，所有经常性的工作都据此开展。仆人必须知道每天的第一件事情是给每间屋子生火，然后打扫，再摆饭桌，以此类推。所以，桌子不会在没有生火的屋子里摆放，打扫后的壁炉前没有树枝或树皮，诸如此类。

另外，孩子、父母和仆人用餐时必须有严格区别的规范；孩子的洗漱、阅读和其他事情都要有固定的时间，毛巾和床单定期换洗，瓷器和玻璃制品不能留在厨房的排水板上，睡床要订做，屋子要通风——总之，所有家务事都有特定的秩序，除非有必要，否则绝不能打破规矩。所有要做的工作在主妇的头脑中形成一个时间表，当她拥有良好的秩序观念并能将之维持下去时，她和整个家庭很快就以此为习惯，每件事都无比简单起来，如同它会传播幸福感并为日常生活赋予一种清晰的感觉。（Langlet 1884: 9）

秩序的保证由家庭主妇负责，但是实践的任务则落在下人身上。当女主人做出计划时，是仆人在实行这些计划。自然，这种方式随着家庭经济状况和家庭所处阶段的不同而有所不同。每个家庭要最大程度地发挥自己的功能，必须拥有一个女仆和一个厨师，前者负责管理日常家务，后者购买和准备食物。因此，是仆人们将生食转化为熟食，将自然转化为文化。主妇们社会地位提高的标志就是，她们由此摆脱了枯燥乏味的工作以及所有与机体直接联系的活动。

让我们来考虑一下仆人们的实际职责。女仆必须将肮脏排除在家庭之外，她们对保证家庭安全中秩序和文化的支配地位负有实际上的责任和考量。从当时的观点来看，女仆最有趣的责任是培养孩童。当然，她并没有承担他们教育中的道德责任——这是由父母负责的，但是每天与孩子接触是她的职责。她要确保他们干净整洁，给他们换尿布，训练他们上厕所，给他们擤鼻涕，在吃饭时把他们脸上的食物擦净。更重要的是，在孩子学会足够的餐桌礼仪前常常是仆人同他们一起吃饭，之后孩子才被允许与父母在餐桌上共同进餐（Nolan 1979）。

因此，所有私密的身体活动和生活必需品都由女佣们来照料和负责。她们从事单调、肮脏的体力劳动来照顾家庭，每天的工作就是使孩子成为一个文明人。我们已经看到，全世界都是低阶层的人在从事这样的工作，这涉及女性的从属地位这一问题——传统上，她们就一直担负着将自然转化为文明的责任。同时，这也与中产阶级家庭中仆从的角色有关。

但是，是根据性别还是社会地位进行劳动力配置有重要的区别。中产阶级家庭中的仆人来自与主人完全不同的社会阶层，她们大都出自农村或城市的工人阶级。直到1930年代，家务工作仍然是年轻未婚女性传统的收入来源（Moberg 1978）。

这样的环境对儿童的成长和教育具有重大影响。孩子们不得不认清，帮他们清洁、为他们准备食物、送他们上床、保证他们干净和得体的那个人其实只是下人而已。对于行使这些职责的人，孩子和父母都有管理的权力和合法的权威。

孩子可以看到仆人是与自己不同种类的人。孩子在很小的时候被引导着要掌握良好的举止和恰当的谈吐，保持鼻子干爽、身上没有异味等，可是引导他们的人并不以此为理想的生活方式。乡村女孩并不特别重视卫生状况，她们也不讲究得体的谈吐方式；相反，她们常常使用引人注意的下等阶层的方言和粗话。教育、策略、阶层和保持纯洁，这些孩子在教育过程中必须获得的品质并不是仆人们所拥有的。

之前的理论已经提到对他人的排斥是如何通过身体控制内化为个体的一部分的（参见第四章，"身体作为桥梁"一节）。从这种身体排斥的文化基础中，可以看到孩子和仆人的一种典型的关系类型。孩子逐步学习压制自己体内的动物本能，与机体活动保持距离，但是他们却每天都看到那些不恰当或不得体的事情在身边上演。因此，对于下层人们的行为，在潜意识里他们并不会觉得惊讶。在以后的生活中他们将阶级差别视为理所当然的，他们不会出于明显的恶意或病态而排斥下人，这种感受早已经根深蒂固了。

仆人们还有另外一种品质，这种品质可以很容易体现在那些处在社会边缘、以将自然转变为文化为业的人们身上：女仆们在道德上被视为是松懈的。当她们进入家庭，她们的道德就必须受到家庭主妇的监管:"不能有男人出现在你的房间。"更重要的是,她们对于整个家庭的道德来说都是一个活的威胁。主人将女仆视为头脑简单的人,孩子可能从她们身上学到一些父母想要隐藏的东西(Nolan 1979)。

> 父母要严加看管,以防孩子和仆人发展出亲密的关系,因为这对孩子的道德是非常危险的。总之,当父母不在的时候,孩子不能单独和仆人在一起。即使很尊重奶妈或保姆同她们照顾的孩子之间的关系,一个严谨的母亲也不能表现得过于殷勤。(Norden 1913: 196)

这段话出自一本给家庭主妇提建议的书籍,可以与同时代回忆录中描述的孩子们听仆人讲故事的兴奋之情和父母发现这个习惯是如何的不适宜相互参看(参见第三章,"隐形的父母"一节)。中产阶级家庭的孩子们经常是在厨房中开始了解一些粗略的关于生命繁衍的秘密。也是在同样的地方,他们第一次学会说脏话(Rehnberg 1969)。在回忆录中,弗里德里克·朗戈尔用并不愉悦的心情回忆了童年时期他同仆人的亲密关系。成熟后,他意识到自己从这段关系中学到的知识并不能为他今后的生活带来好处。弥合阶级障碍的尝试是不可能成功的:

> 我们同仆人的关系很好,她们有的看着我们出生,也看着我们的妈妈出生。但当我回想起这种亲密,尤其是在大些的时

候同男仆的关系时,我不得不承认,这种关系一旦过了童年的最早期,就变得不适当了,这并不是说一直只有害处。我学会的大部分肮脏、粗俗的歌曲和坏习惯,都来自年轻的男仆,在那时的我看来,他们的世界比那些严厉的老师的生活要有趣得多。(Wrangel 1924: 313)

菲利普·阿利耶斯对18世纪法国的仆人也有类似的评价(Ariès 1962: 117)。男仆主要在瑞典贵族的家中工作,比如弗里德里克·朗戈尔那样的家庭,但是在世纪之交的普通城市家庭中,男仆就是一种很少见的奢侈品了。是女性在帮助打理家务,也是女保姆在同孩子接触。因此,孩子们将她们和情欲联系在一起就是完全合逻辑的。女仆代表着亲密、身体、肮脏和性,这些特性与母亲的形象形成了鲜明的对比,后者代表纯洁、光彩和不可靠近。

在中产阶级的性观念中存在着一个明显的等级问题。男人选择比自己等级低而不是同等级的女孩,这可以部分地解释为高等级家庭中的女儿不易接近,但是除此之外,低等级家庭中的女性还表现出明显的吸引力。其中的不同在很大程度上与教育环境相关(Davidoff 1976)。

## 自律的起源

严格控制人们性生活的规则也完整地适用于对身体的记录。一个文明人要懂得如何区分身体和社会。这种拘谨的文化理想自世纪之交就存在于中产阶级的社会环境之中，已经确定的具体例子可以追溯到19世纪的几十年间。那么，我们是否可以找到它在瑞典社会开始传播的准确年代呢？

有必要从19世纪中叶出发，寻找一种与适度和严谨的中产阶级完全不同的人类形态。我指的并不是相对缺乏纪律的农民阶层，而是社会的上层。艾立克·阿夫·艾霍姆记录了在1840年代的斯德哥尔摩，克勒克家中举办的一场晚餐舞会，以下是其中狂放不羁的场景：

> 晚餐后，我们跳起疯狂的"织布"舞，绅士们把对方抛向墙壁，女士们手臂乌青、大汗淋漓、裤子裂开；随后是狂野的"汉伯"舞，卷发随着头部剧烈的摆动而变得顺直，裙子飞舞到膝盖上面；最后一只舞叫"火热的桑拿"，我想至少这个名称是非常确切的。最后，L.和五个男人一同跳了一曲波尔斯卡，没有音乐，他们跳得太热烈了，以至于约肯斯坦的假发都掉下来挂在鼻子上了，他不得不跑到门厅口，这把大家都逗乐了。（af Edholm 1948: 1733）

在舞会上，没有一个可以称为现代意义上的有教养的人。男人紧紧抓着自己的搭档，狂野地旋转，不羞于流汗。虽然还不能肯定在多大程度上这种生动的场面与当时日常生活的放纵相一致，但是很明显，身体感官的放肆享乐还没有被禁止或排斥。

因此，直到19世纪下半叶，自律才开始在上层社会中传播。

但这并不意味着这些特性在这时才第一次出现，拘谨的历史还要追溯到更久以前。

中世纪为君主和贵族撰写的礼仪书籍强调的是与农民阶级基本相同的清洁规则。理想形态是清洁、卫生和行为举止大方合体，并没有关于身体的禁忌观念。举例来说，当一个年轻男人擤鼻子时，不能用吃饭的手指，然而，使用手指仍然是完全可以的（Elias 1978:143ff.）。

根据诺贝特·埃利亚斯的文明进程理论，中世纪的人是未进化的。他们充分表达着自己的冲动和攻击性，毫不约束自己的生物本能。野蛮的暴力每天都在上演，他们从战争和屠杀敌人中享受着莫大的乐趣。男人满足于自己的性本能，没有任何内疚或羞愧之情。当然，不能过于浪漫地认为古典时代对感官享乐没有任何约束——中世纪的人们并没有完全放纵自己的激情（Huizinga 1924: 95ff.），只是在对待感情上的自我时，他们的态度更多地受到冲动和情感的指引。精于算计什么该表露、什么该隐藏是后来的人类形态。

被公认为野蛮的封建贵族在文艺复兴后逐渐被淘汰，一个文明的人类形态在 16 世纪、17 世纪开始形成。在埃利亚斯看来，野蛮的消失要归功于卫生观念。

让我们再从擤鼻子的道德规范来解释这个理论。17 世纪，手帕传入了欧洲王室，它首先由有影响力的路易八世开始使用，这一风尚进而传向整个法国贵族和欧洲王室。手帕不仅被作为一种装饰，还可以用来擤鼻子，毕竟手指沾到鼻涕是非常不愉快的事情。

之后，适用于鼻子的规则开始应用于更大范围的身体器官。人们谨慎地咳嗽、克制地笑、有控制地行动，人们开始对每天应该睡几个小时、如何睡之类的问题感兴趣。作为一个整体的生物性自我开始成为关注的重点。

身体器官之所以受到各种规则的约束，是因为放纵它们有害健康。强烈的感情不仅破坏精神平衡，而且会导致身体不适。性本能必须得到规训，因为制造精液会消耗大量的身体成本，性交兴奋后的精疲力竭就是一个表征，显示了男人和女人的体力在这一行为中消耗的能量之巨。保持身体清洁，以及照顾好自己的身体是健康的决定性因素。

这种态度的一个事例来源于18世纪一本丹麦的医疗书籍，书中警告了私通和自慰的不良后果："很难想象有哪种身体或灵魂的疾病，不是源于它们，它们比其他任何原因都更能破坏人的身体和外表。它们将风度、优雅和美丽从男人与女人身上夺走，熄灭人们对生活的渴望。"这一罪恶最重要的和不可避免的后果如下：

> 疲劳和消瘦，一张衰老、苍白、虚弱、肮脏的脸……癫痫，惊厥，以及各种形式的痉挛……一千种形式的胃病……眼睑肿胀、完全失明，一种出血不止、牙龈松软的坏血病，轻轻按下时流出散发着恶臭的粘液，口臭，有异味，尿液混浊、发白，身体的一个或多个部位瘫痪……（引自 Hansen 1957: 39）

另一本医疗书籍提到，如果男人犯了通奸罪，他全家人的健康都会出问题。他的妻子可能变得抑郁狂躁；而如果她的孩子喝了母乳，那么母亲的耻辱就会通过乳汁传给孩子，孩子的一生就因为父亲的罪过而毁掉了（引自 Hansen 1957: 41）。这个说法如果听上去似曾相识，是因为它与始终将健康作为规范的参照点和守护者的观点相同，而后者我们在世纪之交的中产阶级中已经看到了。

关于健康的规则我们可以在很多育儿手册中清楚地看到。根据菲利普·阿利耶斯的论述，17世纪、18世纪是人们第一次发现童年及其对成人性格的形成具有重要影响的时期。孩子在之前只被视为成人的缩影，最早的童年不过是成长中的一个普通阶段，在这之后便成为社会人了。因此，对孩子的照顾和养育并不十分重要——他们不需要形塑，而只是简单地被吸收进成人的世界（Ariès 1962）。

由于洞察到童年是一个学习时期，教育和培养领域的投入便不断加大。对我们来说，尤其重要的投入是对儿童清洁的训练。孩子在很小的时候，就有了要保持清洁的可取性和必要性的意识，清洁和卫生的终极原因就是健康，肮脏带来疾病。另一个对健康的关注所导致的结果是孩子不应该自慰，不应该唤起自己的情感或者沉迷于剧烈的身体运动之中。儿童的世界和活动范围总是由父母和监护人划定，离开游戏场所和破坏规则在他们看来是永远的威胁。

健康是消灭野蛮的武器。文明人被引导着相信，在社会中什么是不合要求的，什么是被他人和官方所谴责的，这些限制都是出于健康的原因，破坏规则就会造成人身的伤害。关心自己身体健康和精神平衡的人必须关注自我，实行自我规训。当然，中世纪的王族在清洁和行为举止方面也有自己的礼节和规则，但是他们从没有想过破坏这些规则会造成伤害。破坏礼俗对他们来说可能是不光彩的，笨拙的行为也可能是对他人的冒犯，但是他们从来没想过会因此带来疾病。文明人则相反，他们将社会规范和礼仪规则内在化，因为他们相信违反这些规则会受到伤害，这种个体的内化和社会层面的内化同时发生。

如果这个推论是有效的（以埃利亚斯的理论为基础，Elias 1978），就意味着世纪之交的中产阶级道德观是一段相对较短的历史进程的产物。这种以农民阶层缺乏的、严厉的自我控制为主要特性的道德观，可以追溯到17世纪的上层社会。

根据埃利亚斯的观点，弗洛伊德称为"超我"的控制功能是社会和历史事件的产物。弗洛伊德的超我是克制攻击性和"力比多"的一部分，确保冲动不会随本能自由地表达：

> 他的攻击性是融合、内化于自身的，事实上，它从哪里来，就回哪里去——它受到自我的指引。这个"自我"只是整体自我的一部分，它与剩下的部分，即"超我"相对立。现在，这个超我即将以"良心"的形式参与到行动中，不仅与具有残酷攻击性的自我相对立，也与希望他人满足自己的那个自我相对立。严厉的超我和受其约束的自我之间的张力，就是我们所谓的罪恶感，它表现为惩罚的需要。因此，文明通过削弱和解

除个人危险的攻击欲望,并且建立专门的监视机构来获得征服这种欲望的力量,如同驻军在一个已经被征服的城市。(Freud 1930: 123f.)

埃利亚斯在解释中产阶级性格形成方面的贡献主要在于,他指明了控制在整个身体活动中所起的作用。个体将健康形塑为生命的本能。中产阶级文化中严苛的道德由此从卫生和健康观念中产生出来,从思想、语言和行为上强调保持清洁和强健的观念中产生出来。

## 厌恶和同情

常常有一个温和的小裁缝——总是同一个人——在家里和我们一起吃饭。爸爸对这个客人非常宽容,虽然她有时候的行为同我们父母的规则和习惯直接冲突。不说其他的,单讲她用指甲给土豆剥皮,而且有时候把这样去皮后的土豆递给爸爸,害羞但是友好地说:

"医生,您想要一个土豆吗?"

爸爸有风度地笑笑表示接受,他一点没有表现出恐惧或厌恶的感情,除了皮肤上皱起的鸡皮疙瘩。(Blumenthal-Engström 1947: 45)

餐桌礼节具有非常重要的社会功能。一个人掌握餐桌上的行为礼仪就代表着他接受过良好的教育，来自优秀的家庭。餐桌礼节还为人们在社会中提供了安全感，他们不用犹豫如何使用刀叉，吃甜品用哪个勺子，如何饮酒、交谈和表现。另一方面，如果一个人没有学过这一套复杂的规则，违反了这些不成文的规定，马上就会显露出来。餐桌是暴发户自暴其丑的典型场合，在这里，谁拥有等级而谁没有是一目了然的事情。

仆人从来不与中产阶级家庭的主人们共餐。女仆在桌边等候人们进餐，但是她自己在厨房吃饭，吃的食物同楼上的主人也是不同的。家庭外的短工——园丁、洗衣婆和其他人自然也在厨房吃饭。中产阶级在选择同谁进餐这个问题上因此总是慎之又慎。狼吞虎咽、大快朵颐，又或者把手放在桌子上的人都不在邀请的范围内。身体上的厌恶在这里形成了一条界线。

在公共场所或者街道上吃东西，对于普通人来说没什么，但是对于上等社会家庭的孩子来说就非常不适当了。因为这样与动物太接近了：

> 哈塞·Z.有一次看到一个正在咀嚼食物的人，他长着一张羊一样的面孔，让人想起正在咀嚼反刍食物的野兽。这种判断是完全正确的，并且在看到那些嚼口香糖和满嘴糖果的人之后会被进一步证实。只要是在适当的场合，比如在餐桌上或者野餐时，咀嚼就是正当的，但是，当一个人在街上、电车上、方向盘前吃东西时，之前的判断就完全正确。一个人不能在走路时吃东西。小孩子或普通人在穿越城镇的道路上吃喝也许是无

害的,但是当一个受人尊敬的人漫步在城市的主干道上,脸由于嘴里塞满三明治、啤酒或冰淇淋而被撑得鼓鼓的,这肯定会造成极大的骚动。如果由于环境所迫不得不在没有合适的室外服务之时在街上吃东西,他也应该尽量私密地做这件事,……因为要满足自己吃的自然需求而感到羞愧。(Wingårdh 1937: 408) [1]

吃的复杂礼仪还传达了这样的信息:在餐桌上,身体和社会是相脱离的。虽然机体的需要——饥饿得到了满足,但是表达饥饿是不被允许的。进食要有自我控制。如果可能的话,不能有任何关于食物准备地点的暗示,餐厅不能有烹饪的油烟留存。服侍的人员必须穿特定的礼仪服装:仪式场合着黑白色,日常则着蓝白色。

油烟使人想到那些生活得非常原始的人们,也因此与文明的生活不相适合:

"这里有看门人的味道",奶奶走楼梯时经常这样说。这里有咖啡渣、卷心菜和湿衣服的味道。卷心菜要经过炉灶上的沸水锅煮熟,因为它是廉价的食物。咖啡渣和煮沸的咖啡闻上

---

[1] Wingårdh 清楚地意识到这个事实:礼仪会因时而变,正如他在前言中所说的那样,"那在一百年前习以为常的,在今天却可能不合时宜了"。但是,尽管在前后七版中经过了不断的修改,他对在公共场合吃喝的谴责却是始终未变的。

去是贫穷的味道,而这不是它应该有的。每一次,爷爷奶奶在他们位于奥斯特茅姆的大公寓里煮过咖啡后,都要把咖啡滤网扔进厕所冲走,这样就不会让整个屋子都弥漫着咖啡渣的味道了。(Kullenberg 1974: 132)

身上有异味是非常无礼的。过浓的香水是庸俗的,而体臭也是下等人的标志。孩子深受这些偏见的影响,并将之视为道德戒律,不讲卫生就是罪过。思文·李德曼的女儿描述了当一个陌生人说她有味道时她是多么痛苦:

> 一位优雅的女士到房间和女孩们道晚安。夏洛特以前没见过她。她有一头火红的头发和一张白皙的脸庞,一双眼睛大而闪烁。
> "这里很好闻,"她用愉快的声音说,呼吸着其中的空气,"是刚刚洗过澡的孩子的味道。"
> 夏洛特非常难为情,身上有味道几乎同说谎一样令人羞愧。(Lidman-Frostenson 1963: 78)

什么样的社会群体身上有味道,而且毫无礼节和规则地在热锅和油烟中吃饭?谁对待性毫无节制而且容易发怒和悲伤?自然是那些粗鲁、没教养的工人阶层和无礼、肮脏的农民(顺便提一句,农民在世纪之交的时候还没有成为被嘲笑的对象,那时农村和城市时兴的还都是老一套的对地痞流氓的嘲弄)。

为了理解这种审慎的拘谨、良好控制的生活方式,以及与外部世界及其混乱形成鲜明对比的对家庭及其秩序的强调,了解这些现象的本质非常重要:一种面对侵蚀整个社会的骚乱和不安的防御机制。正在形成中的工人阶层生产出让中产阶级获益的幸福和安宁。通过自己节制的生活方式,中产阶级获得了不与低阶层群体混同的盔甲。对工人身体性存在的否定为双方竖起了一道明确的藩篱,"我们在上,你们在下。"中产阶级经济上的优越性因为他们更伟大的洁净和文明而具有了正当性,工人同他们是在不同等级的。

这些信息在餐桌礼仪和服饰上表现得比较含蓄,也许在服饰上相对明显一些。衣服强调了体力劳动者和脑力劳动者的差别,衣着的基本目的就在于展示二者的差异。女士的束腰和高跟鞋,精心设计的长发和百褶裙都排除了任何与工作有关的可能。男士熨烫过的长裤、硬挺的领结和浆洗过的胸衣同样不适合任何艰苦的工作。优雅就意味着拒绝任何可能暗示工作的衣服。不仅如此,他们身上的衣服还是体力劳动的直接阻碍(Veblen 1899: 120f.)。

应该指出,这方面的信息常常被隐藏起来。很少发生中产阶级公开承认厌恶低阶层群体的事情,但是身体的排斥永远存在,就像乔治·奥威尔所说:

> 这里就遇到了西方阶级差别的真正秘密——受中产阶级教育的欧洲人,即使自称为一个社会主义者,也无法很容易地将

工人阶级视为同自己平等的人的真正原因,可以用五个非常丑恶的字总结,它们组成了现在人们不会轻易说出,而在我们小时候可以自由谈论的一句话。这句话就是:下等人难闻。

　　这就是我们受到的教育——下等人难闻。而且很明显,你面对的是不可逾越的障碍。因为再没有什么喜欢或不喜欢的感觉可以像身体感受那样根本而重要了。种族仇恨、宗教仇恨、教育、性情或智力上的不同,甚至是道德标准的不同都是可以跨越的,但是身体的排斥却不能。你可能喜欢一个杀人犯或鸡奸者,但是你不可能喜欢上一个有口臭的人——我指的是习惯性口臭。无论你希望他有多好,无论你多么欣赏他的头脑和性格,如果他口臭,他就是可怕的,而且你的内心深处会讨厌他。如果中产阶级受到的教育普遍是工人阶级无知、懒惰、酗酒、粗鲁和不诚实,这些都不会有太大的问题;但是,一旦他受到的教育使他相信,他们是肮脏的,那么危害就形成了。而我们小时候,就是受到这样的教育长大的。(Orwell 1937: 159f.)

所有中产阶级的儿童都要受到关于清洁的训练,拒绝和否定其他阶层人群的直接原因是他们不洁。拒绝与工人阶级接触不是出于不喜欢的原因,而是因为他们肮脏。

　　记者艾尔那·特诺夫在世纪之交曾积极致力于提高瑞典人的整体卫生水平。他发现,瑞典的工人阶层尤其需要改良卫生习惯:

> 没有任何技术的瑞典工人在黑暗和肮脏的地板上挤作一团,睡觉也常常不脱衣服和脏靴子,身上的毛料衣服浸着几个月的汗水。他们吃胀气的食物,就着腐臭的黄油、美国腌肉、大量土豆、啤酒、咖啡、牛奶和烈性酒,他们吃任何遇到的食物,不讲烹调而且狼吞虎咽。结果,他们自然而然地成了一种浑身散发臭气的动物,满嘴脏话,随地吐痰,嘴里总是在咀嚼,抽最廉价的烟叶,而且憎恨所有偷偷注视他们的目光,这些目光中总是同时充斥着鄙视、害怕和同情。在这些目光里,他感到了阶级的憎恶,唤起了自己报复的动物本能。如果他可以更正确地解读这些眼光,就会了解他们害怕的只是他散发臭气的身体,鄙视的只是他污秽的衣着,而同情,则是因为他残缺不全的盾损毁了人类种族的骑士精神。(Törne 1906: 57f.)

当他们看到这种暴露在外的不卫生的兽性时,阶级仇恨转化为一种感觉,占据了文明人的内心。从这一描述中,我们可以理解为什么当时的中产阶级对接受工人阶级会感到那样的困难。

很难再找到这样直接的工人——或者同样情况的农民——唤起如此感觉的证据了。更通常的情况是向他们表达出同情,希望缓解城市中工人阶级和穷人的痛苦。19世纪下半叶,很多慈善组织出现了,甚至更多的私人机构也建立起来。这些救助行为,看上去似乎是一种跨越鸿沟的尝试,批驳了中产阶级文化是隔离工人阶级的堡垒的这种说法。但真相是,慈善在很大程度上针对的是处于巨大困难之中的人群,即那些绝对贫困、最艰难的人群。

它的目标是通过一些孤立的行动施行救助，如通过捐助衣服和生活必需品，附带一些关于秩序、清洁或对上帝的敬畏的名言警句。慈善可以被称为对边缘社会的传教工作，对于慈善家来说，贫穷是道德问题而非社会问题。穷人没有抓住给他们的机会，没有展示出能够带领他们走出困境的自律所需要的勤劳和能力。

慈善运动在中产阶级女性的参与下得到进一步发展。她们工作的目的当然是高尚的，但产生的效果只是更加强调了两种文化的差异。阶级鸿沟的一端是善良体面的女性，她们努力想要将另一端穷困、遭遗弃的女人提升到自己的等级之中。这样的关系是不平等的，所以结果和设想正好相反——它加深了鸿沟（Ehrenreich and English 1973: 74f.）。物质环境不改变，道德和卫生的恩赐性宣言就永远不会被接受。慈善对于这些来说，还是远远不够的。

# 结论　变动中的文化

本书开头援引过1911年瑞典《百科全书》里中产阶级对文化的定义。在下一版里,从1930年开始,它企图避免过度进化论的笔调,对文化的定义有所修订:文化是中产阶级世界观的低调呈现。文化的定义在《百科全书》里的改变,也向我们传递着变动中的文化,以及它变动中的特征。

我们讨论奥斯卡中产阶级文化建构时,已审视过几个基本的文化主题——从时间组织到身体观念,它们如何随时代变迁而发展,如何嵌入人们的日常生活。我们并没将整个分析局限于1880年到1910年,有时会把历史的视野往前溯或向后推。在某种程度上,这项研究与现实相关联,与正在进行中的历史对话。这个貌似有点不规范的主题其实源于这样的目的:探讨文化支配、文化从属及文化抵抗。同样,我们也比较中产阶级文化与江河日下的农民阶层、日益崛起的工人阶层文化。这种跨阶层的比较研究带来了两个结果:首先,将其他阶层的社会环境作为一种文化比较的背景,以此彰显中产阶级生活的风格。其次,我们很关注文化对抗的过程。这项研究其实是一个更宏大的设想的一部分,这种更为宏大的设想试图探寻,瑞典的各种亚文化和不同阶层的文化是如何在一种辩证关系中互动的——这些群体、阶层既互相依赖，又彼此对抗；也试图探寻，社会等级如何转变为文化表达，阶级冲突怎样演变成文化对抗——无论是对肮脏的定义，还是对家庭的标准。

社会变迁与文化建构之关系，从19世纪中产阶级文化到20世纪人们有关美好生活的标准之转变可见一斑。这些文化建构者属于18世纪繁荣的、处于上升状态的中产阶级，他们的生活风格在下一个世纪得到了巩固。对这种生活样式的记录，通常都强调它反传统的根本特点，是对占主导地位的上层贵族的挑战。要理解早期中产阶级的文化面相，必须重申它对权力的追求其实是同时在两条阵线上展开战斗的。新兴阶层为定义自身，不仅要与旧贵族相区别，更要与农民阶层相区别。文化冲突的结构可以通过对核心认同符号的利用、象征倒置的技术，以及其他建构认同和维持边界的形式显露出来。中产阶级把自身定义为具有领袖气质的阶层，因为它有诸多美德：极高的道德标准，自我规训和节制，勤勉与理性，对科学和进步的坚定信念。在它之上或低于它的阶层都不具备这些素质。

关于中产阶级是如何向旧贵族发起"进攻"的，仍值得再加审视。他们把昔日的精英文化描述成堕落的，认为它缺乏德行、挥霍无度，在公共和私人消费上极不负责。他们把宫廷生活圈子看作瘟疫，认为其中充满了各种奢靡仪式和空洞礼仪。总而言之，贵族文化虚伪且肤浅。相反，中产阶级认为自己的生活方式代表一种更负责、更理性的生活风格，无论是人际关系还是人与自然的关系，都更加亲密和敏感。不管是对亲密人际关系的强调，对友谊的浪漫崇拜，还是对儿童教育的新兴趣，对家庭生活的重视，这些都应放置在这样一个背景中：中产阶级认为虚伪、呆板的贵族生活方式破坏了人类的另一种理想生活状态，与之相反，这种状态基于人对内部素质和外部价值的共同培植。

但千万不要简化中产阶级和旧贵族之间的关系。有意思的是，当时在旧贵族内部也有一撮人与封建的生活方式保持距离，他们将其当作嘲讽对象、反面教材和假想敌。在贵族和中产阶级这两个群体间一直以来都存在着复杂的互动和转化。例如，一个富有的中产阶级的女儿，嫁给一个贵族，这样的婚姻是经济实力与高贵出身的强强联合。

另外，也有必要强调，瑞典贵族与官方和军方管理部门有紧密联系。他们长期以来在政府机构、大学和军队里任职。靠自己的土地过活不如从政更有特权。这种现象有其更古老的传统。在17世纪殖民扩张时代，瑞典作为一个欧洲强国，因其战场和法庭的需要，创造出贵族这个阶层。在国家部门和军队之外，职位非常有限。因此，贵族和中产阶级有更多接触的机会。某种程度上可以说，封建阶层的成员在逐渐中产阶级化。

显然，18世纪至19世纪早期工业时代，瑞典中产阶级并不是一个统一的类别。农村和城镇同样有新兴职业人才和经济权力的掌控者。例如，瑞典中部的制铁业就见证了中产阶级文化在其发展过程中是如何受地方条件影响的。这不仅意味着所谓的中产阶级免不了要和其他社会阶层的人打交道，更说明此时他们还没有形成自己明确框定的社会。这与当时德国、英国的环境形成了鲜明的对比。事实上，与丹麦差不多，瑞典大多数中产阶级很大程度上集中在城镇，他们更多参与城镇公共生活，组织自己的社会圈子。

中产阶级对农民的态度又大相径庭。这些灰头土脸的农民不是代表落后文化，而是根本没文化或文明，他们过着自然状态般的生活，没有自我控制或节制能力，也没有对生活的长远规划。

这其实是在奥斯卡时代的瑞典，中产阶级把一种反中产阶级的亚文化转变为无文化的霸权过程。新兴的、得胜的文化用一种进化论的腔调定义自身和他者。中产阶级认为，与其他阶层相比，他们自己代表更高级、成熟的文化形式。在这一时代，他们忙着创造一个文化宪章，建构祖先神话和谱系，重写历史，重新定义瑞典的传统。奥斯卡中产阶级的生活方式以一种民族文化的高度来定义，当然，它也必须处理19世纪晚期尖锐的阶级矛盾。对这些新兴的社会精英来说，如果民族面临分崩离析，那么必须找到一种超越阶级矛盾的民族团结的象征表达。对农民传统及瑞典风光的共同之爱，可被当作民族团结的纽带。于是，在这一时期，国家纪念碑、民俗博物馆、民族节日、爱国歌曲等如雨后春笋般涌现出来。

为了更好理解这一时期中产阶级的文化面相，有必要看看它与新兴工人阶层之间的冲突。比起垂死的农民阶层，工人阶层是中产阶级更加热心改革的对象。对这个低等社会阶层的想象有很多复杂的象征。

19世纪到20世纪早期的中产阶级常常形容广大民众为粗野之人，尤其觉得这些人既不完善也不成熟，只拥有粗糙的文化原材料，它们尚未经过提炼，发展到文明的层次。

因此，工人阶层不仅代表混乱、无序，更代表欠发展。为反对工人阶层的生活方式，中产阶级炫耀自身对秩序的认识，把它当作更成熟老练的标志。有序成为中产阶级世界观和日常例行公事中最重要的美德。

中产阶级文化到处划分界线。在家里，他们区分不同行为和空间。孩子的世界远离成年人的世界，仆人被从家庭内隔开，公共生活与私人生活互不干扰。每样东西都要各得其所。对这种秩序熟视无睹的人，吃饭、睡觉在同一间屋子里的人，不尊重私密的神圣性，而把土豆、佐料、蔬菜混在一个盘子里的人，都让中产阶级反感不已。

公共生活组织中也可见到同样的热忱，摆放得整整齐齐的医院床铺和学校桌椅，讲究对称的机舱和养老院布局，这些貌似不起眼的细节其实是一场持久战的组成部分。这次战役主要对抗无序的威胁，还有那些生活在无序之中的人：那些异类，未开化的民众，动物般的工人。

对手工劳动的贬低，对肮脏和兽性的厌恶，以及强加在事物上的各种禁忌，都是中产阶级彰显自己在道德上高人一等的伎俩，也是他们认为工人阶层低其一等的理由。虽然没有明确提出，但对工人阶层的贬低隐含在很多事物中，诸如对工人阶层生活的讽刺画、学校教科书、卡通、儿童回忆录、社会改革计划、公共讨论等等。所有这些共同造就了一种印象——工人阶层是不同于中产阶级的一个阶层：自由散漫、不守规矩、贪图享乐、毫无责任心、不理性、大声喧哗、粗野下流、马虎大意、肮脏、肉欲横流。这些负面素质是中产阶级定义自身正面素质时的象征性倒置。

阶级差异与文化的发展程度相关联，这种提法使中产阶级有权改良工人阶级。自然－文化这一基本对立，并不是互补的，而是等级性的。自然状态应该被加工和改造。

如果说文化－秩序与自然－无序代表着奥斯卡文化主题中等级性的一极，那么，自我控制和自我规训强调的则是其另一极。这些基本理念渗透于日常生活，通过多种文化途径表达出来：身体要守的规矩和它的功能，对性欲方面的抑制，儿童餐桌礼仪的严格操练，对自慰行为的严厉抵制，对经济地利用时间、金钱和感情的强调，从衣服颜色的选择到面部表情的管理等，所有方面都要求节制、端正和自我约束，中产阶级害怕粗野、动物性、不受控制。在一系列礼仪背后，其实是人们对着装、仪态、谈话话题等的选择，对餐具使用、情绪表达等等的种种要求。

奥斯卡的文化建构是对这些主题不断加以精细化和整合。新观念与每日生活惯习不断融合，我们更多关注日常生活中的惯习，而不是理想和规范所宣称的更高尚的世界。例如，要理解一个野蛮人如何经过几年培训，转变为一个文明人，就必须考察他在日常生活中社会化的方式。那些重要的文化符号其实通过生活中的琐碎常规，而不是正式说教，得到了更为有效的传播。比如，餐桌礼仪与其说是一堂课，不如说是自我控制艺术的间接教育。同样，社会化的另一重要部分体现在奥斯卡孩子生活的物质结构方面。餐厅里摆放得整整齐齐的直背椅，洗得一尘不染的白色夏装，朴素的男孩卧室，所有这些东西都默默地传递着文化信息。

惩罚不一定通过言辞，孩子要学会自省和察言观色。他人的表情、举止是经过文化训练的暗号：父亲皱起的眉头，母亲涨得通红的脸，甚至一位路人投来的疑惑目光。

社会化过程的力量也使奥斯卡创造出自身对这一过程的回应方式。人们每天的经历都与公共领域渗透的文化信息相关，无论是早餐聊天、学校课程、新闻论辩，还是晚上的娱乐活动，人们都从中接触到同样的文化符号和意义。奥斯卡中产阶级的孩子觉得外面的世界和家里差不多，工人阶层的孩子却一直面临现实与理想的矛盾：一方面是现实的物质生活，另一方面是老师、医生、福利工作者和其他承担对低等阶层进行文化教育任务的人，他们负责对美好生活的理想进行说教。

我们已经展示了文化如何被内化，转变为人的一种本能。为制造文化霸权，奥斯卡人逐渐把中产阶级文化转变成一种人的本性或常识，把对世界的想法转变为不证自明的生活事实。这一过程也影响了传教士对工人和农民开展的活动。道德论争日益让位于科学知识，就像有关卫生问题的科学预设。同时，中产阶级价值观越来越专断和深入人心，其他一切不同的生活方式都是在社会、医疗和文化领域的异常行为。

我们在探讨中产阶级和工人阶级文化关系时，已强调不能把这二者的互动简单归结为征服和教导。使用简单的"中产阶级化"概念会带来很多误导，这个概念并没有抓住文化冲突中的辩证关系。其实，无论中产阶级还是工人阶级，都在这场文化接触中改变了自身。中产阶级对工人阶级生活的很多话语，与其说是带有传教士般的热忱，不如说是中产阶级通过对他者的描述，不断勾勒出对自身的认同。这是一个仍在继续的自我定义的过程。

# 参考书目

## （一）档案材料

EU　　Etnologiska Undersökning, Nordiska Museet [Ethnological Survey, Nordic Museum], Stockholm.
IFGH　Institutet för Folklore, Göteborgs Högskola [Folklore Institute, Gothenburg University].
LUF　　Lunds Universitets Folklivsarkiv [Folklife Archive, Department of European Ethnology, Lund University].
NM　　Nordiska Museet [Nordic Museum], Stockholm
ULMA　Uppsala, Landsmålsarkivet [Uppsala Institute for Dialectology and Folklore Research].

## （二）征引书目

Alkman, Annastina. 1965. *När gräset var grönt . . . Minnen från ett oscariskt barndomshem*. Stockholm: Bonniers.
Alsmark, Gunnar. 1985. "Ljus över bygden." In *Modärna tider: Vision och vardag i folkhemmet*, ed. Jonas Frykman and Orvar Löfgren, 294–352. Skrifter utgivna av Etnologiska sällskapet i Lund. Lund: Liber Förlag.
Ambjörnsson, Ronny. 1978. *Familjeporträtt: Essäer om familjen, kvinnan, barnet och kärleken i historien*. Stockholm: Gidlunds.
Améen, Louis A. 1889. "Om bergsklättring." *Svenska Turistföreningens årsskrift* 1889:52–63.
———. 1890. "Kinnekulle." *Svenska Turistföreningens årsskrift* 1890:63–68.

———. 1924. "Tal vid Svenska Turistföreningens 100 000-fest." *Svenska Turistföreningens årsskrift* 1924:ix–xxiv.
Ariès, Philippe. 1962. *Centuries of Childhood: A Social History of Family Life*. Robert Baldick, trans. New York: Vintage.
Ardener, Shirley, ed. 1975. *Perceiving Women*. London: Malady.
Arnberg, Marianne, Ann-Christin Bengtsson, Lena Halldén, Pia Küller, and Carl Svantesson. 1972. "1800-talets bondevardag genom ämbetsmannaögon." Department of European Ethnology, Lund University. Mimeo.
Arvastson, Gösta. 1977. *Skånska prästgårdar: En etnologisk studie av byggnadsskickets förändring 1680–1824*. Skrifter från Folklivsarkivet i Lund 19. Lund: Liber Läromedel.
Aspelin, Gunnar. 1968. *Lek och allvar: Minnesbilder från pojkåren*. Lund: Gleerups.
Aström, Lissie. 1979. "Högreståndskultur contra arbetarkultur i jämförande sekelskiftsperspektiv." Department of European Ethnology, Lund University. Mimeo.
———. 1985. "Husmodern möter folkhemmet." In *Modärna tider: Vision och vardag i folkhemmet*, ed. Jonas Frykman and Orvar Löfgren, 196–255. Skrifter utgivna av Etnologiska sällskapet i Lund. Lund: Liber Förlag.
———. 1986. *I kvinnoled: Om kvinnors liv genom tre generationer*. Malmö: Liberförlag.
Austin, Paul Britten. 1968. *On Being Swedish: Reflections Towards a Better Understanding of the Swedish Character*. London: Martin Secker.
Bang, Aase. 1973. "Det skall tidigt krökas det som krokigt skall bli." Department of European Ethnology, Lund University. Mimeo.
Barker-Benfield, G. J. 1976. *The Horrors of the Half-known Life: Male Attitudes toward Women and Sexuality in Nineteenth-Century America*. New York: Harper & Row.

Barthes, Roland. 1972. *Mythologies*. Annette Lavers, trans. London: Cape.
Bausinger, Hermann. 1961. *Volkskultur in der technischen Welt*. Stuttgart: Kohlhammer Verlag.
de Beauvoir, Simone. 1952. *The Second Sex*. H. M. Parshley, trans. New York: Knopf.
Becker, C. W. 1916. *Tyst! Oumbärlig rådgifvare för älskande och nygifta*. Tomteboda: Kronwalls Förlag.
Berger, Brigitte and Peter Berger. 1983. *The War over the Family: Capturing the Middle Ground*. New York: Doubleday.
Bergh, Richard. 1900. "Svenskt konstnärskynne." *Ord och bild* 9:129–141.
Beskow, Natanael. 1946. "Löjtnantsfrun som blev prostinna." In *Min Mor*, 19–25. (*See* Oljelund 1946.)
Bjerre, Poul. 1947. "Min faders verk." In *Barndomshemmet*, 9–19. (*See* Söderberg 1947.)
Björck, Staffan. 1946. *Heidenstam och sekelskiftets Sverige: Studier i hans nationella och sociala författarskap*. Stockholm: Natur och Kultur.
Björkman, Eva. 1975. "Den goda tonen och den sanna belevenheten: En studie av etikettbokslitteraturens förändring under 1800- och 1900-talet." Department of European Ethnology, Lund University. Mimeo.
Bledstein, Burton J. 1976. *The Culture of Professionalism: The Middle Class and the Development of Higher Education in America*. New York: Norton.
Blom, Tarras. 1969. "Carl G. Laurin: Minnen 1868–1888." Department of Ethnology, Stockholm University. Mimeo.
Blumenthal-Engström, Inga. 1947. "Barnläkaren som var en krutdurk." In *Barndomshemmet*, 41–48. (*See* Söderberg 1947.)
Boberg, Torsten. 1949. "Dalkarl, gruvkarl, jägare." In *Min Far*, 29–36. (*See* Oljelund 1949.)

Bock, Philip K. 1980. *Continuities in Psychological Anthropology: A Historical Introduction*. San Francisco: Freeman.
Boon, James A. 1974. "Anthropology and Nannies." *Man* 9:137–140.
Boqvist, Agneta. 1978. *Den dolda ekonomin: En etnologisk studie av näringsstrukturen i Bollebygd 1850–1950*. Skrifter från Folklivsarkivet i Lund 21. Lund: Gleerups.
Borelius, Fredrik. 1936. *Där forntiden lever: Tornedalsstudier*. Uppsala: Lindblads Förlag.
Bringéus, Nils-Arvid. 1970. "Människan, maten och miljön." In *Mat och miljö: En bok om svenska kostvanor*, ed. Nils-Arvid Bringéus, 9–22. Handböcker i etnologi. Lund: Gleerups.
———. 1975. "Food and Folk-Beliefs: On Prophylactic Measures Connected with the Boiling of Blood-Sausage." In *Ethnological Food Research: Reports from the Second International Symposium for Ethnological Food Research, Helsinki, August 1973*, ed. Toivo Vuorela et al., 29–53. Kansatieteellinen Arkisto 26. Helsinki: Suomen muinaismuistoyhdistys.
———. 1978a. *Sydsvenskt bonadsmåleri*. Lund: Lunds Konsthall.
———. 1978b. "Gammelpigorna på glasberget." *Norveg* 21:273–288.
———. 1981. *Bildlore: Studiet av folkliga bildbudskap*. Stockholm: Gidlunds.
———. 1982. *Sydsvenska bonadsmålningar*. Lund: Bokförlaget Signum.
Bruzelius, Nils G. 1876. *Allmogelivet i Ingelstads härad i Skåne under slutet av förra och början av detta århundrade*. 3d ed. reissued by Sigfrid Svensson. Lund: Ekstrand Bokförlag, 1978.
*BVT:s Lexikon för etikett och god ton*. 1930. Compiled by D. af H. 4th ed. Stockholm: Bonniers.
Campbell, Åke. 1936. *Kulturlandskapet*. Studentföreningen Verdandis småskrifter 387. Stockholm: Bonniers.
Carlsson, Sten. 1977. *Fröknar, mamseller, jungfrur och pigor: Ogifta kvinnor i det svenska ståndssamhället*. Acta Universitatis Upsalien-

sis, Studia Historica Upsaliensia 90. Uppsala: Almqvist & Wiksell International.
Cederblom, Elin. *Handledning i sexuell undervisning och uppfostran.* 2 vols. Stockholm: Norstedt & Söners Förlag.
Charlton, D. G. 1984. *New Images of the Natural in France: A Study in European Cultural History 1750–1800.* Cambridge: Cambridge University Press.
Cominos, Peter T. 1972. "Innocent Femina Sensualis in Unconscious Conflict." In *Suffer and Be Still: Women in the Victorian Age,* ed. Martha Vicinus, 155–172. Bloomington: Indiana University Press.
Dahllöf, Tordis. 1981. *Folkbildning och livsmiljö på 1920-talet: En presentation av ett bildningsprojekt och dess upphovsman Carl Cederblad.* Stockholm: LTs Förlag.
Danver, Karin. 1942. "Födelsedag och namnsdag särskilt med hänsyn till deras firande hos vår allmoge." *Folkkultur* 2:5–71.
Daun, Åke. 1974. *Förortsliv: En etnologisk studie av kulturell förändring.* Stockholm: Bokförlaget Prisma.
Daun, Åke and Orvar Löfgren, eds. 1971. *Ekologi och kultur.* Copenhagen: NEFA's Forlag.
Davidoff, Leonore. 1976. "The Rationalization of Housework." In *Dependence and Exploitation in Work and Marriage,* ed. Diana Leonard Barker and Sheila Allen, 121–151. London: Longman.
———. 1979. "Class and Gender in Victorian England: The Diaries of Arthur J. Munby and Hannah Cullwick." *Feminist Studies* 5:87–141.
Davidoff, Leonore, Jean L'Esperance, and Howard Newby. 1976. "Landscape with Figures: Home and Community in English Society." In *The Rights and Wrongs of Women,* ed. Juliet Mitchell and Ann Oakley, 139–175. Harmondsworth: Penguin.
Davis, Fred. 1979. *Yearning for Yesterday: A Sociology of Nostalgia.* New York: Free Press.
DeMause, Lloyd. 1974. "The Evolution of Childhood." In *The History of*

*Childhood: The Evolution of Parent–Child Relationships as a Factor in History*, ed. Lloyd DeMause, 1–73. New York: Psychohistory Press.

Douglas, Mary. 1966. *Purity and Danger: An Analysis of Concepts of Pollution and Taboo*. London: Routledge & Kegan Paul.

———. 1973. *Natural Symbols: Explorations in Cosmology*. 2d ed. London: Barrie & Jenkins.

———. 1975. *Implicit Meanings: Essays in Anthropology*. London: Routledge & Kegan Paul.

Dundes, Alan. 1969. "Thinking Ahead: A Folkloristic Reflection on the Future Orientation in American Worldview." *Anthropological Quarterly* 42:53–72.

af Edholm, Erik. 1948. "På hovbaler och societetstillställningar." In *Det glada Sverige: Våra fester och högtider genom tiderna*, vol. 3, ed. Gösta Berg, Birger Beckman, Bengt Idestam-Almquist, and Gustaf Munthe, 1727–1767. Stockholm: Natur och Kultur.

Edholm, Lotten. 1919. *Från barndom till ålderdom: Minnesteckning*. Stockholm: privately published.

Egardt, Brita. 1962. *Hästslakt och rackarskam: En etnologisk undersökning av folkliga fördomar*. Nordiska Museets handlingar 57. Stockholm: Nordiska Museet.

Egnahemskomitén. 1901. *Betänkande af den utaf Kongl. Maj:t den 10 juli 1899 tillsatta Egnahemskomitén*. Vol. 1, *Förslag och motivering*. Stockholm: Ivar Hæggströms Boktryckeri.

Ehn, Billy and Orvar Löfgren. 1982. *Kulturanalys: Ett etnologiskt perspektiv*. Lund: Liber Förlag.

Ehrenreich, Barbara and Deirdre English. 1973. *Complaints and Disorders: The Sexual Politics of Sickness*. Old Westbury, N.Y.: Feminist Press.

Ejder, Bertil. 1969. *Dagens tider och måltider*. Skrifter utgivna genom Landsmålsarkivet i Lund 19. Lund: Gleerups.

Ek, Sven B. 1982. *Nöden i Lund: En etnologisk stadsstudie*. 2d ed. Skrifter från Folklivsarkivet i Lund 11. Lund: Liber Förlag.

Elias, Norbert. 1978. *The Civilizing Process*. Vol. 1, *The History of Manners*. New York: Urizen Books.

Eriksson, Marianne. 1970. "Personlig hygien." *Fataburen* 1970:9–22.

Erixon, Sigurd. 1947. *Svensk byggnadskultur: Studier och skildringar belysande den svenska byggnadskulturens historia*. Reprinted Lund: Ekstrand Bokförlag, 1982.

———. 1949. *Stockholms hamnarbetare före fackföreningsrörelsens genombrott: En etnologisk studie*. Skrifter utgivna av Samfundet för svensk folklivsforskning 6, Liv och Folkkultur 2. Stockholm: Nordisk Rotogravyr.

Eskeröd, Albert. 1947. *Årets äring: Etnologiska studier i skördens och julens tro och sed*. Nordiska Museets handlingar 26. Stockholm: Nordiska Museet.

Eskilsson, Lena. 1981. "Från fjäll till hembygd: Några kommentarer kring det svenska turistlivets utveckling med utgångspunkt från STF:s årsskrifter." In *Naturligtvis: Uppsatser om natur och samhället tillägnade Gunnar Eriksson*, 136–151. Skrifter från Institutionen för idéhistoria, Umeå universitet 14. Umeå: Institutionen för idéhistoria.

Fahlbeck, Pontus E. 1898–1902. *Sveriges adel: Statistisk undersökning öfver de å Riddarhuset introducerade ätterna*. 2 vols. Lund: Gleerups.

Falk, John. 1946. *Från livets färdvägar*. Stockholm: Norstedt & Söners Förlag.

Ferrosan. 1984. *En bok om avträden*. Malmö: AB Ferrosan.

Foucault, Michel. 1977. *Discipline and Punish: The Birth of the Prison*. Alan Sheridan, trans. Harmondsworth: Allen Lane.

———. 1978. *The History of Sexuality*. Robert Hurley, trans. Vol. 1, *An Introduction*. New York: Pantheon.

Freud, Sigmund. 1930. *Civilization and Its Discontents*. James Strachey, trans. In *Standard Edition* 21:59–145. London: Hogarth, 1963.

Fridholm, Merike, Maths Isacson, and Lars Magnusson. 1976. *Industrialismens rötter: Om förutsättningarna för den industriella revolutionen i Sverige*. Verdandi-debatt 80. Stockholm and Uppsala: Bokförlaget Prisma/Föringen Verdandi.

Frode-Kristensen, Selma. 1966. *Vid brunnen: En kulturbild från sekelskiftet*. Skrifter från Folklivsarkivet i Lund utgivna genom Sällskapet Folkkultur 8. Lund: Gleerups.

Frykman, Jonas. 1977. *Horan i bondesamhället*. Lund: Liber Förlag.

———. 1979. "Ideologikritik av arkivsystemen." *Norveg* 22: 231–242.

———. 1981. "Pure and Rational: The Hygienic Vision, a Study of Cultural Transformation in the 1930's." *Ethnologia Scandinavica* 1981:36–62.

———. 1984. "Ur medelklassens familjeliv." In *Familjebilder: Myter, verklighet, visioner*, ed. Bengt-Erik Andersson, 103–127. Stockholm: Studieförbundet Näringsliv och samhälle.

Frykman, Jonas and Orvar Löfgren, eds. 1985. *Modärna tider: Vision och vardag i folkhemmet*. Skrifter utgivna av Etnologiska sällskapet i Lund. Lund: Liber Förlag.

Gårdlund, Torsten. 1942. *Industrialismens samhälle*. Stockholm: Tidens Förlag.

Gathorne-Hardy, Jonathan. 1972. *The Rise and Fall of the British Nanny*. London: Hodder and Stoughton.

Gaunt, David. 1977. "I slottets skugga: Om frälsebönders sociala problem i Borgeby och Löddeköpinge under 1700-talet." *Ale* 1977(2): 15–30.

———. 1983. *Familjeliv i Norden*. Stockholm: Gidlunds.

Gaunt, David and Orvar Löfgren. 1981. "Remarriage in the Nordic Countries: The Cultural and Socio-economic Background." In *Marriage and Remarriage in Populations of the Past*, ed. J. Dupâquier, E. Hélin, P. Laslett, et al., 49–60. New York: Academic Press.

Gawell-Blumenthal, Ida. 1946. "Hon hade ingen ovän." In *Min Mor*, 41–44. (*See* Oljelund 1946.)

Gay, Peter. 1984. *The Bourgeois Experience: Victoria to Freud.* Vol. 1, *The Education of the Senses.* New York: Oxford University Press.

af Geijerstam, Gustaf. 1894. *Anteckningar om arbetarförhållanden i Stockholm.* Reprinted with comments by Edmund Dahlström, Folke Isaksson, Joachim Israel, and Birgitta Odén. Samhälle i utveckling 5. Lund: Studentlitteratur, 1973.

Gejvall, Birgit. 1954. *1800-talets Stockholmsbostad: En studie över den borgerliga bostadens planlösning i hyreshusen.* Monografier utgivna av Stockholms kommunalförvaltning 16. Stockholm: Almqvist & Wiksell.

Genrup, Kurt and Urban Nordin. 1977. *Fritidsboendevanor: Kunskapsöversikt rörande vissa sociala och kulturhistoriska aspekter.* Fysisk riksplanering, underlagsmaterial 10. Stockholm: Bostadsdepartementet.

Giddens, Anthony. 1981. *A Contemporary Critique of Historical Materialism.* Berkeley: University of California Press.

Gleichmann, Peter R., Johan Goudsblom, and Hermann Korte, eds. 1977. *Human Figurations: Essays for Norbert Elias.* Amsterdam: Sociologisch Tijdschrift.

Göransson, K. F. 1946. "En bruksvärdinna." In *Min Mor*, 87–89. (*See* Oljelund 1946.)

Green, Harvey. 1983. *The Light of Home: An Intimate View of the Lives of Women in Victorian America.* New York: Pantheon.

Grossklaus, Götz and Ernst Oldemeyer, eds. 1983. *Natur als Gegenwelt: Beiträge zur Kulturgeschichte de Natur.* Karlsruhe: von Loeper Verlag.

[Grubb, Laura, née Fåhraeus] (L. G. Fr.). 1889. *Oumbärlig rådgifvare för hvarje hem: En lättfattlig handbok för hvarje husmoder att rådfråga samt en fullständig kokbok.* Malmö: Kyhns Förlag.

Gustafsson, Berndt. 1956. *Manligt-kvinnligt-kyrkligt i 1800–talets*

*svenska folkliv.* Stockholm: Svenska Kyrkans Diakonistyrelsens Bokförlag.
Gustavsson, Anders. 1981. *Sommargäster och bofasta: Kulturmöte och motsättningar vid bohuskusten.* Skrifter utgivna av etnologiska sällskapet i Lund. Lund: Liber Läromedel.
Habermas, Jürgen. 1965. *Strukturwandel der Öffentlichkeit: Untersuchungen zu einer Kategorie der bürgerlichen Gesellschaft.* 2d ed. Berlin: Luchterhand Verlag.
Hägglöf, Gunnar. 1976. *Porträtt av en familj.* Stockholm, Norstedt & Söners Förlag.
Hallenstierna, Gustaf. 1972. *Mina kärleksäventyr: En dagbok från sjuttonhundratalet redigerad och med inledning av Gardar Sahlberg.* Stockholm: Rabén & Sjögren.
Halttunen, Karen. 1982. *Confidence Men and Painted Women: A Study of Middle-Class Culture in America, 1830–1870.* New Haven: Yale University Press.
Hamenius, Barbro. 1972. "Minnestavlor." In *Nordisk folkkonst,* ed. Sigfrid Svensson, 274–285. Handböcker i etnologi. Lund: Gleerups.
Hamilton, Hugo. 1928. *Hågkomster: Strödda anteckningar.* Stockholm: Bonniers.
Hansen, Georg. 1957. *Sœdelighedsforhold blandt landbefolkningen i Danmark i det 18. århundrede.* Copenhagen: Det danske forlag.
Hanssen, Börje. 1952. *Österlen: En studie över social-antropologiska sammanhang under 1600-och 1700-talen i sydöstra Skåne.* Reprinted as *Österlen: Allmoge, köpstafolk & kultursammanhang vid slutet av 1700-talet i sydöstra Skåne.* Stockholm: Gidlunds, 1977.
―――. 1978. *Familj, hushåll, släkt: En punktundersökning av miljö och gruppaktivitet i en stockholmsk förort 1952 och 1972 enligt hypoteser, som utformats efter kulturhistoriska studier.* Stockholm: Gidlunds.
Hastrup, Kirsten, Jan Ovesen, Knud-Erik Jensen, Jacob Clemmesen, and Kirsten Ramløv. 1975. *Den ny antropologi.* Copenhagen: Borgen/Basis.

Hedlund, Märta. 1943–1944. "Barnets uppfostran och utbildning i en storfamilj." *Folk-Liv* 7–8:72–90.

Hedström, Gerda, ed. 1947. *Vårt svenska hem: 33 författare ser på hemmets problem*. Stockholm: Lindqvists Förlag.

Holmgren, Ann Margret. 1926. *Minnen och tidsbilder*. Vol. 1. Stockholm: Wahlström & Widstrand.

Holmgren, Israel. 1959. *Mitt liv*. Vol. 1. Stockholm: Natur och Kultur.

Holmgren, Thorbjörn. 1983. *På upptäcktsfärd i bohusländska skärgården*. Kattegat–Skagerrak-projektet, Meddelelser 3. Aalborg: Kattegat–Skagerrak-projektet.

Huizinga, Johan. 1924. *The Waning of the Middle Ages: A Study of the Forms of Life, Thought and Art in France and the Netherlands in the XIVth and XVth Centuries*. F. Hopman, trans. London: Arnold.

Illich, Ivan. 1982. *Gender*. New York: Pantheon.

Jacobson, Bjarne. 1977. "Vem var den gamla amman?" *Fataburen* 1977:89–106.

Jirvén, Karin. 1971. "Badgästerna." In *Så minns jag 10-talet*, ed. Märta de Laval, 86–88. Stockholm: Proprius Förlag.

Johansson, Levi. 1927. "Om renlighetsförhållanden i Frostviken (Jämtland)." *Svenska landsmål och svenskt folkliv* 1927:119–138.

———. 1934. "Barnauppfostran i det gamla Frostviken." *Jämten* 28: 209–220.

*Kärlekens hemligheter, en gåfva för älskande och nygifta, eller parktisk rådgifvare före och under äktenskapet: En hjelpreda i sådane fall, der blygsamheten förbjuder at muntligen förfråga sig*. 1844. Gothenburg: Ekbohrn.

Kern, Stephen. 1974. "Explosive Intimacy: Psychodynamics of the Victorian Family," *History of Childhood Quarterly: Journal of Psychohistory* 1(3):437–462.

———. 1983. *The Culture of Time and Space 1880–1918*. Cambridge, Mass.: Harvard University Press.

Kiechel, Samuel. 1866. *Die Reisen des Samuel Kiechel*, ed. K. D. Haszler.

Bibliothek des litterarischen Vereins in Stuttgart 86. Stuttgart: Litterarischer Verein.
af Klintberg, Bengt. 1975. "När djuren kunde tala." In *Sista lasset in. Studier tillägnade Albert Eskeröd 9 maj 1974*, 269–298. Stockholm: Nordiska Museet.
Konsumentverket. 1978. *Rent till varje pris? En debattbok om städning*. Stockholm: Konsumentverket.
Krook, Oscar. 1946. "Hemmet var hennes borg." In *Min Mor*, 113–119. (*See* Oljelund 1946.)
Kullenberg, Annette. 1974. *Överklassen i Sverige*. Stockholm: Tidens Förlag.
Lagercrantz, Herman. 1944. *I skilda världar*. Stockholm: Norstedt & Söners Förlag.
Langlet, Mathilda. 1884. *Husmodern i staden och på landet: En fullständig handbok i hushållningens alla grenar*. Stockholm: Bonniers.
Lasch, Christopher. 1977. *Haven in a Heartless World: The Family Besieged*. New York: Basic Books.
*Läsebok för folkskolan*. 1901. 9th ed. Facsimile ed. Köping: Civiltryckeriet, 1968.
Laurin, Carl G. 1916. *Kvinnolynnen*. Stockholm: Norstedt & Söners Förlag.
Leach, Edmund R. 1961. *Rethinking Anthropology*. London School of Economics Monographs in Social Anthropology 22. London: Athlone Press.
———. 1964. "Anthropological Aspects of Language: Animal Categories and Verbal Abuse." In *New Directions in the Study of Language*, ed. Eric H. Lennenberg, 23–63. Cambridge, Mass.: M.I.T. Press.
———. 1976. *Culture and Communication: The Logic by Which Symbols Are Connected*. Themes in the Social Sciences. Cambridge: Cambridge University Press.
Leche-Löfgren, Mia. 1949. "Darwinisten, folkbildaren, radikalen." In *Min Mor*, 144–155. (*See* Oljelund 1949.)

Le Goff, Jacques. 1980. *Time, Work, and Culture in the Middle Ages*. Chicago: University of Chicago Press.

Leijonhufvud, Åke. 1978. *Anna och Christian*. Stockholm: Wahlström & Widstrand.

Leman, Karin. 1961. *Dagboken berättar för barn och barnbarn*. Gothenburg: privately published.

Levander, Lars. 1946. *Barnuppfostran på svenska landsbygden i äldre tid*. K. Gustav Adolfs Akademiens småskrifter 4. Stockholm: Lantbruksförbundets Tidskrifts AB.

Lidman, Sara. 1977. *Din tjänare hör*. Stockholm: Bonniers.

Lidman, Sven. 1952. *Gossen i grottan*. Stockholm: Natur och Kultur.

Lidman-Frostenson, Ulla. 1963. *Tidigt kallad*. Stockholm: Gummessons Bokförlag.

Liljeström, Rita. 1979. *Kultur och arbete*. Framtidsbilder. Stockholm: Liber Förlag and Sekretariatet för framtidsstudier.

———. 1981. "Könsroller och sexualitet." In *Prostitution: Beskrivning, Analys, Förslag till åtgärder*, by Arne Borg, Folke Elwien, Michael Frühling, Lars Grönwall, Rita Liljeström, Sven Axel Månsson, Anders Nelin, Hanna Olsson, and Tage Sjöberg, 172–279. Stockholm: Liber Förlag.

Lindhagen-Kihlblom, Brita. 1949. " I kamp för rättvisa och humanitet." In *Min Mor*, 156–162. (*See* Oljelund 1949.)

Lindroth, L. 1903. "Kortfattade badresor för turister." *Svenska Turistföreningens årsskrift* 1903:116–147.

Lindström, Margareta. 1964. *Jag var en herrgårdsflicka*. Stockholm: Bonniers.

———. 1966. *En herrgårdsflicka bryter upp*. Stockholm: Bonniers.

Lindström, Ulla. 1970. "Renlighetsuppfostran." *Fataburen* 1970:23–32.

Linné, Carl von. 1969. *Collegium medicum: Om sättet at tilhopa gå. Sexualföreläsningar av Carl von Linné*, ed. Nils Isberg. Gothenburg: Zindermans.

Löfgren, Orvar. 1969. "Från nattfrieri till tonårskultur." *Fataburen* 1969:25–52.

———. 1972. "Familj och hushåll—släkt och äktenskap." In *Land och stad: Svenska samhällstyper och livsformer från medeltid till nutid*, ed. Mats Hellspong and Orvar Löfgren, 227–284. Handböcker i etnologi. Lund: Gleerups.

———. 1973. "Arbetsgillen bland skånska bönder." *Skånes hembygdsförenings årsbok* 1973:75–92.

———. 1974. "Family and Household among Scandinavian Peasants: An Exploratory Essay." *Ethnologia Scandinavica* 1974:17–52.

———. 1975a. "Fetströmming och lusmörtar: Folktro och kognitiva system i två kustbygder." In *Sista lasset in. Studier tillägnade Albert Eskeröd 9 maj 1974*, 321–342. Stockholm: Nordiska Museet.

———. 1975b. "Arbeitsteilung und Geschlechterrollen in Schweden." *Ethnologia Scandinavica* 1975:17–52.

———. 1976. "Peasant Ecotypes: Problems in the Comparative Study of Ecological Adaptation." *Ethnologia Scandinavica* 1976: 100–115.

———. 1977. *Fångstmän i industrisamhället: En halländsk kustbygds omvandling 1800–1970*. Skrifter utgivna av Etnologiska sällskapet i Lund. Lund: Liber Läromedel.

———. 1978. "The Potato People: Household Economy and Family Patterns among the Rural Proletariat in Nineteenth-Century Sweden." In *Chance and Change: Social and Economic Studies in Historical Demography in the Baltic Area*, ed. Sune Åkerman, Hans Chr. Johansen, and David Gaunt, 95–106. Odense: Odense University Press.

———. 1980. "Historical Perspectives on Scandinavian Peasantries." *Annual Review of Anthropology* 9:187–215.

———. 1981a. "On the Anatomy of Culture." *Ethnologia Europaea* 12:26–46.

———. 1981b. "De vidskepliga fångstmännen—magi, ekologi och ekonomi i svenska fiskarmiljöer." In *Tradition och miljö: Ett kulturekologiskt perspektiv*, ed. Lauri Honko and Orvar Löfgren,

64–94. Skrifter utgivna av Etnologiska sällskapet i Lund. Lund: Liber Läromedel.

———. 1981c. "Människan i landskapet—landskapet i människan." In *Tradition och miljö: Ett kulturekologiskt perspektiv*, ed. Lauri Honko and Orvar Löfgren, 235–260. Skrifter utgivna av Etnologiska sällskapet i Lund. Lund: Liber Läromedel.

———. 1982. "Kvinnfolksgöra: Om arbetsdelning i bondesamhället." *Kvinnovetenskaplig tidskrift* 3(3):6–14.

———. 1984a. "The Sweetness of Home: Class, Culture and Family Life in Sweden." *Ethnologia Europaea* 14:44–64.

———. 1984b. "Family and Household; Images and Realities: Cultural Change in Swedish Society." In *Households: Comparative and Historical Studies of the Domestic Group*, ed. Robert McC. Netting, Richard R. Wilk, and Eric J. Arnould, 446–471. Berkeley: University of California Press.

———. 1985a. "Wish You Were Here! Holiday Images and Picture Postcards." *Ethnologia Scandinavica* 1985:90–107.

———. 1985b. "Our Friends in Nature: Class and Animal Symbolism." *Ethnos* 50:184–213.

———. In press. "Deconstructing Swedishness: Class and Culture in Modern Sweden." In *Anthropology at Home*, ed. Anthony Jackson, ASA Monographs 25. London: Tavistock Publications.

Lönqvist, Niclas Olof. 1924. *Berättelse om Bara härad 1775*. Ed. Gunnar Carlquist. Bidrag till Bara härads beskrivning 2. Lund: Bara härads hembygdsförenings förlag.

Lowenthal, David. 1985. *The Past Is a Foreign Country*. Cambridge: Cambridge University Press.

Lundquist, Tommie. 1982. *Den disciplinerade dubbelmoralen: Studier i den reglementerade prostitutionens historia i Sverige 1859–1918*. Meddelanden från Historiska institutionen i Göteborg 23. Gothenburg: Skriv-City.

Lundwall, Sten. 1946. "Barnbalerna och deras bakgrund." In *Sverige i*

*fest och glädje*, ed. Mats Rehnberg, 169–184. Stockhold: Wahlström & Widstrand.
MacCormack, Carol P. and Marilyn Strathern, eds. 1980. *Nature, Culture and Gender*. Cambridge: Cambridge University Press.
Martin-Fugier, Anne. 1979. *La place des bonnes: La domesticité à Paris en 1900*. Paris: Grasset.
Martinson, Harry. 1935. *Nässlorna blomma*. Stockholm: Bonniers.
Matovic, Margareta R. 1984. *Stockholmsäktenskap: Familjebildning och partnerval i Stockholm 1850–1890*. Monografier utgivna av Stockholms kommun 57. Stockholm: Liber Förlag.
Måwe, Carl-Erik. 1958. *Studier i den sociala kontrollen i Östmark*. Uppsala: Appelbergs Boktryckeri.
Merlberg, Arne. 1978. *Realitet och utopi: Utkast till en dialektisk förståelse av litteraturens roll i det borgerliga samhällets genombrott*. Stockholm: Rabén & Sjögren.
Michanek, Germund. 1962. *En morgondröm: Studier kring Frödings ariska dikt*. Stockholm: Bonniers.
Moberg, Kerstin. 1978. *Från tjänstehjon till hembiträde: En kvinnlig låglönegrupp i den fackliga kampen 1903–1946*. Acta Universitatis Upsaliensis, Studia Historica Upsaliensia 101. Uppsala: Almqvist & Wiksell International.
Müller, Heidi. 1981. *Dienstbare Geister: Leben und Arbeitswelt städtischer Dienstboten*. Schriften des Museums für deutsche Volkskunde 6. Berlin: Museum für deutsche Volkskunde.
Näcetröm, Gustaf. 1937. *Dalarna som svenskt ideal*. Stockholm: Wahlström & Widstrand.
Nicolovius [Nils Lovèn]. [1847] 1957. *Folklivet i Skytts härad i Skåne vid början av 1880-talet: Barndomsminnen*. Stockholm: Bonniers.
Nilsson, Martin P:n. 1934. "Folklig tideräkning." In *Tideräkning*, ed. Martin P:n. Nilsson, 95–121. Nordisk kultur 21. Stockholm: Bonniers.
Nilsson, Monica. 1981. "Självbefläckelse och självtukt: En studie i re-

pressionen av onani." Department of European Ethnology, Lund University. Mimeo.
Nolan, Ann. 1979. "Veta sin plats." Department of European Ethnology, Lund University. Mimeo.
Norden, Ingrid, ed. 1913. *Illustrerad handbok för hemmet: Av fackbildade på olika områden*. Stockholm: Kvinnans Bokskatt.
*Nordisk familjebok: Konversationslexikon och realencyklopedi*. 2d ed. 38 vols. Stockholm: Nordisk Familjeboks Förlag, 1904–1926.
Nordström, Ludvig. 1907. *Fiskare*. Stockholm: Bonniers.
———. 1938. *Lort-Sverige*. Reprinted Sundsvall: Tidsspegeln, 1984.
Nyblom, Elsa. 1946. *När hjärtat var ungt*. Stockholm: Ljus.
Nyman, Anders. 1970. "Folk och fä: Samboendets renlighet och hygien." *Fataburen* 1970:143–154.
Nyman, Åsa. 1972. "Fäbodarnas osynliga invånare." In *Nordiskt Fäbodväsen: Förhandlingar vid fäbodseminarium i Älvdalen, Dalarna, 1–3 sept 1976*, ed. Göran Rosander, 58–67. Stockholm: Nordiska Museet.
Nystedt, Olle. 1972. "Tyst, pojke!" In *Jag minns min barndom*, vol. 2, ed. Allan Hofgren, 67–73. Stockholm: EFS-förlaget.
Odén, Birgitta. 1975. "Individuella tidshorisonter." In *Forskare om befolkningsfrågor: Blandvetenskaplig bilaga till Ett folks biografi*, ed. Torsten Hägerstrand and Anders Karlqvist, 87–153. Stockholm: Samarbetskommittén för långtidsmotiverad forskning.
Ödmann, Samuel. [1830] 1957. *Ett prästhus i Småland från förra århundradet*. In his *Hågkomster*, 5–32. Stockholm: Ljus.
Oljelund, Ivan, ed. 1946. *Min Mor: Fyrtiofem svenska män och kvinnor om sina mödrar*. Uppsala: Lindblads Förlag.
———, ed. 1949. *Min Far: Ny samling: Trettioen svenska män och kvinnor om sina fäder*. Uppsala: Lindblads Förlag.
Öller, Jöran Johan. 1800. *Beskrifning öfwer Jemshögs Sochen i Blekinge*. Facsimile ed. Olofström: Erik Jeppson, 1967.
Olwig, Kenneth. 1984. *Nature's Ideological Landscape: A Literary and*

Geographical Perspective on Its Development and Preservation on Denmark's Jutland Heath. London Research Series in Geography 5. London: Allen & Unwin.

Ortner, Sherry B. 1974. "Is Female to Male as Nature Is to Culture?" In *Woman, Culture, and Society*, ed. Michelle Zimbalist Rosaldo and Louise Lamphere, 67–87. Stanford: Stanford University Press.

Orwell, George. 1937. *The Road to Wigan Pier*. London: Gollancz.

Ottesen-Jensen, Elise. 1945. *Säg barnet sanningen*. Stockholm: Liber Förlag.

Palm, Göran. 1974. *Bokslut från LM*. Gothenburg: Författarförlaget.

Panduro, Elna. 1922. *Det seksuelle Spørgsmaal i Hjem og Skole: En Vejledning for Mødre og Lærerinder*. 3d ed. Copenhagen: Nordisk Sundhedsforlag.

Paulsson, Gregor. 1950. *Svensk stad: Liv och stil i svenska städer under 1800-talet*. 2 vols. Reprinted Lund: Studentlitteratur, 1973.

———. 1953. *Svensk stad: Från bruksby till trädgårdsstad*. Reprinted Lund: Studentlitteratur, 1973.

Pernö, Ulf. 1979. "Att upptäcka världen: Två hem, två världar, i sekelskiftets Sverige." Department of European Ethnology, Lund University. Mimeo.

Persson, Eva. 1977. *Maskin, makt: Teknikens utveckling och arbetets förändring under industrialismen med vävningen som exempel*. Stockholm: Riksutställningar.

Ploss, Heinrich, Max Bartels, and Paul Bartels. 1927. *Das Weib in der Natur- und Völkerkunde: Anthropologische Studien*. 3 vols. 11th ed. by Ferdinand Frh. von Reitzenstein. Berlin: Neufeld & Hcnius.

Posse, Margaretha. 1955. *Herrgårdsliv vid Vättern*. Stockholm: Wahlström & Widstrand.

Quensel, Alice. 1958. *Äldsta dotter: Minnen av Stockholm och ämbetsmannafamilj*. Stockholm: Wahlström & Widstrand.

Qvist, Gunnar. 1960. *Kvinnofrågan i Sverige 1809–1846: Studier rörande*

*kvinnans näringsfrihet inom de borgerliga yrkena*. Kvinnohistoriskt arkiv 2. Gothenburg: Akademiförlaget-Gumperts.
Rapp, Birgitta. 1978. *Richard Bergh—konstnär och kulturpolitiker 1890–1915*. Stockholm: Rabén & Sjögren.
Rehnberg, Mats, ed. 1953. *Verkstadsminnen*. Svenskt liv och arbete 19. Stockholm: Nordiska Museet.
―――. 1967. *Blå välling—sur sill: Vällingklockor och vällingklocksramsor*. Reprinted Stockholm: LTs Förlag, 1978.
―――. 1969. *Utredning rörande ämnet den borgerliga kulturen*. Humanistiska forskningsrådet, Stockholm. Mimeo.
Robertson, Priscilla. 1974. "Home as a Nest: Middle Class Childhood in Nineteenth-Century Europe." In *The History of Childhood: The Evolution of Parent–Child Relationships as a Factor in History*, ed. Lloyd DeMause, 407–431. New York: Psychohistory Press.
Rooth, Anna Birgitta. 1969. "Etnocentricitet." In her *Lokalt och globalt*, 2:178–211. Lund: Studentlitteratur.
Rosaldo, Michelle Zimbalist. 1974. "Woman, Culture, and Society: A Theoretical Overview." In *Woman, Culture, and Society*, ed. Michelle Zimbalist Rosaldo and Louise Lamphere, 17–42. Stanford: Stanford University Press.
Rosander, Göran. 1976. "Turismen och den folkliga kulturen." In *Turisternas Dalarna*, ed. Göran Rosander, 213–225. Dalarnas hembygdsbok 1976. Falun: Dalarnas fornminnes och hembygdsförbund, Dalarnas Museum.
Rosén, Sander and Bertil Wetter. 1970. "Ett bidrag till hemlighusets historia." *Fataburen* 1970:169–186.
Ruff, Josef. 1889–1893. *Illustreradt Helsovårds-Lexikon: En populär handbok för alla*. Stockholm: Blixten.
*Sällskapet småfoglarnes vänner, dess verksamhet o. förhandl:r*. Gothenburg: Zetterström, 1869–1872.
Sarmela, Matti. 1969. *Reciprocity Systems of the Rural Society in the*

*Finnish—Karelian Culture Area.* FF Communications 207. Helsinki: Suomalainen Tiedeakatemia.

Schivelbusch, Wolfgang. 1977. *Geschichte der Eisenbahnreise: Zur Industrialisierung von Raum und Zeit im 19. Jahrhundert.* Munich: Hanser.

Sennett, Richard. 1977. *The Fall of Public Man.* New York: Knopf.

Sennett, Richard and Jonathan Cobb. 1972. *The Hidden Injuries of Class.* New York: Knopf.

Shorter, Edward. 1975. *The Making of the Modern Family.* New York: Basic Books.

Siwertz, Sigfrid. 1949. *Att vara ung: Minnen.* Stockholm: Bonniers.

Sjöqvist, Kerstin. 1970. "Att skura golv." *Fataburen* 1970:131–142.

Söderberg, Sten, ed. 1947. *Barndomshemmet: Kända män och kvinnor berätta om sitt barndomshem.* Stockholm: Wahlström & Widstrand.

SOU 1933:14. *Undersökning rörande behovet av en utvidgning av bostadsstatistiken jämte vissa därmed förbundna bostadspolitiska frågor.* Statens offentliga utredningar 1933:14. Finansdepartementet. Stockholm: Isaac Marcus.

Statistiska Centralbyrån. 1914. *Utom äktenskapet födda barn.* Statistiska meddelanden, serie A, vol. 1:4. Stockholm: Norstedt & Söners Förlag.

Stattin, Jochum. 1984. *Näcken: Spelman eller gränsvakt?* Skrifter utgivna av Etnologiska sällskapet i Lund. Lund: Liber Förlag.

Stavenow-Hidemark, Elisabet. 1970. "Hygienism kring sekelskiftet." *Fataburen* 1970:47–54.

———. 1971. *Villabebyggelse i Sverige 1900–1925: Inflytande från utlandet, idéer, förverkligande.* Nordiska Museets handlingar 76. Stockholm: Nordiska Museet.

*STF:s årsskrift. Svenska Turistföreningens årsskrift* (Yearbook of the Swedish Touring Club). 1886–

Stiernstedt, Marika. 1946. "Borgerligt liv i 1800-talets slutskede." In

*Sverige i fest och glädje*, ed. Mats Rehnberg, 185–213. Stockholm: Wahlström & Widstrand.
———. 1947. "Ett officershem." In *Barndomshemmet*, 167–177. (See Söderberg 1947.)
Stjernstedt, Ruth. 1953. *Ocensurerad*. Stockholm: Fritzes Bokförlag.
Stone, Lawrence. 1977. *The Family, Sex and Marriage in England 1500–1800*. London: Weidenfeld and Nicolson.
Sträng, Gunnar. 1979. "Man känner fattigdomens lukter." *Vi* 1:10–11.
Strindberg, August. [1902] 1962. *Fagervik och Skamsund*. In *Skrifter* 5:1–136. Stockholm: Bonniers.
———. 1967a. *The Red Room: Scenes of Artistic and Literary Life*. Everyman's Library 348. London: Dent.
———. 1967b. *The Son of a Servant: The Story of the Evolution of a Human Being*. London: Cape.
Sundbärg, Gustav. 1910. *Det svenska folklynnet*. Stockholm: Norstedt & Söners Förlag.
Sundin, Bo. 1981. "Från rikspark till hembygdsmuseum: Om djurskydds-, naturskydds- och hembygdsrörelsererna i sekelskiftets Sverige." In *Naturligtvis: Uppsatser om natur och samhälle tillägnade Gunnar Eriksson*, 152–194. Skrifter från Institutionen för idéhistoria, Umeå universitet 14. Umeå: Institutionen för idéhistoria.
———. 1984. "Ljus och jord! Natur och kultur på Storgården." In *Paradiset och vildmarken: Studier kring synen på naturen och naturresurserna*, ed. Tore Frängsmyr, 320–360. Stockholm: Liber Förlag.
Sundman, Per Olof. 1968. *Ingen fruktan, intet hopp: Ett collage kring S. A. Andrée, hans följeslagare och hans expedition*. Stockholm: Bonniers.
Sundt, Eilert. [1857] 1968. *Om sœdelighetstilstanden i Norge*. Vol. 1. Oslo: Pax Forlag.
———. [1869] 1975. *Om renligheds-stellet i Norge*. Vol. 9 of *Verker i utvalg*. Oslo: Gyldendal Norsk Forlag.

Svärdström, Svante. 1949. *Dalmålningar och deras förlagor: En studie i folklig bildgestaltning 1770–1870*. Nordiska Museets handlingar 33. Stockholm: Nordiska Museet.
Svedelius, Wilhelm Erik. 1889. *Anteckningar om mitt förflutna lif*. Stockholm: Fahlcrantz.
Svenonius, Fredr. 1892. "Om lappkåtar samt Turistföreningens lappska fjällhyddor." *Svenska Turistföreningens årsskrift* 1892:3–41.
Svensson, Sigfrid. 1967. *Bondens år: Kalender, märkesdagar, hushållsregler, väderleksmärken*. 2d ed. Reprinted Stockholm: LT:s Förlag, 1972.
_____, ed. 1972. *Nordisk folkkonst*. Handböcker i etnologi. Lund: Gleerups.
Swahn, Jan-Öjvind. 1963. *Jubelfest: Några notiser till guld- och silverbröllopsfirandets historia*. Lund: Cygnus Förlag.
Swang, Anne. 1979. "Ungdomens festbruk: Nattefrieriet." In *Studiet af fester: Seminar over teori og metode i nyere folkloristik afholdt i København 9.–11. marts 1978*, ed. Flemming Hemmersam and Bjarne Hodne, 105–119. Unifol Årsberetning 1978. Copenhagen: Institut for Folkemindevidenskab, Københavns Universitet.
Swensson, Hugo. 1947. "Bergsgatan och Solöfjärden." In *Barndomshemmet*, 178–184. (*See* Söderberg 1947.)
Szabó, Mátyás. 1970a. "Rena djur." *Fataburen* 1970:155–168.
_____. 1970b. *Herdar och husdjur: En etnologisk studie över Skandinaviens och Mellaneuropas beteskultur och vallningsorganisation*. Nordiska Museets handlingar 73. Stockholm: Nordiska Museet.
Talve, Ilmar. 1970. "Bastu och badstugor." *Fataburen* 1970:55–68.
Tegnér, Torsten. 1947. "Bland tonerna på Tegnabo." In *Barndomshemmet*, 193–205. (*See* Söderberg 1947.)
_____. 1963. *Uppväxt: "Minnen från medeltiden."* Stockholm: Tidens Förlag.
Tenow, Elna. (*See* Törne.)

Therkildsen, Marianne. 1974. "Bondens børn: Om studiet af opdragelse og kulturel indlæring i 1800-årenes danske bondesamfund." *Folk og Kultur* 1974:90–116.

Thomas, Keith. 1984. *Man and the Natural World: Changing Attitudes in England 1500–1800.* New ed. Harmondsworth: Penguin.

Thomas, William Widgery, Jr. 1892. *Sweden and the Swedes.* Chicago: Rand McNally.

Thompson, E. P. 1967. "Time, Work-Discipline, and Industrial Capitalism." *Past and Present* 38:56–97.

Thue, Anniken. 1975. "Interiører og holdninger: Historisme og klunkestil ca. 1850–1900." *Gamle Bergen Årbok* 1975:5–30.

Tilander, Gunnar. 1968. *Stång i vägg och hemlighus: Kulturhistoriska glimtar från mänsklighetens bakgårdar.* 3d ed. Gothenburg: Fabel.

Tingsten, Herbert. 1961. *Mitt liv: Ungdomsåren.* Stockholm: Wahlström & Widstrand.

Törne, Elsa [Elna Tenow]. 1906. *Renhet: En häfstång för den enskilde och samhället.* Vol. 2 of *Solidar.* 2d ed. Stockholm: Sandbergs Bokhandel.

⸺. 1910. *Kärlek och lycka.* Stockholm: Bonniers.

Trudgill, Eric. 1976. *Madonnas and Magdalens: The Origins and Development of Victorian Sexual Attitudes.* London: Heinemann.

Veblen, Thorstein. 1899. *The Theory of the Leisure Class: An Economic Study of Institutions.* New York: Macmillan.

Vendelfelt, Erik. 1962. *Den unge Bengt Lidforss: En biografisk studie med särskild hänsyn till hans litterära utveckling.* Lund: Gleerups.

Vicinus, Martha, ed. 1972. *Suffer and Be Still: Women in the Victorian Age.* Bloomington: Indiana University Press.

⸺. ed. 1977. *A Widening Sphere: Changing Roles of Victorian Women.* Bloomington: Indiana University Press.

Vilkuna, Asko. 1959. *Die Ausrüstung des Menschen für seinen Lebensweg.* FF Communications 179. Helsinki: Suomalainen Tiedeakatemia.

Wahlman, L. J. 1902. "En gård och dess trefnad." *Ord och bild* 11:17–34.
Wahlström, Lydia. 1946. "Fyra flickors mor." In *Min Mor*, 237–244. (See Oljelund 1946.)
Wallquist, Einar. 1947. "Bruksgården på Dal." In *Barndomshemmet*, 215–222. (See Söderberg 1947.)
Weber, Max. 1930. *The Protestant Ethic and the Spirit of Capitalism*. Talcott Parsons, trans. Reprinted with an introduction by Anthony Giddens. London: Allen & Unwin, 1976.
Wendorff, Rudolf. 1980. *Zeit und Kultur: Geschichte des Zeitbewusstseins in Europa*. Opladen: Westdeutscher Verlag.
Wikdahl, Magnus and Marianne Ekenbjörn. 1980, "Kultur- och klassgränser i den självbiografiska litteraturen: Ett diskussionsunderlag kring memoaranalys." Department of European Ethnology, Lund University. Mimeo.
Wikman, K. Rob. V. 1937. *Die Einleitung der Ehe: Eine vergleichend ethno-soziologische Untersuchung über die Vorstufe der Ehe in den Sitten des Schwedischen Volkstums*. Sonderdruck der Acta Academia Aboensis, Humaniora 11:1. Turku: Åbo Akademi.
Wikmark, Gunnar. 1979. *Pehr Högström: en storman i Norrlands kulturliv*. Bidrag till Kungl. Svenska Vetenskapsakademiens historia 15. Stockholm: Kungl. Vetenskapsakademien.
von Willebrand, B. M. 1932. *Den svenska adeln: En demografisk-kulturhistorisk undersökning av Sveriges och Finlands adel*. Stockholm: Bonniers.
Williams, Raymond. 1973. *The Country and the City*. Reprinted London: Hogarth Press, 1985.
Wingårdh, Marius. 1937. *Så går det till i umgänge och sällskapsliv*. Stockholm: Natur och Kultur.
Wohl, Anthony S. 1978. "Sex and the Single Room: Incest among the Victorian Working Classes." In *The Victorian Family: Structure and Stresses*, ed. Anthony S. Wohl, 197–216. London: Croom Helm.

Wrangel, F. U. 1924. *Barndomsminnen från stad och land 1853–1870*. Stockholm: Norstedt & Söners Förlag.

Zerlang, Martin. 1976. *Bøndernes klassekamp i Danmark—agrarsmåborgerskabets sociale og ideologiske udvikling fra landboreformernes tid til systemskiftet*. Copenhagen: Medusa.

Zetterberg, Hans. 1969. *Om sexuallivet i Sverige: Värderingar, normer, beteenden i sociologisk tolkning*. Statens offentliga utredningar 1969:2. Utbildningsdepartementet. Stockholm: Esselte.

# 索 引

(索引页码为正文边码)

acquisition versus ownership, 28
administration, civil and military, 267
adultery, 253
agrarian capitalism, 21
*åkerborgare* (farmer-burghers), 183
almanacs, 273n.1.4. *See also* time
Ambjörnsson, Ronny, 28, 107
animal husbandry, 76
animals: bourgeois views of, 77–83, 275n.2.3; in peasant culture, 75–77, 83–85, 179–183, 186; sexuality of, 81–82, 238; as symbols, 276n.2.8. *See also* children: and animals
apartments, single-room, 146
Ariès, Philippe, 249, 254
aristocracy, 8, 27, 266–267
Arvastson, Gösta, 279n.3.21
asceticism, in bourgeois child-rearing, 115
Åström, Lissie, 282n.6.5

bachelors, 92, 101, 145
bacteria, 174
ball, children's, 98
barn, 179, 180
Barthes, Roland, 52
bathing, 158, 190–194, 232–235. *See also* hygiene: personal
bathing resorts, 66

baths: private, 192; public, 192, 235
Bausinger, Hermann, 63
Beauvoir, Simone de, 280n.4.2
bedroom, 130–131, 208
belching, 225
bells: church, 19; gruel, 22, 23, 24, 40, 274n.1.9
birds, 79–80
birthdays, 31–33
blood, 168
bodily contact, 124, 231
bodily functions, 111. *See also* exudations; laughter; sexuality
body: boundaries of, 167, 168; hidden, 231–235; hygiene (*see* bathing; hygiene: personal); metaphors for, 222–225; peasant attitudes toward, 189–194; social, and self-control, 170–172
Borelius, Fredrik, 49–50, 88–90
borrowing between families, working-class, 147
bottle-feeding, 232. *See also* breast-feeding
boundaries: of the body, 167, 168; and bourgeois need for order, 269
bourgeois culture, 4–8, 141–142, 268–272; attitudes toward property, 28; birthdays and anniversa-

bourgeois culture (continued)
ries in, 31–33; body denial in,
222–226, 231–235; and the career
mentality, 29–30; as counterculture, 266; and the cult of nature,
57–63; courtship in, 99–100; family
ideal in, 93; history as perceived in,
34–35; home life in (*see* home); importance of control and economy
in, 27–28; nature reframed in,
50–63; self-discipline in, 250–256;
servants in, 244–250 (*see also* servants); sexuality in, 226–231,
235–244 (*see also* sexuality); summer in the country and, 64–72;
two-front struggle for, 266–267
breast-feeding, 108, 205, 232, 278n.3.17
Bremer, Frederika, 277n.3.7
Bringeus, Nils-Arvid, 281n.5.3
Bruzelius, Nils, 14
bundling, 180, 280–281n.5.1–2. *See also* night courtship

calendars, 24; natural, 17; planning, as status symbol, 37 (*see also* diary); synchronization of, 18–19
canal systems, 50
capitalism: agrarian, 21; industrial, 20
career, 29–30, 101–102
chamber pots, 158, 202
chaperonage, 96–97
charity, 262. *See also* reformers, social
chastity, 228
childbirth, bourgeois taboos about, 226–227
child care, Oscarian, 247. *See also* child-rearing

child-rearing, 110–118, 278n.3.14; hygiene and, 253; peasant (*see* peasant culture: child-rearing); and sex education, 226–231, 237–238 (*see also* body: hidden); and socialization of children, 45, 136–141, 167, 271; and toilet training, 201–203
children (*see also* child-rearing): and animals, 81–83, 84; cleanliness of, 254; communal labor by, 108–109; exudations of, 108, 203; working-class, social landscape of, 146–148
chivalry, repressive, 103, 105
cholera, 212
Christmas, 188, 191–192
church bells, 19
churches, seating arrangements in, 99–100
Church of Sweden, ordination of female priests in, 165
circumcision, 241
civil administration, 267
class barriers, 248
class conflict: access to recreational landscape and, 74–75; and animals, 85
class society, 91
cleaning: as ordering, 165–166; peasant, 187–189; servants' role in, 249–250
cleanliness, 172, 220; as liberation, 175–176; modern ideas of, 159; peasant ideas of, 158–159; taught in schools, 215
clitoridectomy, 241
clocks: grandfather, 138; public, 31. *See also* watches

clothes, 260; working, 190–191
collectivity, peasant: of life cycle, 29; of production, single-sex, 92–93
control, 27–28. *See also* discipline; self-control
corporal punishment, 110–111
costumes, "national," 60
coughs, 225, 252
counterculture: bourgeois culture as, 266; women's, 106
country house, 64–65
courtship: bourgeois, 94–99; night (bundling), 180, 239, 280–281n.5.1–2
cows, 179
cruelty to children, 110
cult of nature, 57–63
cult of speed, 274n.1.8
cultural framing: of the landscape, 56–57; of time, 38–41
culture: bourgeois (*see* bourgeois culture); definitions of, 1–2, 86, 265; and nature, 172–173, 280n.4.2; Oscarian, summarized, 268–272; peasant (*see* peasant culture)
culture building, 6–7, 270–271
cyclical versus linear time, 19

Dalarna (Dalecarlia), province of, 59–61
dance card, 98
dancing school, 112
defilement, 165. *See also* impurity; uncleanness
deviance, 272. *See also* outsiders
diary, planning, 24, 38
dirt, 270, 280n.4.1; absolute, 163; and animals, in peasant culture, 179–183; as disorder, 162–166; earth as, 165; neglected ethnographic evidence for, 160–162; occupational, 189–190; and taboo theory, 166–169
discipline: bourgeois, 220, 221–263; of time (*see* time: discipline of)
diseases, 174, 212, 216
disgust, 158–160 (*see also* dirt); eating and, 256–260
division of labor: male-female, 92, 122–123, 276n.3.2; industrial studies of, 26
divorce, 151
domestic life, polarization from sphere of production, 85. *See also* home
double standard, of sexuality, 102, 103, 239
Douglas, Mary, 163, 165, 170, 280n.4.1
drawing room, 132, 138

eating: and disgust, 256–260; public, 283n.6.6
economy, importance of, in bourgeois world-view, 27–28
af Edholm, Erik, 250–251
Edholm, Lotten, 96
education, as occupational training in peasant society, 45. *See also* schooling, compulsory
*Egna hem* (homeowner's journal), 143
Ejder, Bertil, 17
elderly, and the socialization peasant children, 45
*Elementary School Reader*, 219

Elias, Norbert, 251–252, 256, 281n.6.1
elite, social, as model for other groups, 281–282n.6.1
embroidery, and the domesticated wilderness, 57
engagement, nuptial, 95, 98–99
entertainment, formal, 123
envy, 76
Eriksson, Marianne, 190
escape, landscape as, 69
ethnology and the cult of nature, 61
euphemisms, 221–224
evil eye, 76, 181
exudations, bodily: of children, 108, 203; in peasant society, 194–205

fables, animal, peasant versus bourgeois versions of, 83
Falk, John, 278n.3.15
familism, 100
family: bourgeois ideal of, 139, 143, 276n.3.3; rural proletarian (*see* rural proletariat: home life among); threatened, 150–154
farm architecture, 179–180
farmer-burghers, 183
*Fataburen* (Nordic Museum yearbook), 178
fatherhood: bourgeois, 118–121; working-class, 146
feast days, 18, 188, 211
femininity, 68; and guardianship of the Oscarian home, 133–136
feudalism, 164; manners of, 251–252
Flygare-Carlén, Emilie, 120
fodder, 182
folk art, 281n.5.3

folk beliefs: about animals, 181; about conception, 207; on influencing sex of baby, 207; about nature, 46–47; sausage-making incantations, 210; servants', 125
Forsslund, Karl-Erik, 62, 69
Foucault, Michel, 24, 27, 114, 278n.3.13
four estates, 90
four-letter words (*see* profanity)
free time, 40
Freud, Sigmund, 201, 255
Frode-Kristensen, Selma, 198–199
future orientation, 274n.1.8

Gay, Peter, 8, 278n.3.13
af Geijerstam, Gustaf, 61, 145, 217, 219
gender polarization, 135; and children's room furnishings, 140. *See also* division of labor: male-female; sex roles
gentry, rural, 213
Giddens, Anthony, 39
God, 113
"good old days," 157
gruel bell, 22, 23, 24, 40, 274n.1.9
guilt, 111, 114, 121, 211
Gustav Vasa, 199
gypsies, 163, 169, 181

Hägglöf, Gunnar, 140
hair: combing of, 158; sexual symbolism of, 168
Hamilton, Hugo, 96, 224, 274n.1.7
handkerchief, 158
Hansen, Börje, 108–109
heart, 224, 228–229

索 引 | *301*

*Heimat* ideology (Germany), 63
history: bourgeois view of, 34–35; nationalistic, 57–58; peasant view of, 33
Högström, Pehr, 175
Holmgren, Ann Margret, 227, 234
Holmgren, Israel, 29, 238–239
holy days, 194. *See also* feast days
home district (*hembygd*) movement, 63
home, 63, 125–126; heart of, 132–136; improvements to, 141–143; layout of, 101, 127; as leisure sphere, 68; peasant, 183–186; privacy in, 127–131; and the socialization of children, 136–141; as stage and showcase, 126–127, 131–133; taboos lessened within, 170; working-class (*see* working class: home life of)
home ownership, 142–143
homosexuality, 169
horses, 181–182
housework, 246, 282n.6.5
hunting, 75
husband, henpecked, 105, 120
hygiene, 130, 159, 272; and child-rearing, 253–254; economic preconditions for, 213–214; middle-class notions of, 220; modern conception of, 189; personal, 158, 174, 177, 234–235, 252; prestige and, 211–212; "rearmament" of the working class in, 261–262

identity, social, and territory, 147
ideologies of nature, 84–85

illegitimacy, 163, 230, 279n.3.25
impurity, 162, 163–164. *See also* defilement
individualism, 51
infant mortality, 216
infibulation, 241
insects, 169
intercourse, sexual, and folklore about conception, 207; as outdoor pursuit, 208; premarital, in peasant society, 211
interior decoration, Oscarian, 56–57
intimacy, 93, 170; of communal privy, 201; of couples, 277n.3.9; home and nature as sphere of, 68

Johansson, Levi, 178, 192, 197–198

Kapff, Karl von, 243, 282n.6.4
Key, Ellen, 279n.3.22
Kiechel, Samuel, 183–186, 225
kissing, 99–100, 210
kitchen, working-class, *218*
knacker, 163, 181–182
Kullenberg, Annette, 224

labor: children's, 108–109, 144; division of (*see* division of labor)
landscape: and animals, 75–83, 275n.2.3; and the cult of nature, 57–63; industrial, 50–51; magical, 47–50; nationalistic, 57–58, 268; peasant attitude toward, 43–50; recreational, 51–57, 86–87; social, 88; summer, bourgeois experiences of, 64–72; supernatural, 47–50; urban proletarian use of, 72–75

laughter, 111, 252
Laurin, Carl G., 72, 103, 121
Leach, Edmund, 166–168, 273n.1.1, 280n.5.1
leisure, 40, 71, 85; home and nature as spheres of, 68; versus work, 20, 67
lice, 158
Lidforss, Edvard, 95
Lidman, Nils, 105
Lidman, Sara, 212–213
Lidman, Sven, 29–30, 232–233, 236–237
Lidman-Frostenson, Ulla, 228–229, 259
life cycle: peasant versus bourgeois, 29
life expectancy of the poor, 216
Liljeström, Rita, 36, 282n.6.2
Lindström, Margareta, 102
Linneaus (Carl von Linné), 77, 172, 277n.3.7
livestock, 186, 238, 280–281n.5.2; grooming of, 181; and sex education, 206
Lo-Johansson, Ivar, 216
lodgers, 145
love, 102; parental, 118
luck, 76–77
lumpen proletariat, urban, 147–148

magic and witchcraft, 76–78
manners: medieval, 251–252; table, 256–259, 271 (see also mealtimes); of working-class vacationers, 72
manure, 179, 180, 181; augmented by human excrement, 196
marriage, 101–106, 277n.3.10; and couples as social units, 91–94; medical view of, 277n.3.9
Martinson, Harry, 225
masturbation, 114, 239–244, 253, 282n.6.3–4
mealtimes, 31, 116, 141, 173, 271, 274n.1.7; peasant, 185. See also eating
medical profession: on couples' intimacy, 277n.3.9; and public health, 174, 177; on sexuality, 243, 253
medical terms, as sexual euphemisms, 227
melancholy, 58
memoirs, 33, 34, 70, 105, 161, 231, 274n.1.7
menstruation, 204–205, 207
mental mapping in peasant culture, 88–90
middle-class culture, 4–8. See also bourgeois culture
midwife, 210, 227
military administration, 267
mirrors, 140
morality, animals as legitimizers of, 81–83, 85. See also sexuality
motherhood: bourgeois, 121–123, 133–136; working-class, 146
mountaineering, 51–52
museum of peasant life at Stockholm (Skansen), 61

näcken (water spirits), 48
namelessness and taboo, 168
nannies, 123–124
Näsström, Gustaf, 69
nationalism, 57–58, 268–269

nature: and attitudes toward animals, 75–83; call of (see toilets); closeness to, peasant versus bourgeois, 83–87; colonization of, technological and scientific, 50–51; versus culture, 172–173, 280n.4.2; folklore and magic about, 47–50; ideologies of, 84–85; love of, as Swedish stereotype, 42–43; "natural," 57–63; peasant view of, 43–50; recreational reframing of, 50–57; summer in the country and, 64–72, 237–238
Nerman, Ture, 62–63
night courtship, 180, 239, 280–281n.5.1–2
Nordström, Ludvig, 54, 175–176, 178, 216–217
nose care, 204, 251, 252
nostalgia, 33–34, 58, 274n.1.8
nuclear family, 152
nudity, 192
numbers, as "yardstick of culture," 14
nurseries, 116, 131
Nyblom, Elsa, 31
Nyman, Anders, 180
Nyman, Åsa, 49

Ödmann, Samuel, 191–192
Ohlsson, Ellida, 209
old maids, 92, 276n.3.1. See also women: unmarried
oleographs, scenic, 57
Öller, Dean, 186
order, 172–173, 269; and cleaning, 187, 245–246
ordination of female priests, 165
Orwell, George, 260–261

Ottesen-Jensen, Elise, 230
outsiders and impurity, 163–164
overcrowding in working-class homes, 145, 148
ownership versus acquisition, 28

Palm, Göran, 36–37
parenthood, 106–107; bourgeois, 110–118; peasant, 107–110; surrogate, 123–124. See also fatherhood; motherhood
parlor, working-class, 148–149
pastoral idyll, 275n.2.4
pawnbroker, 147
peasant culture, 2–3, 8; and animals: 75–77, 83–85, 179–183, 186; birthdays in, 32; body, social, in, 189–194; bourgeois view of, 268; child-rearing in, 107–110; cleanliness in, 158–159, 163–164, 174–220 (see also impurity); couple in, 92–93, 94; Dalarna as picturesque survival of, 60; history as perceived in, 33; industry and thrift in, 28; mental mapping in, 88–90; nature in, 43; privacy at home in, 127–130; supernatural beings in, 125; time in, 15–19; tourism and, 52, 54, 70–71; view of bourgeois courtship, 99–100
peasant society: collectivity of life cycle in, 29; production in, 92–93
perfume, 258
Pernö, Ulf, 115–116
personal hygiene, 158, 174, 177, 234–235, 252
pet keeping, 78–79

piece wages, 26
pigs, 186
Posse, Margaretha, 124
postcard, scenic, 56
pot training, 201–203
poverty, 262; smell of, 216, 217, 219, 258–259
power: domestic, 105, 121; workplace time-control as, 26
precedence, order of, in bathing, 192–193
pregnancy, 226–227; before marriage (see illegitimacy)
premarital intercourse in peasant society, 211
privacy, 127–131, 279n.3.21
privies, 199–201, 281n.5.4
production: in peasant society, 92–93 (see also division of labor: male-female); sphere of (see sphere of production)
profanity, 210, 249
profitability, 21
proletariat (see rural proletariat; working class)
property, ownership versus acquisition of, 28
propriety, 78; in courtship, 96–97
prostitution, 103, 169, 239, 277–278n.3.12, 282n.6.2
prudery, 221–223, 251
public baths, 192, 235
public health, 174, 177
punctuality, 19, 31
punishment of children, 110–111
"purity rule" (Douglas), 170, 189, 280n.4.1

Quensel, Alice, 34, 65–66, 95–96, 98, 116, 229, 231, 234

rådare (nature spirits), 47
radicalism, turn-of-the-century, 62
railways, 50
rats, 169
reciprocity network, nonfamily, 147
recreational landscape, 51–57, 86–87; and the cult of nature, 57–63; summer in, bourgeois view of, 64–75; urban working-class use of, 72–75
reformers, social, 143. See also charity
Rehnberg, Mats, 208, 273n.1.4
Reitzenstein, Ferdinand Frh. von, 281n.5.5
respectability, working-class, 147
revulsion, 158–160, 169. See also dirt
rheumatism, 212
rickets, 163, 169
ritual cleanliness, 188
romanticism, 51, 54, 57, 63, 275n.2.3
Rosaldo, Michelle Zimbalist, 106
rural proletariat, 21, 60, 216; farm wives, 187; home life among, 144

sauna, 191–192
scabies, 212
schooling, compulsory, 26–27; and cleanliness, 215
seasons, 17
seating arrangements in parish churches, 99–100
self-control, 171–172, 220, 270
self-denial, 115
self-discipline, 111, 250–256, 270

Sennett, Richard, 111, 113
sentimentality, 85
servants, 249–250, 278–279n.3.17;
  and child care, 124–125, 131;
  diffusion of bourgeois culture by,
  149–150, 213; distanced from em-
  ployers, 214; domestic discipline
  among, 244–250; in home's back-
  stage areas, 140–141; segregated
  from employer's family, 100; sup-
  posed moral laxity of, 248–249
sex education, 226–231, 237–238;
  books on, 278n.3.13. See also body:
  hidden
sex roles, 118. See also division of la-
  bor: male-female
sexuality, 111, 113–114; animal,
  81–82, 238; and courtship, 96–99;
  bourgeois, taboos on, 226–231;
  double standard of, 102, 103, 239;
  hierarchical view of, 250; hygienic
  ordering of, 252–253; male,
  Oscarian view of, 238, 239, 240;
  manuals of, 105; masturbation,
  239–244; peasant, 205–211; repres-
  sion of, 235–239; servants', 248–250
shame, 78, 211
shoes, 170
Shorter, Edward, 276n.3.4
single persons, as boarders, 145. See
  also bachelors; women: unmarried
Siwertz, Sigfrid, 277n.3.11
Skansen open-air museum, 61
skogsrå (woods siren), 47–48
slop bucket, 158
smell, 158–159, 186; of poverty, 216,
  217, 219, 258–259

sneezes, 225
snot, 203
snuff, 158
social constructs: landscape as,
  56–57; time as, 38–41
social identity: and territory, 147
socialization of children, 45, 136–141,
  167, 271
social landscape, 88; of working-class
  children, 146–158
social sluices: in Oscarian home lay-
  out, 132; peasants' "beggar's beam,"
  163
social space, 130
Society for the Friends of Small Birds,
  79–81
speed, 274n.1.8
sphere of leisure (see leisure)
sphere of production: contrasted to
  home and nature, 68; landscape as,
  in peasant culture, 43–50; nature
  divorced from, 78; off-limits to
  bourgeois children, 119; polarized
  from home and nature, 85; removal
  of animals from, 183
spiders, 169
spittoon, 137, 158
spontaneity, inhibition of, 111
stag party, 104
Stattin, Jochum, 48
steamboats, 50
Stiernstedt, Marika, 113
Stone, Lawrence, 276n.3.4
stork, 230
Sträng, Gunnar, 216
Strindberg, August, 66,, 74, 242–243,
  279n.3.18

Strindberg, Nils, 277n.3.8
subordination of women, 247
summer in the country, 64–72, 237–238
Sundbärg, Gustav, 42
Sundt, Eilert, 175, 190, 192, 203–204
superego, 255
supernatural beings, 47–50
superstition, 124–125, 181. *See also* folk beliefs
Svärdström, Svante, 281n.5.3
Svensson, Sigfrid, 15, 273n.1.4
sweat, 204
Sweden-the-filthy, 176, 177
Swedish Touring Club, 52, 54, 58, 86
systems and taxonomy, 166

taboo, 162, 270; diminished at home, 170; and dirt, Leach's theory of, 166–168; on eating horsemeat, 181; on naming bodily functions, 223–225; production sphere off-limits to children, 119 (*see also* labor: children's); sexual, 113–114
Talve, Ilmar, 192
taxonomy: Linnaean, 77, 172; and taboo, 166–168
Tegnér, Torsten, 67–68, 70, 136
Tenow, Elna, 261
territory, and social identity, 147
Thomas, Keith, 275n.2.3
Thomas, W. W., 72
Thompson, E. P., 20
thrift, 28
time, 13–15; of agricultural cycle, 21–24; birthdays and anniversaries, 31–33; control of, as power in the workplace, 26; cyclical, 19; discipline of, 24–31, 273n.1.5, 274n.1.7; "free" versus "dead," 40; industrial workers' conception of, 24–25, 36–37; linear, 19, 39; as market commodity, 19–24; and numbers, 14; in peasant culture, 15–19; sacred versus profane, 18–19; social construction of, 38–41; "tyranny" of, 35–38
time-and-motion studies, 26
Tingsten, Herbert, 110, 117–118, 221–223, 231
togetherness, single-sex, 92–93
toilets, 194–203 *passim*; commodes, 202. *See also* chamber pots; privies
tourism, 51–57
tradesmen, 21–22
trapping, 75
tuberculosis, 174, 212

uncleanness, ritual, 162. *See also* cleanliness; defilement; hygiene; impurity
urban and rural worlds, segregation of, 78
urine, 198

vacation, 71
vagrants, 163
vermin, 212
Vilkuna, Asko, 274n.1.6
village, as suburban-planning ideal, 275n.2.6
*vitterfolk* (spirits), 48, 50

wages, piecework, 26
wall hangings, 281n.5.3
Washing, of body, *see* bathing
watches, 24, 31, 38, 40, 273n.1.4, 274n.1.9. *See also* clocks
wet nurses (*see* breast-feeding)
Williams, Raymond, 274n.2.3
women (*see also* femininity): counterculture of, 106; entering marriage, 102; farm wives, 187; frailty of, in bourgeois world-view, 105–106; guardians of the home, 133–136; housewives, Oscarian, 246; intermediaries between nature and culture, 173, 247; of loose morals, 163; peasant, Kiechel's description of, 186; and rational housework, 282n.6.5; unmarried, 101, 163, 211, 277n.3.10 (*see also* old maids)
work: childhood as training period for, 108, 144; versus leisure, 20, 67; measurement of, 17–19
work ethic, 273n.1.5
working class, 164, 259; conception of time, 24–25, 36–37; home life of, 144–150; hygienic "rearmament" of, 261–262; "underdevelopment" of, 269; as vacationers, 72–75. *See also* lumpen proletariat
Wrangel, Fredrik, 249

# 译后记

作者在绪论、结论部分已对本书的内容、方法、目的等做过详细解说，因此译者无需赘言，以免繁缛，只就译完此书后的一点心得呈上。

原著其实由两本书合编而成，二位作者都试图从文化营造之过程揭示其背后的逻辑、意义和关系。它主要勾勒19—20世纪初，在与封建贵族、农民和新兴无产阶级文化的相互作用中，瑞典中产阶级文化及其世界观和社会生活方式如何逐渐成形，并成为一种主流文化和主导生活方式。在描述这个漫长的巨幅画卷时，二位作者采取福柯、埃利亚斯式的路径，一方面，选取这一时段内社会生活中人们最司空见惯、习以为常的细节，诸如多数人天天都戴着的手表、一幅照片的取景、家里窗帘和墙壁的装饰、父亲对孩子的一个眼神；另一方面，关注当时社会生活中最边缘、禁忌、隐讳的现象，比如性、排泄、异味、脏话等等。无论正常现象还是异常之物，实则都是文化分类体系不可或缺的组成部分，正如没有肮脏，何来干净，异常之物所呈现出的无序、消极状态，与有序和积极状态的对立依存。文化恰是在二者的相辅相承中得以营造。如果说瑞典中产阶级文化的形成过程好比一个巨大的机械钟,那么,作者选取和描述的种种现象、事物便是这个大钟里的一个个微小齿轮,它们环环相扣地运转、作用,共同构成我们看到的整体面貌——19—20世纪初瑞典的中产阶级文化。

本书最令人印象深刻的地方之一,便是它对物质与文化关系的融会贯通,正如作者在绪论中所言:"本书的视角在某种程度上可以说是物质主义的,因为意识形态和文化观念必须与物质形式相结合,才能被人们吸收和延续下去。"作者将瑞典中产阶级文化的形成这一宏大历史过程,落实于当时社会生活中最实在、具体之物——怀表、旅游手册、家具、牲口圈等等,由对这些物做历时性的微观描述,展现出宏观的社会变迁。物质承载着文化信息,反之,文化意义赋予物质以鲜活的社会生命。

首先,作者通过解构物所蕴含的文化意义,破除了所谓的"常识""规律""客观性"等概念。例如,作为一种常识,时间似乎是一种脱离于人的意识的客观存在,均质且不可控制,但作者围绕当时社会的粥钟、怀表、哨子等时间承载物如何渗透和改变人们的观念及生活的方方面面,揭示出时间这种原本最客观的东西也是文化的造物。人们的生日、纪念日等规律性的数字,都具有"魔力",这个魔力其实就是它们背后的文化逻辑,以及赋予每个特定数字的不同价值和内涵。

其次,社会生活中每种物的出现、流行、排斥乃至消失,也不是自然而然的现象和过程,它们在社会生活中的每一类经历,都折射出特定的文化价值观和社会秩序;更进一步的是,它们的变动经历也从侧面反映出其背后的价值观并非一成不变或是铁板一块，也许内部更多的是一种辩证的、互相吸收借用、生产与再生产的关系。譬如，在中产阶级的眼里，自然景观因其新的文化价值成为旅行、休闲度假的新去处。一方面，中产阶级以"浪漫之眼"，欣赏、陶醉于自然的异趣和野趣之中，自然对人类的吸引恰在于它的距离感和未经人工改造；但另一方面，凭借技术、科学等新兴手段，他们展开对自然大规模的测绘、征伐活动，自然成为人类的资源，人在征服自然的心态中获得自信和满足。当中产阶级站在山巅的时候，想必内心既充满对自然雄奇的叹服敬畏，也有把它踩在脚下的豪情壮志。同样，宠物在中产阶级社会的出现和发展史，也包含自然和文化的辩证。中产阶级自身总觉得人类具有不可磨灭的兽性，而文化正是对这种兽性的抑制；但动物时而又是人类社会的道德象征，如鸟类不驻足于肮脏的地方，而翱翔在干净的天空，也不发出难听的声音，而在枝头、树梢唱着动听的歌曲，甚至它们的性生活都非常文雅。各种物的命运其实都是由文化之手在操弄。

　　作者选取的这些貌不惊人，再平常不过的事物，虽然只是整个中产阶级文化形成过程中的一颗颗小水珠，但一滴水何尝不可以折射出整个世界呢？貌似只是在村子中心树立起一个粥钟，但它将人们的时间观念由以自然节律为导向的循环，调整为线性均质的时间感，由此导致人们生活方式的一整套改变；中产阶级的房子里多了几个分隔的空间，背后关联的却是公—私、内—外，以及社会等级性观念；工人阶级开始使用肥皂、香体露，他们对气味的不同感知有着深刻的社会分类逻辑,牵涉健康、卫生等一系列观念和习俗。正如文中所引的《你听话的仆人》里的一句话:"鼻孔里有一个世界。"

作者虽然试图呈现的是19—20世纪初瑞典中产阶级文化的形成,但恰如他们在书中指出的:"对这种生活样式的记录,通常都强调它反传统的根本特点,是对占主导地位的上层贵族的挑战。要理解早期中产阶级的文化面相,必须重申它对权力的追求其实是同时在两条阵线上展开战斗的。新兴阶层为定义自身,不仅要与旧贵族相区别,更要与农民阶层相区别。"作者认为,中产阶级对旧贵族的感情很复杂,既要疏远他们,把他们作为与自己相对的另一极端,又尊崇和模仿他们。有意思的是,在旧贵族内部也有一些人与封建生活方式保持距离,将封建生活方式当作反面教材和假想敌。贵族和中产阶级的转型一直以来都在这两个群体间复杂互动。

中产阶级对农民的印象是,这些灰头土脸的农民不是代表落后文化,而是根本没文化,他们过着自然状态般的生活,毫无自我控制的规训,也没有对生活的长远规划。但另一方面,在中产阶级回忆录里,有很多诸如"逝去的好时光"之类的感慨,过去的生活更快乐、健康、自然,生活在"过去"的农民成为中产阶级怀旧的对象,后者的未来某种程度上刚好又回到了过去的农民那里。

如果说农民在中产阶级眼里属垂死阶层,那么,工人阶级则是中产阶级热衷改造的对象。农民是根本没文化,工人阶层虽然混乱、无序,但属于欠发展。因此,中产阶级通过自身在日常生活中的言行举止,到处划分着界限,这些界限勾勒出中产阶级文化的框架,区分出文化的等级,也为工人阶级的生活方式树立标准。当然,工人阶级在模仿、借鉴中产阶级文化规范的同时,也在再生产这些规范,并构成一种文化间的对抗。

有意思的是,无论所谓的中产阶级、旧贵族、农民,还是无产阶级,他们在真实的社会生活中并没有如此明晰的界限和区隔。作者提到,今天大多数瑞典人的祖先都来自乡村社会,这是常被人提起的实情。城市居民的祖先可以在19世纪的农场主、佃农、农业工人和手艺人中找到。很多城里人还有亲戚朋友住在乡下,由此可见,瑞典城市中工人阶级的形成并不是很久远的事情,他们也许不久前才从农村移居到城里。另外,在中产阶级文化的形塑和传承中,儿童教育是非常关键的一环,但这个环节多半由家里的佣人,即作为他们对立面的无产阶级来承担,比起孩子的父母,佣人跟孩子的接触时间更多。佣人们生活在中产阶级家庭里,一方面会把耳闻目睹的中产阶级生活的规范、习惯、品位等借鉴过来;另一方面,又在给中产阶级的孩子讲鬼故事,哼些淫词艳曲。

作者在结论部分说到,这项研究其实是一种更宏大努力的一部分,这种宏大努力试图探寻瑞典各种亚文化和不同阶层文化如何在一种辩证关系中互动——这些群体、阶层既互相依赖,又彼此对抗。也许我们想探寻的,恰是这样一种辩证关系,以及在这种关系中文化的互动过程,它们呈现出一个意义丰富的多元世界，而不仅仅是"中产阶级文化""无产阶级文化"等单一内涵。

本书的翻译参考了英文译本（*Culture Builders: A Historical Anthropology of Middle-Class Life*, trans. by Alan Crozier, Rutgers University Press, 2000）。在分工方面，罗杨负责翻译"绪论"和前三章，黄一川负责翻译第四、五章，王文亭负责翻译第六章和"结论"部分。另外，还要略做说明的是，在考虑有些术语应采取何种译法时，经过了一些变通。如 discipline 一词，我们参考了学界目前的，有时译为"纪律"，有时则译为"规训"。此类例子很多，不再一一列举。

我们要感谢赵丙祥老师在翻译过程中给予的指导，译文的校订工作也是由他完成的。感谢北大出版社的编者们在编辑、出版本书的过程中付出的辛勤劳动。

罗　杨

2010 年 10 月 31 日

于北大畅春园